行 走 的 历 史

Une histoire
de
la marche

Antoine de Baecque

[法] 安托万·德·巴埃克 著

周 营 译

上海文化出版社

致艾玛纽埃尔，

致我们在魏斯峰的漫步

" 我们只能生活在半开半闭状态中，

恰如在光和影暧昧的界线之上。

然而我们被不可阻挡地抛向前。

我们为此整装待发，并感到头晕目眩。 "

勒内·夏尔《在行走中》全集

伽俐玛出版社"七星文库丛书"1983 年第 410 页

目　录
CONTENTS

　　　　　　　　　　　　　　　　　　　　　　行 走 的 历 史

引　言

　　这条小径，它是如此这般，向前延伸，我就喜欢它这个样子。

　　我是个宅男，常常待在图书馆、档案室、阶梯教室、会议室或电影院里，待在所谓"昏暗的"或者光线柔和的地方；或待在我的办公室，那是我深夜写作的地方，那里光线更加柔和。大多数时间里，我在室内生活与工作。然而，按照作家米歇尔·勒·布里（Michel Le Bris）的说法，我总是向往"外面的广阔天地"。这种喜爱要从我的童年说起，20 世纪 60 年代末，我父母在格雷斯昂维科尔（Gresse-en-Vercors）附近一个叫孔布（Combe）的地方买下一个已成废墟的旧农舍。此地海拔 1200 米，是个避世的好去处：上方盘踞着韦科尔的高大悬崖、马拉瓦尔峰（Malaval）（2097 米）、鲁斯崖（Rousse）（2105 米）和贝利耶维（Berrièves）隘口。我和家人在那儿度过了我们所有的假期。我在那儿学会了探索山脉，先是跟父母，后来跟一帮朋友，最后是我一个人，冬天滑雪，夏天徒步。记得 15 岁的时候，我曾多次穿越维科尔高原，将它踏在脚下。

　　我最喜欢的散步路线是环艾吉耶山（Aiguille）的路线，我曾不下 10 次完成这条路线。艾吉耶山是一座位于韦科尔和特列沃（Trieves）之间的石灰岩峭峰，是阿尔卑斯山的胜地。1492

年，法国国王在路过山脚下时首次下令攀登该地，开启了登山运动的历史。这里层峦叠嶂，或险峻或平坦，有的地方荒无人烟，有的地方则充满烟火气。它的地理特征如此多变，令人晕头转向，又令人沉迷其中，就像一幅流动的混合全息图。在行进中，人的感受可以从一个极端到另一个极端。这是一座无法完成环行的山，因为它无法琢磨，第一天的行程完全可以做成一本徒步手册：

出发：拉维勒村，格雷斯昂维科尔维科尔滑雪站，从海拔 1245 米的滑雪缆车站出发（停车场尽头奈赫斯农田徒步标识牌处）

第一天：从格雷斯昂维科尔维科尔到理查德艾尔（Richardière）

向着"范尔蒙森林木棚"方向前行，取道与格雷斯激流平行的一条路，在林间行走走 2.5 公里后到达一处小木棚。继续向蒂奥拉什（Tiolache）方向前行，取道蜿蜒的昆昆巴耶（Quinquambaye）坡道（注意：沿途陡坡，雨天小心路滑）；走上陡坡后，大韦尔蒙（Grand Veymont）和韦科尔维科尔东凉台的美景尽收眼底。然后下行经过小范尔蒙国家森林，在小路的十字路口处，左转向前走 200 米，然后走右边那条横跨巴里（Barri）河谷和夏朗西的小路，一直走到 GTV（1202 米标高处）小径。顺着这条路向右走 800 米到达另一个十字路口，先向左再向右走到下一个路口，走过比斯（Pisse）瀑布，沿着一条风景优美的曲折小径继续前行，然后从艾吉耶山（海拔 1726 米）西侧下方经过，下行至奥佩

（Aupet）山口（海拔 1653 米）。从此处取道左侧一条下山曲径，一直向前，经过希希利昂（Chichilianne）国家林区，走过位于道路左侧的肖普拉那村（Chauplane），继续下行，进入一条小路后到达一个十字路口（海拔 1057 米）。最后到达位于左侧的目的地理查德艾尔村。

这种路线指南图善于把艾吉耶山（le Mont Aiguille）的风景描绘成岩壁陡立的壮观景象，让徒步爱好者心驰神往。然而这种实用的地形描述对我而言枯燥乏味，让我大失所望：只顾埋头看地图，对路线指南上代表路径的红色线路亦步亦趋的徒步者，其实什么也没看见，他领略不到山区的风光，对曾经并且一直住在该地区的居民和历史也一无所知。他既不知道途经的奥佩山曾经是由抵抗运动者建立的韦科尔共和国（la République du Vercors）的主要阵地，也不知道让·季奥诺曾经热恋着这片土地，他的作品《一个郁郁寡欢的国王》中的故事就发生在这里；更不知道进入肖普拉那地区就是该省区一处最重要的夏季高山牧牛草场。殊不知，正是所有这些历史，所有这些知识造就了这些山间小径，赋予徒步登山一种高低深浅的意味，一种从地形曲线图上看不出的高低深浅。

毫无疑问，这就是我成为"徒步中的历史学家"的原因——走动的历史学家，同时也是研究行走的历史学家：只为还原山间小径的历史渊源。把这种户外活动转移至室内意味着长时间泡在图书馆里查阅资料，总结行路经验，用文字记录下来，让山间小径跃然纸上。行走的历史是个大熔炉，研究它需要使用追本溯源的方法。如同一条河流，在漫长的时光中，无论它是溯源而上还是顺流而下，都拥有众多支流，海纳百川，吸收其他学科的成果（从地理学到人类学，从城市规划到社会学，从政治学到文学，从哲学到历史人物群像研究），从无数的经历、故事、论著、诗歌、小说、随笔、报刊中汲取养分。我们尤其要根据所有可能的情况，将它置于悠长的岁月中进行审视。

无论是任何山间小道，还是都市中的每条路，都有着不同历史阶段的沉淀，这些道路在被不断踩踏中从一个时代进入另一个时代，功用也不断转换，它们是各个时代的见证，常常是被后来的过路人或漫游者不经意间重新发现的、叠放的道路化石。我喜欢搜集这些过路人的鞋印探个究竟，重新展现前人所走的路，用历史演绎的方式让隐没的信息再次变得清晰。从朝圣之路到赶骡人走的通商之路，从行军之路到放牧通道，从巴黎的街道到政治游行，事实上，徒步的历史从未曾中断，源远流长。当代徒步爱好者、大街上的行人以及为争取平等、反种族歧视而走上街头的北非裔移民后代，其实都是踏在前人的脚印上，沿着他们走过的路线前行：货郎担、走私团伙、牧羊人、士兵、朝圣者、浪漫主义时代的闲逛者、甘地，甚至马丁·路德·金。行走的形式不断推陈出新。

不难理解，我写这本书的宗旨是探讨和比较各种关于行走的历史。我会讨论每种徒步的方式：这会涉及游牧民族以及一些迁徙性行业，从拉普兰人到苏族人，从货郎担到牧羊人，从手工者到士兵；以及各种文化传统中的朝圣者，如长途跋涉到恒河上游的朝圣者，又如孔波斯特拉朝圣之路上的远足者，还有穿越东海道的徒步者，再就是前往麦加的行路人，或者更确切地说前往麦加的朝拜者。此外，从 18 世纪至今，阿尔卑斯山已经迅速成为徒步者的乐园，成为他们积累经验、一试身手的实验场，他们的探索广泛多样：有极限运动也有普通旅游项目，有文艺创作，还有或精英的或大众的各类活动。

尽管如今职业徒步者几乎荡然无存，周末徒步参与者却应运而生，他们利用空闲时间进行这项运动，并开创了属于自己的历史。徒步旅行的历史可以追溯到 20 世纪初，爱好者们完成了大大小小徒步路线，边走边在途经处刻上标记。1947 年，法国徒步路线委员会成立时，标识徒步路线总长只有 500 千米，位于卢瓦尔河流域、枫丹白露地区、勃朗峰周围和孚日山脉。从 20 世纪 70 年代开始，徒步就已经成为一项大众运动，2000 年，法国有 18 万千米的有标识的徒步路线，7000 位志愿者负责对其进行维护，他们都是法国徒步旅行爱好者协会的会员。这个协会有 20 余万名会员，每年出版 30 万本徒步手册，销售对象是全法大约 1000 万的徒步远足者。

不过，自 17、18 世纪出现城市徒步活动以来，人们也可以在市区徒步。不久之后，这甚至成为巴黎生活的时尚，先是波德莱尔，后来是本雅明，把城市闲逛者作为城市现代性的象征，即 19 世纪巴黎城市现代性的象征。然而，城市面貌又发生了急剧的变化，有时甚至极其粗暴，让巴黎的闲逛者面临困境，所幸他们没有因此完全消失，为抵抗这种变化，游荡者，迷路者，怀旧者或纯粹的路人重现城市之中。总之，行进历来也是一种政治行为：出走以求生存，游行以示威，或者是一种诉求的具象支撑，步行在这里变为游行者承诺的象征，是一种主动甚至激进的游荡。

步行是一种探索式的体验。不仅仅是寻觅风景与解密世界，更是一种对自我的探索。这种探索首先从自己的身体开始。步行者要找到一种自己的节奏——接受初次体验自然的感受。在自然中行进，在大地上前行；尽情舒展自己的触觉、味觉和视觉，与荒野融为一体。亨利·戴维·梭罗对这种与自然交融的神奇感受有过如下无人能及的描述：步行成为必需，步行让人远离尘嚣，与自然交融。

《散步》是梭罗的一篇短小声明，发表于 1862 年，并收录在《自然生活赞歌》中。他在文中写到："对我来说，如果每天不在林间、山丘、田野漫步至少四个小时（其实通常多于 4 小时），并与俗世绝对隔离，我就不可能保持健康和好心情。一整天待在屋子里会让我变得迟钝。我所说的散步不是人们通常说的锻炼身体——像病人按时吃药那样——这与搬椅子或举铁完全不一样。真正的散步必须走向生活澎湃的本源。我轻易就可以走一万五千或两万英里，或如您所愿的任意距离，从家出发，不走公路，不经过有人烟的地方，我只走狐狸和松貂经过的地方，我会涉过河流和小溪，也会穿行草地和树林。"

通过每天向生活的源头步行，梭罗发现了另一个生命的空间，不单是一个几何形的、城市的、实用的生活范围，更是一个巨大的、动物的生命体，向他传递着原始能量。他将之称为荒野（The wild），而后者促使他活出另一种状态。

瑞士诗人皮埃尔·洛朗·艾伦贝尔杰（Pierre Laurent Ellenberger）则在一篇美文中谈到自己是"一个没有极限的行路人"。这不仅指行路人只要体力允许就要不断前进，更意味着他通过双脚探索一切感官可能的极限，甚至超越极限。他要超越疼痛和快感，无限开拓视觉与嗅觉，感官完全向周遭完全打开，通过行进形成一种超强的感触力。因此，步行让步行者自省，直至灵魂最深处。步行让人从自身获得一种不曾感知的真实状态，使身体敏锐地感知到自身的存在。

在感官重获能量的同时，行走还是认知系统的中枢，仿佛是一种理解外部和内部世界的保证。通过调节呼吸，一步一步，有节律地行走，通过考验身体耐力，通过穿越田野风光，或观察矗立在漫步者面前的城市，行走实现了求知的欲望。行进中，人们可能达成这种认知：人是一种以踏步走来实现身体与自然的摩擦的生物。同样，要想了解自己，了解某地，了解他人，并最终了解自己的思想，人必须行走。所有的行路者都是这样用双腿思考，然后写作的。

相反，身体体验和实地经验并不排斥思考。行走开启思维活动，思想由此产生，随着步伐的节奏而发展，思想随着行走进度或停顿而堆叠。正如尼采在他的著作《瞧！这个人》中《为什么我如此聪明》这章里向"思考的步行者"传达的那样：

> 不要相信任何不是在户外自由舒展身体时形成的思想，也不要相信任何在肌肉没有被彻底释放时产生的思想。

怎样才是像历史学家一样思考行走？才是像行走的历史学家一样思考？其实，史学史的研究步序和步行者的行进过程有一点相似之处。步行者在大自然或城市中行走，路过风景，与城市景观擦肩而过，并穿越了过往的遗迹，如同身临其境般地回到过去。历史学家集中、比较各个时期的史料并对其进行剪辑和解释，恰如步行者在有些峰回路转处，得益于身体的知觉（上坡路、平地、稍有些上坡的地方、下坡路）而驻足凝视或近或远的全方位景色，看到不同的地层、植被垂直分带、矿物层，以及特别的居住层，获得新的体验，进而重新认识眼前的世界。这位历史学家兼步行者终于邂逅了他正在穿行的实物：过去的自然卷宗，证明人类行为的文化：建筑、房舍、丰碑、区划和指示牌所代表的特定时期，行路中记下的笔记、保留的纪念物，以及采集到的战利品——这些都是他在途中收集到的各式资料，通过他的身体和思想，通过他的行路日记和背包，成为步行历史的流动档案。

所有行走着并将步行体验记录下来的思考者，最终都会从卢梭的忏悔中获得灵感：

恕我直言，只有当我一个人步行时，才能好好思考，才那么真实地存在和生活，才成为我自己。步行产生了某种活跃并增强思想的物质。我原地不动的时候几乎无法思考。我的身体必须动起来才装得下我的思想。

然而，还有法国文学史上最杰出的步行者之一泰奥菲尔·戈蒂耶（Théophile Gautier）年轻时写下过如下诗句：

狭窄山谷里的一条无人小径
谁人知它是向左还是向右
我就喜欢这条小路的样子和它延伸的方向
更胜于所有其他小径
有泉水，篱笆和花朵的其他小径，
只因它就是它，
苍天残月孤照，穿过墙的缝隙间，

巨大的栗子树下，幽怨的风轻轻摇曳，

爱情在神秘魔力下愈显美丽的时刻，

这条小径引领我悄然而过，从不让我失望。

1

剖析行走：什么是行走

一个脚前一脚后，这是什么动作？用来记录这个身体运动的词是什么？步行的历史就是要研究它，这个人类特有的动作如此自然又如此复杂，是人最初学会的动作之一，然而却学得那么吃力……18 世纪末以来，展现人们解释世界的雄心的大百科全书首次提出了这个问题："什么是行走？"但答案远非我们认为的那样清晰明了。

各种词典中的行走

在狄德罗和达朗贝尔主编的、集启蒙思想之大成的百科全书中，有一整篇词条用来解释"行走"这个动作。行走是通过身体相关部位的活动，实现"从某一地点移动到另一地点"的动作。百科全书中，通过理性描述身体结构和自然的运行，说明行走体现了一种技能的掌握，这是其原则。行走源于这种人类身体合理性，而后者令启蒙运动的先驱们着迷。

一个世纪后，法国科学和文化成就的丰碑——皮埃尔·拉鲁斯（Pierre Larousse）[1] 编纂的 15 卷《十九世纪百科大词典》，对"行走"的全部意义做了总结。这个词成为法语中最令人头晕目眩的多义词之一，意思之多、之丰富，使之见证了下文所描述的双重现象：该词被普遍使用，并伴随这种使用而产生的众多词义拓展。行走这个动作在法语中也得到无限延伸，因为它既指人向前移动，也意味事物进展是否进行得"还行……"

行走既指肢体动作，也指其方式或者走过的距离。圣·西门在形容勃艮第公爵夫人时写到："（她）有着女神在海上行走般的步履"；我们也常说"从这儿到最近的村子有一小时的行程。"行"这个词也指动物的移动，甚至是连腿也没有的爬行动物。还可以指军队的行进，展队或游行队伍的行进。在集体移动时，使用"行进"还算说得过去，因为腿的数量很大，有十几甚至成百上千条腿。但是，船舰、天上的星体、地球、月亮或者彗星、机器的运行，还有病情加重或祸害无情地大行其道，等等……在上述事例中，没有任何类似行走的（机制），然而在表达时都使用了"行（走）"这个词。我们甚至说到人的思想、人类以及一些新闻"事件"也用"行进"（或"进展"）这个词。从这个角度出发，荣耀就意味着走向先贤祠，维克多·雨果评论这种宿命竞争时说，这如同名人列队走在红毯上，红毯上写着"这是伟大人物和伟大事件的行列，克里斯朵夫·哥伦布走在行列之首"。斯塔尔夫人（Mme Staël）[2] 经过观察后则深感欣慰地说"人类思想逐步行进，从未中断。"

---

1 皮埃尔·拉鲁斯（1817—1875），法国百科全书编纂家，编纂出版了 15 卷本的《19 世纪百科大词典》。——译注

2 斯塔尔夫人（1766—1871），法国小说家、随笔作家、法国浪漫主义文学先驱。——译注

富有隐喻的想象的力量摆脱了身体和生物机理单一的"一脚前一脚后"的动作，让几乎所有可能移动的事物动起来，不管是在陆地上还是在海上、在空中，亦或是在时间长河中的思想体系里。或者仅仅是那些让我们满足的事物，因为它们的恰当使用必须遵从一定的规范……比如说，这些使用和规范"调节"一个时钟的运行或者监督一台梳棉机的运作。

在这种情况下，若人们在使用烤面包机、食物料理机、电视、电脑时明显表现出很满意，就像所有人对电器应该运作或运作正常时做出的反应，他们会说"行"。若这些电器暴虐、不听话、让人们无法好好过日子，人们会异常恼怒、生气、不理解，他们就会说"不行"。我们可以立刻从这口气里听出他们受尽欺侮，甚至还有些迫害狂的意思：这电器应该运转的呀！然而，它不转！尽管这些机器是由齿轮，杠杆和机械组成，但在这儿却被拟人化了，我们因此可以说它们"行"或"不行"。这些机器既源于对动物行走的模仿，也因为与人类行走机制中的纯机械性存在同构，是行走算法无意识和有规律的重复。"这种在人类运动感觉经验中无所不在的机制成为认知的最初模型，从表面上看具有普遍性。"米歇尔·弗利佐（Michel Frizot）[1]在一篇题为《怎么运行》的文章中如是写到。

"行"常有一种积极且令人安心的内涵，代表事物进展顺利。此外，它还像是一种膏药——不是狗皮膏药，而是可以预防现代社会最令人愤慨的弊端的一剂良药；它代表一种正确的使用方法，这种方法源自古老岁月和经验；它是慢节奏的，但确定且有

---

1 米歇尔·弗利佐，法国摄影历史学家和理论家。——译注

规律。如果它是"被迫的",则意味着疲劳、超负荷和衰竭。

别忘了那些数不尽的引申义,作为法语中词意最多的词之一,"行走(marche 这一单词在法语中还有台阶的含义)"指楼梯最基本的组成部分。人们在下楼的时候总是很快,但是通常会忽略台阶不规则的形状带来的危险,而这一点是不容忽视的。要知道,有个词叫"跳舞的台阶"指台阶的一端没有另一端宽。它还是一种非常具体的物件,一个有点被遗忘的机器名称。这一术语在 19 世纪 60 年代的拉鲁斯百科大词典中就有描述:

> 这是一种织布工可以通过脚的踩踏来牵动梭口上下的踏板,即牵动纺线一上一下。这种织布机有一个、两个或四个踏板。也可指管风琴的踏板。

"行"还是一个遥远边塞的名字,帝国的军队曾经在那里作战,不顺从的人有时也被流放到那里。"行"也是一种舞蹈,或是一种进行曲,通常具有军事意义,旨在规范队伍的行军节奏。"行"还有国王或王子的皇亲国戚之意(生于宝座的"阶梯"下,有"生于帝王家"之意);"行"还是一种游戏规则:"每个棋子的移动规则"—可以是国际象棋或是其他的棋类,比如提克塔克游戏(jeu de trictrac)[1] 的走法。"行"还有动物足迹的意思,比方说水獭或鹿的足迹。"行"还是共济会的互认暗号……

我们在意指道路或路径的词汇里也能找到"行走"这个多义词的身影,正如克劳德·赖克勒(Claude Reichle)在《行走和风

1　一种古老的桌面游戏。——译注

景》一书开头的《地理和诗意》一文中谈及被他称为"道路的现象学"时所言：

> 法语中与道路相关的表达方式极丰富，具有丰富多彩的语意和大量潜在的引申含义。我们说"指路""上路""在路上""过路""开路""开拓道路""在正确的路上停下来"……我们说道路"消失不见了"，道路"误导了我们"，道路"指引我们"，道路"引领我们"……我们说"小学生去学校的路"，我们说"宽阔的大道""抄近路""拦路强盗"，我们说"苦路""孔波斯特拉朝圣之路"或"圣雅克朝圣之路"。

在这两种情况下，本义和引申义赋予该词汇无数的可能性，构成大量复合意义或令人费解的用法，有时甚至是截然相反的用法。赖克勒继续谈到"我们可以看到这是生动比喻带来的效果"，"将一个意想不到的形象用于普通常识中"。我们可以看到"字面意思是多么奇妙"。好像在这种语言的延伸中，以及它无数的联想里，存在一种可以意识到我们存在的空间感的能力。道路，不仅是从一端到另一端的方式，还成为一种复杂的事物，成为生者和空间之间的媒介，成为步行者脚下的一段路程，可以是真实的也可是想象的，恰如一段经历可以反映一个人。

怎么走？

科学的语言钟爱步行：为了描绘步行，它竭力刻画身体机能的合理性，绝不遗漏步行与人类生理运行关系中的任何细节。科学语言讲究具体、精准，是解剖式的，绝不触犯地心引力与身体运动机理定律，注重重力和反重力。就是这么简单：

　　当我们仔细观察一个人走路时，我们可以把两步分解成几个连续的步骤。第一步，把身体重心放到两腿上，假设左脚向前，右脚在后；第二步，重心完全移到左腿，与此同时，另一只脚抬起在空中然后往前迈；第三步，身体重心重新回到两腿上；第四步，右脚着地，单独支撑体重，左腿同时往前迈，回到最初的姿势。行走时，身体重心被后面的那条腿推向前方和上方。身体的移动造成重心的不断移动。当一个人行走时，我们可以看到身体随着一只脚离地而抬起，又随一只脚摇晃着地而下落。当我们观察人走路时投在墙上的影子时，这种重心的转换尤为清晰。行走的人身体微向前倾，使重心轴移至支撑身体的股骨头之前。这个独特的前倾动作是为了抵抗空气阻力。同时，身体处于倾斜方向，随后拱起的身躯会舒展开来。步伐的大小由重心水平移动的幅度决定。弯向地面的肢体舒展导致这种移动的产生，比由脚牵动身体倾斜幅度更大、更趋向水平。步伐的快慢取决于两个条件：首先是脚离开地面的时间，即身体关节舒展传递重心；其次是脚离开地面开始迈步所需的时间。步行的速度与步幅的大小有直接关系，与步幅的持续时间成反比。韦伯兄弟认为，步行最快移动速度是每秒2.6米，即差不多每小时可以行走8公里多一点。

由此看来，这不是一桩简单的事。

生理学家会毫不犹豫地确认：行走是一项复杂的运动。11 个关节直接参与行走，牵动腿部 30 块肌肉，而且这些肌肉存在多重运动，运动之间相互抵触；时而加速，时而停滞。腓骨第三肌和右前肌通过其双关节肌肉恰到好处的精确运作，完美地反映出这种复杂性。

驯服自然，把握躯体，行走的生理描述体现了逐渐被征服的人体的合理性。从文艺复兴时期的解剖学家到启蒙运动的先贤，再到"美好时代"[1] 的医生，这些学者都之着迷。时至今日，仍有众多有关行走深奥研究的医疗论著、生理学教材以及科学描述，30 年来，关于矫形道德医学研究也重新获得飞跃式发展。毋庸置疑，行走是 19 世纪末生理学家的一大研究课题。随着当时新科学方法的出现，对人类和动物运动的研究成为当务之急。

关于运动的历史，首先固然充满了学者们以科学计算的方法来观察行走的愿望。创立一种"行走的科学"，是所有解剖学家的雄心……1670 年，乔瓦尼·阿方索·伯雷利（Giovanni Alfonso Borelli）[2] 在他《动物运动论》一书中首次尝试把经典力学（牛顿力学）应用于行走。他虽是个辨识力强的观察家，却不精通力学。威廉和爱德华·韦伯兄弟[3] 于 1836 年在德国发表的《人运动的力学研究》中提出了人类运动主要模式的数学理论。该理论深受巴尔扎克的启发——后者三年前刚刚发表了《步伐的理论》。

1　欧洲历史上从 19 世纪末到一战爆发（1914 年）的一段时期。这一时期科技进步、经济腾飞，被称为"美好时代"。——译注

2　乔瓦尼·阿方索·博雷利（1608—1679），意大利文艺复兴时期生理学家、物理学家和数学家。——译注

3　此处应指德国物理学家威廉·爱德华·韦伯与其弟爱德华·弗雷德里希·韦伯。——编注

　　　　　　　　　　　　　　　　　　　行走的历史

然而，因为缺乏足够的精确度，计算方法并不能成立，并被简单的生理学观察结果否定。此后，科学家们转向对行走进行描述，不再试图提出关于行走的理论或公式，而是尝试定义和解释行走动作的所有微妙之处。

行走一直都是一场重要论战的中心话题，自 19 世纪中叶以来，这种论战迅速在绘画、雕塑与摄影作品中展现出来。画家爱德华．塞恩（Eduard Sain）在 1859 年的沙龙上展出了作品《出发去工作的扫烟囱工人》。在这部作品中，人物行走的姿态定义了其社会阶层，即其"行走者身份"。同样，查理．奈格尔（Charles Negre）的摄影作品《行走中的烟囱打扫工们》也为行走的呈现提供了生动的背景。作品中显现了艺术家依靠直观视觉追求的真实的画面动感（如罗丹的《行走的人》），它有时是非生理的，与之后成为步行真正标准形象的科学记录式的严谨分析，形成强烈的对比。要做到科学严谨，就要发明并打造可靠且优质的能够锁定走路者的器械。行走处于思考和实验的中心，后两者则将其打造为力学分析的基本模式。

艾蒂安-儒勒·马雷，行走连拍摄影师

艾蒂安-儒勒·马雷（Etienne-Jules Marey）[1] 是 19 世纪最后三十几年间最杰出的学者之一。不过他有时会被人们遗忘。他通过记述、分析、拍照和摄影，非常细致地研究了人和动物的运

---

[1] 艾蒂安-儒勒·马雷（1830—1904），法国科学家。他在心脏内科、医疗仪器、航空、连续摄影等方面的工作卓有成效，被广泛认为是摄影先驱之一，对电影史也有重大影响。——译注

动。《小巴黎人》的一个记者评价这位"大教授"的杰出时写到，多亏了马雷，"关于行走的研究向前迈了一大步"。马雷既是"运动科学"领域的典范，也是一位实践探索者。从1864年起，他在自己位于旧剧院路上的实验室中做了一些关于运动的实验，后来又在法兰西公学院做，并于39岁时被评为法兰西公学院教授。最后，他自1881年起，在位于布洛涅森林的生理实验站继续这项工作。在这些实验点，他研究过乌龟、鸽子、鸢、蜥蜴、青蛙、山羊、狗、猫和人类的行走，从而成为最著名的步行记录者。

《动物结构》是马雷的重要生理学著作，于1873年出版。他在开篇就写到"机械师可以从对自然的研究里汲取实用的知识，自然研究会多次向其证明如何用令人艳羡的简单方法来解决最复杂的问题。"这项工作的首要意义是详尽描述行走，将连拍照片以图表的形式保存下来——这是一种稳定、清晰且易理解的记录方式。肉眼看来，这个动作如此迅捷，感觉转瞬即逝。从这一点来说，人类"动物生理结构"特有的两条腿，在力学原理作用下得以交替前行，生物和机器的研究模型如此趋同，这让对行走的观察成为科学得到了允许和承认。而此前，人们用比喻法、对比法与活力论（vitalisme vitaliste）的或其他类似的方式来描绘步行。19世纪下半叶，步行成为一种基础模式，暗含对人类及其世界的科学研究。马雷发明了一些似乎能代替人眼的仪器，以期"把自然情况下难以觉察或触及的现象放大，变得触手可及。"随着这些仪器的日渐完善，探索的领域也不断拓宽（脉搏测量仪、多种生理指标测量仪、血流速测量仪、心动描记器，自计温度仪、计时仪、连续摄影机……），电影由此诞生，成为这项科学研究的最终成果。

在对集中系统进行测试后，马雷找到了解决方法，将这台仪器命名为"活动底片上的连续摄影机"：他提出在每次曝光的间隙移动底片，在成像时停下来。结果是"照相底片间歇性转动，停顿期间底片曝光。"马雷用一把类似手枪的摄影机连续"瞄准"，每秒可以拍下运动中的 50 个不同图像。

费纳奇镜是约瑟夫·普拉托（Joseph Plateau）为儿童设计的玩具，它根据动像幻视的原理让画片合成地动起来。而马雷借助这个平平无常的诡镜，用计时摄影枪成功拍了短短几秒内的不同步伐与姿态。这项发明完成于 1882 年，可以跟踪、对焦并非常逼真地重现一只鸟、一匹马或一个人的运动。我们得承认，这把摄影枪是拍摄电影的基础装置：由连续摄影影像分解运动，在赛璐珞胶片上完成冲印以及普拉托的视觉暂留原理进行合成。因此，多亏了这个用应科学方法行事的人，视觉的诗意效果才成为可能。从这个意义上说，马雷是 *kinêma*（希腊语"运动"之意）的实践和思考者，而且是最伟大的一位。

这种行走的概念如同在同一张底片上连续呈现的一组停顿的照片，马雷认为这是一个恒定的图像。他最早的图像记录是一卷留有脚印的图纸——他当时将图纸放在地上制作完成，后来又使用了成百卷的赛璐珞胶卷，这都是电影美学、历史和技术的初期真实写照。行走是一种间歇性的平行移动，是通过反复的移动和停顿动态前进的典范：步行是由运动连接的一连串停顿，是重复机制，而这也正是马雷的拍摄与发明，同时他还创造了电影拍摄。

行走者身体的这种算术式影像体现应该证明所有运动都是可

以被记录下来的。马雷在杰出的助理乔治．得门尼（Georges Demenÿ）——一位出色且有远见的技师的协助下，用上百个定时摄影的镜像证明了这一点，宛如一种普遍适用的行走法则。行走不仅属于科学范畴——尽管它首先是属于科学范围，行走还有一个功能，就是了解行走者的身体。这种认知达到了前所未有的精确性，并参与了一个受辱民族的重振，一个被普鲁士征服并被历史打倒的国家的振兴。行走的呈现还是一门学科技术，旨在了解、修正和改善行走者的身体，同时创造新的姿态。难怪马雷和得门尼在大多数影片里拍摄过运动员，更确切地说，是体操运动员士兵。

例如，一组同一底片上 14 张连拍分解动作的大影像：这是一个来自连城的士兵，穿着白色制服行走，行走动作被分解开来，背景是黑色的。得门尼的写下的文字有助我们了解这组照片的拍摄日期和背景："1886 年 7 月 18 日，申科尔（Schenkel），行走。"士兵申科尔向前走了 6 步，这张计时连拍照片拍摄于在布洛涅森林王子公园内的生理研究站。作战部从连城的体操和击剑师范学校派了一些步兵协助研究，马雷亲热地叫"他的小士兵"；他们穿着雪豹皮或赤膊，走、跳、跑，背着包、枪、长棍，他们（在画面上）总是向前慢走或被迫向前走。

得门尼自己就是一名体操运动员，1880 年他和艾米乐·郭拉（Émile Corra）在巴黎创立了一所叫科学体操圈的学校，并在这所学校教授行走这门身体艺术。同年，体育课成为法国学校里的必修课。正如爱丽丝．乐华（Alice Leroy）指出的，对得门尼，"毫无疑问，定时摄影有助于改善体操教学技巧。"在与马雷的合作中，他取得了丰富的经验，出版了很多与体育有关的教材：

《科学体操的生理效果和哲学效用》（1880）、《高等教育体操计划》（1886）、《体育教育的科学基础》（1902）、《运动力学和教育》（1904），《高级体育课》（1905）、《付出的培育：心理学和生理学》（1910），甚至还有一本教材专门讲体育性的行走，即《快走教育及协调运动》（1911）。从1884年开始，公众教育部（前教育部）将生理实验站与体操组织与教学结合在一起。此外，马雷本人还主持了一个委员会，负责修订和编写体操课大纲。

战时部（前国防部）也参与到这些行走研究中来，因为部队希望生理学家用科学方法，根据士兵体能、负重情况和更好的行走技术来改进军队行进方式，使其又快又省力。这就是今天我们说的军事运动生物力学。自1890年底，连城军事学院的安德列夫奥中尉就被长期外派到马雷身边，帮助其进行行走实验。

这种科学和军队相结合、生理研究站和军事机构现代化相结合的现象在当时的法国并不稀奇。1870年战败的惨痛记忆让法国军队看到自身的弱点，意识到对战争准备的不足，需要改进方法，而改革似乎是反败为胜的必要条件。1870年得门尼曾参与作战；他坚信体育锻炼是"国民必备"素质，每个应征入伍的士兵必须"学会徒步"。徒步成为重振队伍的新措施，并且这一措施适用于法国部队。会走路，走得好，是对现代国民的定义，国民可以让民族摆脱不幸，献身于新式教育，进而从体力上战胜对手。

连续计时拍摄步行者反映了当时法国社会一种普遍的活力，无论是行走者的身躯还是他们代表的意义。自1870年起，身体运动暴露在光线、空气与阳光下，与重生、肉体和灵魂的重振紧密连接在一起，上述概念又借助全新的科学活力展现在公众面前，在他们眼中，体育，尤其是行走传达了一种政治信息。生理学家乔治·艾伯尔（Geroges Hébert）借助艾伯尔主义（hébertisme）的理论宣扬"在自然中的人力移动"，建议大家"重新找到行走中的身体的生命力"。在法国传播弗朗西斯·高尔顿（Francis Galton）优生学思想的人类学家居斯塔夫·瓦谢尔·德·拉布什（Gustave Vacher de Lapouge）则积极支持人类不断进化的观点，反对"颓废主义和退化"。他们跟马雷和得门尼观点相同，都认为人们要通过锻炼让身体获得重生，这种重生与行动、努力以及运动有关：从字面上来看就是步行。

马雷教授在法兰西公学院的两个学生——人种学家、电影人、医学博士菲力克·斯雷尼奥（Felix Regnault）以及第 34 炮兵团的总司令阿尔贝·德·拉乌尔（Albert de Raoul）在写于 1898 的论著《怎么走》中也提到"马雷的贡献"：

> 马雷将行走研究提升到了一个完美的高度。他能够借助图像方式进行精确研究，而该方式需要通过精密的记录仪器，尤其是计时摄影实现。我们因此可以分解行走动作，计算所耗的能量……正因为他，科学可以对人类的行进机制进行解释。

这部名为《怎么走》的论著提出的问题自此有了答案。马雷决定性的贡献在于他对运动的看法：他的行走研究把一个时间概念用空间形式记录下来，对文艺复兴以来的固有的塑性空间提出质疑。他新的世界观构筑在流动性、原始的运动、行走及其视觉内涵之上：用简单的动画展现脚步移动。20 世纪的象征视觉艺术[1]就从这种移动影像中诞生了。

人类最初的步伐

从某种意义上来说，描述行走、了解行走的生理机制是溯本求源。既是追溯 20 世纪的马雷，也是追溯人类的源头，追溯所有人的源头。征服知识的梦想在此是绝对的：我们通过分析行走获取的知识正是人类走出的第一步，是每个人从小必走的第一步，是所有事情的第一步，同时也是我们每个人必经的第一步。

这绝对不是我们认为的那种在现代城市中行走——人只是坐在车里，而是依靠自己的双脚走路。安德烈·洛里·古兰（André Lori-Gourhan）喜欢这样的说法，并在《世界之源》这本书中写到"人类的历史从双脚开始"。直立与行走：为了改善伙食，为了在热带草原上和森林里自由奔跑，追逐猎物，600 万年前，人类改变行动方式，渐渐离开高树来到地面生活，开始直立行走，从此成为两足动物，350 万年前人类实现完全直立并真正行走，直至今日。

2000 年，古生物学家布里吉特·塞努（Brigitte Senut）与马丁·皮克弗德（Martin Pickford）组织的考察队在肯尼亚发现了一具距今 600 万年的两足人科动物的残骸，是迄今发现的最古老的化石。化石的肱骨以及大拇指趾骨长度和曲线形状都说明，他还未脱离树栖的生活方式。他被命名为"千禧猿"（Orrorin），是

1　这里作者应该指电影的诞生。——译注

最早的两足南方古猿，生活在炎热潮湿的森林中，但已经与黑猩猩属不太相像了：他们走路的姿势不同，他的两腿有一种新的能动性。环视动物界，存在很多两足类动物，例如鸟类、袋鼠类、熊类、猴子类，更不用提中生代，用后面两足行动的霸王龙，斯蒂芬·斯皮尔伯格证明它们还会经常借助自己的尾巴完成行走。

虽然所有灵长类动物都能两足行走，但只有人类可以长时间、远距离前行。千禧猿是最早行走的人属，其身体结构反映了其行走方式：他的躯干和盆骨短而宽，腰部短小，下身较长，股骨弯曲，大脚拇趾与其他脚趾连在一起，足弓，臂短。这是最早适应长时间长距离持久快速行走的人类。

法兰西公学院的古生物人类学家伊夫·柯本斯（Yves Coppens）则根据 1974 年在非洲东部海岸发现的距今 320 万年的原始人露西的化石残骸指出，露西及其同伴们适应了气候变化和导致森林变得稀疏的干旱，寻找到了更开阔的空间，拥有了近乎独有的双脚行走方式与全新的饮食制度，脑容量增大，脑沟槽增多，牙齿的咀嚼力与双脚的行动力也更有效。在直立行走的同时，他们也成为杂食动物，吃水果、块根，也吃肉，他们开始制造工具，工具变得愈来愈多也愈来愈完善。直立和行走，让早期的直立人发展了制造工具与赋予世界意义的能力，在行动中认识世界，预测未来，触摸世界，用另一种视角看世界，与别人分享这个世界。正如帕斯卡·皮克（Pascal Picq）在他的美文《行走，拯救我们的游牧特性》中所言：

人类是用两脚行走的动物，而且思想是在行走中形成的。

双足行走解放了双手和脸，使其逐渐演变成更为敏锐和完善的器官：人类制造工具、观察、体验、认知所处环境的能力都因行走而诞生。行走本身还促进了大脑发育，因为行走要求思想集中。直立人首先用双脚促进思考，从而建立自己的世界。

幼儿学步

自有人类以来，每个人、每代人都会经历这第一步，根据人类的公理，这第一步是最关键的一步。尽管已然重演了成千上亿次，第一步仍然是一个重要事件。这无疑是因为开始行走并不容易，因此第一步才有如此决定性的意义。"所有路程都是步行的奇迹"，埃德蒙·捷波（Edmond Jabes）如此写到。开始学步就是从被保护、被封禁、被呵护的平静生活里被迫走出来：对幼儿来说，麻烦开始了。只要看小宝宝试着走路就会明白行走者竭尽全力克服了多少困难。在成为无意识动作前，行走必须习得，这个过程会在大脑与以后的生活中留下看不见的印记，直到有一天行走者年老体弱的时候，他会再次丧失这一无意识的动作。行走就是这种奇异的活动，所有人都要学，也有不少人会忘却。

人们不断向儿科医生、骨科医生提出这些问题：我的孩子什么时候走路？我的孩子会走路吗？为什么我的孩子走得这么笨拙？行走是孩子的身体、运动和神经渐渐成熟的结果。从开始学步到用双脚走路须经过 7 年的调整实践期。在此期间，孩童的步伐演变成成人的步伐。事实上，正常行走需要大脑控制、肌肉和关节协调同步。这种习得是在以下几个因素连续和同时作用的基础上产生的：基本肌紧张、肌肉力量、平衡性、姿势，实践图表、心理状态、感觉系统、神经发育。要知道，小脑是人脑中交互作用非常活跃的部分，在行走的协调和平衡中起决定作用，被有些脑专家认为是运动的神经生发器。

新生儿处于高渗状态[1]，反射处于原始阶段[2]，学会站姿，要等到这些原始反射消失，躯干与上下肢分离，脖子也可以挺起来，这个过程新生儿大概需要等上3个月左右。大约6个月，当新生儿第一次抓到自己的脚时，也就看到了自己下肢。由于肌肉屈伸和腘窝张开成一定角度，双腿得以进入新生儿的视线。新生儿很快就会利用下肢来变换姿势：坐姿就习得了。7个月的时候，新生儿腰部可以不依靠身体主干的其他部位自主活动，会借助下肢翻动身体。一个月以后，新生儿可以坐着变换两腿的姿势。如果这个阶段扶着新生儿，他的双脚可以给身体以支撑并站立起来，但只能坚持很短时间。到了9个月，新生儿开始用四肢爬行，以膝盖为支点，用下肢微微撑起身体，同时也借助上肢撑地的力量。新生儿身体前倾，两肘弯曲，手臂微向外侧，两腿微微弯曲并快速抚过地面，他的行动轨迹并不规律，下肢（受力）被推向前。11个月的时候，新生儿能够扶着支撑物站立，可以抬起一只脚，同时把身体重心转向另一条腿。在这个阶段，臀大肌和股四头肌的力量强壮到令人吃惊的程度，同时左右两侧身体可以各自独立活动。站立时，以前上身的摇晃不稳减少，腰部呈现前凸，有利于上身的平衡。

1岁时的小宝宝喜欢倚靠外物站立。现在他只需锻炼平衡能

1　生物学概念，指细胞溶质大于细胞质的状态。——译注
2　指婴儿而非神经发展完善的成人表现出来的，由中枢神经系统产生的正常生理反射行为，其反应能回应特定的刺激。这些原始反射会随着儿童的额叶发育过程而受到抑制，直至消亡。——译注

　　　　　　　　　　　行走的历史

力，加强肌肉力量，学习行走姿势了。这种锻炼就是每天顺着家具、推着玩具前行，或者由成年人扶持着快步向前。到 14 个月的时候，他可以自己行走，可能只是在平地上向前走几步，动作犹疑、踉踉跄跄，完成得一点也不优雅，上身还摇摇晃晃，上肢伸展，起平衡作用，形成扩大的多边支撑力，前脚着地，摔跤更是家常便饭。两岁后，小宝宝盆骨前倾以及胯关节的外转和外展幅度都在减小。一开始的前脚着地接触变成脚后跟外围与地面接触。最后，发展成脚跟着地。而在摇摇晃晃走路的阶段，多数情况下，他都会摇摆双臂，转动腰部。他行走的节奏持续放慢，前进速度因步幅变大而增快。正常情况下，他会在 3 岁半时行走自如。人们通常认为孩子到 6 岁才具备成人行走的所有特征。

从此，小孩子开始走路，时时谨防摔倒，在两腿之间自然转换身体重心，不断控制自己的前进，尽量减少位于第二骶椎上方的重心的上下移动，以保存运动能量。他开始行走，我们的故事也开始了。

2

第二章

行走的民族和行走的职业

　　当法国徒步爱好者协会负责人寻找遥远的祖先时，他们会提到"亚伯拉罕[1]赶着他的羊群迁徙……或者"旧时的货郎担"穿越白雪皑皑的群山并留下足迹，"环法手工艺寄宿工匠"凭借双脚从一座城市走到另一座城市。另一些人会提到印第安人，他们在树林里设陷阱捕猎毛皮兽，因为他们可以像狼一样长时间快走，这让童子军们和露营者心生向往。一些民族和职业的身份甚至由步行这种行为下了定义。昔日，不管你是货郎担、牧羊人、手工艺寄宿工匠，还是士兵，双脚是从事劳作必不可少的工具。同样，那些与苏祖人、拉普兰族人、夏延族人[2]有过密切往来的考察者与探险者都提到这些民族有显著的行走特征：特殊、有效的行路必要性决定了他们的心理、身体和习性，这种行路与变幻莫测的环境以及身份相适应，比方说茹毛饮血的、田园牧歌的或是穷兵黩武的生活。

1　亚伯拉罕，原名亚伯拉兰或亚巴郎，是亚伯拉罕诸教的先知，是上主从地上众生中所捡选并给予祝福的人。同时也是包括希伯来人和阿拉伯人在内的闪米特人的共同祖先。——译注
2　是美国大平原的原住民。——译注

自 19 世纪末，本杰明·艾尚第（Benjamin Etchandy）教授在《怎么走》（1898）中的一个章节里首次对"行走的人类学"及其实例进行了学术研究。他认为所有的行走方式似乎都在某种程度上反映了人类的发展，或者人类在社会等级中的具体位置。对行走各种方式的研究，拉近了现代科学和传统迁徙之间的距离。

> 人类走姿随着众多条件的变化而变化：职业、社会形态、性格、种族、生活环境。因此，上流社会人士与乡下人的走姿不同。人们可以通过摇晃的走姿马上将水手辨认出来。由于轨道弯曲成弧状的原因，火车机械工为了减少颠簸站得更稳，不得不保持膝盖微曲、两脚分开的姿势。他们的走姿跟水手及其相似，非常容易被辨别出来。有趣的是，不同工种的工人，走路姿势也不尽相同：挖土工整日推着独轮手推小车前行，步幅大，脚步既缓又稳；而泥瓦工小伙，背负着装满泥浆的砂浆槽，因此只能依靠平衡天赋，快步前行，为了抑制泥浆的震荡而采取的左右微晃姿势已经深入他的骨髓，即便不背负着泥浆桶走路，他的摇晃幅度也极大，对他而言整个人行道都不够宽阔。

这些差异众所周知，即便不经过科学研究，我们通常也可以只通过一个人的走路方式就对他的性格略知一二。人们经常通过我们走路的姿势来判断我们的性格，但有时也会出错，因为不少人试图通过表现得趾高气扬来克服自己的腼腆。什么姿态雍容典雅，什么姿态恰恰相反，可能都是每个社会约定俗成的事情，但不管在世界的哪个角落，我们总能发现同样的差异。教育对一个人的走姿影响非常重要。在很多家庭里，家长们会教育小孩学会端正的走路姿势，会训斥步子迈得太大的女孩，也叱责走路拖拖拉拉以及把地踩得嗡嗡作响的男孩。后来，行走又有一些重大变化，甚至常常与人体构造有所违背。服装和鞋子的影响也同样重要。农场干活的年轻人因为穿着木拖鞋，不太容易把脚抬离地面，要想大步行走，他们得移动腿部，走动时，腿部几乎不能弯曲。开始使用自行车以后，巴黎女性的风姿可能也有所改变：她们习惯短裤和骑车用的平底皮鞋，也习惯穿那些让人行动不便的短裙和要用脚尖走路的高跟鞋，这无疑拉长了巴黎女人的步伐，过去碎步行走的姿态荡然无存。

亚伯拉罕和最初的游牧民族

早在巴黎女人碎步行走在巴黎街头前，人类步行迁徙就已经神秘开启，徒步者的原型恰巧与《圣经》中提到的最初的希伯来游牧民族在亚伯拉罕带领下上路的故事吻合。正当处于东西方之间的腓尼基人通过海路输送商品、传播知识之际，闪米特人的另一支——希伯来人走在陆地上另一条迥然不同的大道上。公元前18世纪，在巴比伦国王汉谟拉比统治时期，亚伯拉罕离开位于迦勒底地区[1]的乌尔[2]，在幼发拉底河流域附近过着畜牧定居生活。他的家族之前过的并不是游牧生活。不过，他带领随从和羊群，

---

1 古代地区名，属巴比伦尼亚南部，即现今伊拉克南部及科威特。公元前 625—前 539 年间开始有部落进入该区居住，这些部落的住民就被称之为迦勒底人、加尔底亚人或新巴比伦人。在《旧约》中，迦勒底是新巴比伦的同义词。——译注

2 又称吾珥，是美索不达米亚的一座古城，位于底格里斯河与幼发拉底河注入波斯湾的入海口，其遗址位于今天的伊拉克境内，巴格达以南纳西里耶附近，幼发拉底河的南部。——译注

先是把部落安置在叙利亚以北的哈兰[1]，然后搬迁到了南方富庶的迦南[2]。

> 耶和华对亚伯拉罕说"你要离开本地、本族、父家，往我所要指示你的地去"，亚伯拉罕按照耶和华的旨意，跟罗得[3]出发前往迦南，最后到达目的地。(《创世记》Ⅻ，1，4，5)

历史学家对此的解释更为理性。由于气候变暖，越来越多放牧场变得干枯：人们需要去寻找新的牧场。遵从上帝的旨意或出于需要，离开家园去一个神秘之地，亚伯拉罕固然有一支沙漠旅队，还要在帐篷里过夜；但是他并没有采纳游牧民族的习俗。只要可能，他就会定居下来。不得不冒险流浪——根据《圣经》的说法是，"因信仰而出走"——在希伯来民族的历史上只是一次意外，而不是惯例；这是生存所迫而获得的能量，并非返祖现象。此外，尽管《圣经》中记载，在阿拉伯沙漠边缘曾经聚居着游牧部落，却是以极其严厉的态度对待游牧民族的习俗和惯例，比如《士师记》[4]中的记载。

无论如何，裹着皮衣的牧羊人赶着数不尽的家畜—绵羊和山

1　哈兰，也作赫伦，旧称卡雷 (Carrhae)，是土耳其东南部的一座古城，位于尚勒乌尔法东南 38 公里，巴勒克河畔。历史上曾经是一个重要的经济，文化和宗教中心。——译注

2　迦南原意为"低"，指地中海东岸的沿海低地，是一个古代地区名称，大致相当于今日以色列、西岸和加沙，加上临近的黎巴嫩和叙利亚的临海部分。——译注

3　罗得，摩押人和亚扪人的祖先。是以色列人始祖亚伯拉罕兄弟哈兰的儿子，亚伯拉罕的侄子。——译注

4　《士师记》，《旧约》中的一卷。——译注

羊—移牧[1]，声音嘈杂，尘土四处飞扬。亚伯拉罕的队伍向北方行进，溯流而上。他们途经基什岛[2]，一个靠近巴比伦的苏美尔古老城邦。然后经过鼎盛时期的马里[3]城邦，最后到达哈兰，并在此停下。他们用了多长时间？不得而知。哈兰往西是所有征服者都会取道的宽阔路径。亚伯拉罕与他的部落重新出发，到达奥龙特斯[4]河岸，这条河与地中海平行，把亚伯拉罕带到越来越秀丽，开满鲜花的地方。这位受人尊敬的族长随后到达了约旦河谷：经过示剑[5]（今天的纳布卢斯）与伯特利到达内盖夫[6]然后继续向埃及行进，逃离了沙漠中肆虐的饥荒。最后，他又走了一段回头路：他的侄子罗德与部分徒众在索多姆安定下来，在死海和约旦平原之间过着游牧生活，与此同时，亚伯拉罕则驻扎在希伯仑[7]，在那里，他和上帝定下契约，发誓在应许之地繁荣发展。75 年后，亚伯拉罕去世，享年 175 岁，遗体被安放在麦比拉山洞，此地很快成为朝圣之地：可谓行走召唤行走……

1　移牧是一种基于季节变迁而改变牲畜放牧地点的放牧形态。移牧可分为垂直移牧跟水平移牧两种形态。——译注

2　基什岛是伊朗南部、波斯湾中的一座岛屿，北距伊朗南部海岸约 18 公里。该岛以出产珍珠闻名，有"波斯湾上的珍珠"之称。现基什岛为伊朗的一个经济特区，旅游业发达。——译注

3　马里，即现在叙利亚境内的特尔·哈利利，是古代苏美尔亚摩利人建立的城邦，位于幼发拉底河中流的西岸。大约前 5000 年有人居住，约前 2900 年开始繁荣，前 1759 年被汉谟拉比破坏。——译注

4　奥龙特斯河也译作欧朗提斯河，又称阿西河，是中东地区一条跨国河流。发源于黎巴嫩的贝卡谷地，向北流经叙利亚、土耳其，在土耳其的安塔基亚北部萨曼达厄注入地中海。——译注

5　《圣经》中提到的城市，是《阿玛尔奈文书》中提及的一座迦南城市，在希伯来《圣经》中是一座玛拿西以色列人的城市，是以色列王国第一任首都。——译注

6　内盖夫在希伯来语中意为"南部"。此地位于巴勒斯坦南部沙漠地区，1984 年被以色列重新占领，现已成为以色列一个著名景区。——译注

7　希伯伦，巴勒斯坦西岸地区的一个城市，为希伯仑省的首府，也是犹太教中仅次于耶路撒冷的圣城与一世界文化遗产。——译注

这些游牧民族以畜牧业和商队贸易为生，安顿在约旦以东，在死海、西奈半岛之间，类似麦迪阿尼特部落和阿拉伯贝都因人的组织方式。因此，希伯来人最初出于生存需要成为游牧民族，却也不是没有几分与之相对的浪漫因素：游牧文化口碑不佳，《圣经》中记载他们是流浪和偷盗的民族。他们让牛羊群走在自己前面，他们也会掠夺，对其他文化艳羡，不种麦子而是抢夺现成的面粉，以非法交易和劫掠为生，时而也敲诈农户。在亚伯拉罕的后代中，以撒的儿子、雅各的兄弟以扫，是著名的狩猎人，公开过着游牧生活，让他父母痛心疾首，《圣经》篇章里不止一次流露出失望的口吻。

当雅各和他的儿子们迫于饥荒，出走埃及的歌珊地（Gossen）[1]，约瑟把大家安置在"这个国家最富饶的地方"，希伯来人生活越来越繁荣。从字面上来看，《圣经》中从来没有说过希伯来人选择了游牧生活，而且一旦可能就想摆脱这种生活方式。为了走出埃及，在摩西的带领下，希伯来人在沙漠中生活了40多年中，向新的国度行进，他们不得不适应游牧生活，然而，他们过得十分艰辛，而且常常抱怨，稀少的牧场和井眼，迫使他们过着冒险的徒步生活。

然而，希伯来人历来都是畜牧业养殖专家，他们一直实践着移牧。亚伯拉罕的迁徙实际上主要是出于移牧的要求。农业耕种者在转化为广阔空间里的畜牧饲养者的同时，变成了游牧者，成为牧羊人，长途跋涉，向着眼前的地平线行进。因此，行走对亚伯拉罕的子民而言有双重含义。与牛羊作伴，在水草缺失的干涸

1　出埃及前以色列人住的埃及北部肥沃的牧羊地。——编注

贫瘠土地上以游牧为生,行走是一种生活方式;对一个部落而言,行走提供了生存下来的可能性,与其在生养自己的土地上等死,不如为了生存和挽救自己的文明而上路,《圣经》及各种注解中的内容都提及文明初创时期的一系列具有奠定意义的"长征"。犹太民族的流浪是行走这种神秘力量的最好佐证。他们被四处驱赶,从社群生活方式到散落在世界各个角落,从聚居一隅到备受迫害。这些行走者的独创之举是行走的开端,既是被迫的,又是主动的,既是迫于形势,又是自主选择,既顺理成章又神秘莫测。在创世之初,就有一个部落离开去另一个地方这种情节设计。正是在这类迁徙中圣人自现,神的承诺得以实现。

出走,离开自己的城市或乡土,使人远离惰性,超越局限和界限去行动:跨过一步,尽显生机……游牧,不仅仅是一种生活方式和求生行动,也是一份生存宣言,关于行走的一种自由主义思想重新诠释和提倡了游牧生活方式。让·杜威纽[1](Jean Duvignaud)在《游牧初稿》里写到,在后来1968年"五月风暴"的背景下,歌颂游牧风似乎可以撼动一个僵化的社会:

> 生存空间:城市或村庄。一潭死水,日复一日。一代又一代,垃圾和死亡者在那里汇集,我们繁衍生息在这肥料上。粪便和精子聚集在静止不变的人群发出的热烈嘈杂声中,这些人依赖着潮湿的围墙,而围墙又浸泡在重复阴湿的生活里。这就是我们的时光。繁殖和死亡就是我们生命的根

---

[1] 让·杜威纽(1921—2007),法国作家、戏剧评论家、社会学家、编剧、人类学家。——译注

基。规范了我们定居生活的法则就在这潮热的腐朽里产生，后者存在于令人沮丧的封闭的空间。……越过这堵墙是草原帝国。没有任何地图可以描画出它的辽阔，因此，在那里驰骋的部落觉得草原是无尽的。草原上的权力性质有所改变，组织方式也随之变动，规则在迁徙中改头换面，土地拥有者成为冒险家。草原上没有马基雅维利，因为草原上没有游牧政权，流动生活禁止立法，行走打破制度。草原帝国既不受制于人也不受制于地点。

在这游牧行走的无限空间里，草原帝国仿佛勒令其部落和人民在无限多样的风景里流浪，将行进中的身姿和自由的灵魂投向想象力丰富的无限沙漠。

行走民族的空想躯体：拉普兰人和印第安人

如果说希伯来人并不是生来的行走者，只是出于偶然，出于历史原因而被迫上路的游牧步行者的话，那世界上确实存在着行走民族的原型，让人类学家、解剖医生和研究行走的专家们兴致盎然。无论是生理上还是心理上，拉普兰人和有些印第安人都具有下述特征：通过行走实践锻铸的身体，围绕虚构行走而形成的精神状态。他们会经常走过大片不毛之地，需要进行移牧以便生存下来，他们与动物—麋鹿和野牛一起迁徙，在这种移牧生活中，畜牧和狩猎也是家常便饭。

饱学之士很快就对拉普兰人产生了兴趣：拉普兰人住在如今的瑞典、挪威和芬兰北部以及俄罗斯科拉半岛的广袤地区。卡尔·冯·林奈（Carl von Linné）[1] 是瑞典伟大的自然科学家、现代生物分类学之父。1732 年，他在拉普兰地区旅行，留下了一些富有启示意义的笔记，这些类似私人日记的笔记记录了他对萨米人[2]的着迷。在发表以《自然系统》[3] 为代表的大量旁征博引、分类严谨的著作之前，林奈惊叹拉普兰人的野性身躯是如此完美。拉普兰人出于需要成为行走的族群与放养麋鹿的民族，林奈试图从生物学和伦理学角度，通过细致的观察回答如下问题："为什么这群人脚步如此之快？"林奈首先领教了在极地附近地区踩着积雪行走的极度疲劳：

> 他在营地日记中写到："我们走在山的北侧，被风推着走，常常跌倒，风如此猛烈，我们向下滚了很久。冰冷的雨水从旁边刮过来，在触碰到鞋子和后背就立刻冻成冰壳挂在上面。如果没有背后吹来的这股风，我们不可能在这段长长的艰难山路上坚持到底。"

林奈随后又惊叹接待他的拉普兰人虽然未开化却很强壮："走了一段很长的路以后，两个拉普兰人向导，一个 70 岁左右，另一个 50 岁左右，还能跑动，玩捉猫游戏……"

---

1 卡尔·冯·林奈（1707—1778），瑞典植物学家、动物学家和医生，瑞典科学院创始人之一，并且担任第一任主席。他奠定了现代生物学命名法二名法的基础，是现代生物分类学之父，也被认为是现代生态学之父之一。——译注

2 萨米人也称拉普兰人，是北欧地区的原住民，欧洲最大的原住民族群之一，也是欧洲目前仅存的游牧民族。但萨米人认为这称呼带有轻视的意味。——译注

3 《自然系统》是瑞典植物学及动物学家、医生卡尔·林奈的主要作品之一，这本书在植物及动物学两界引入了基于博安家的加斯帕尔和约翰而来的林奈分类法，即后来的二名法。——译注

行走的历史

对此，林奈用教育论据进行解释，一个游牧民族学习麋鹿，依照其行走方式塑造了自己的脚步：

> 拉普兰人的孩子一会走路就会追赶麋鹿，让它停下来，再大一点，他们得跟着麋鹿跑，麋鹿跑得很快，比跟着山羊跑还要难，当然，跟山羊比赛要比跟小牛比赛难。如果一个跑步的人，或一个走钢丝表演者从小进行脚部训练让身姿变得轻盈，那为什么到结婚前甚至终其一生都要跟着麋鹿走的拉普兰人不会这样呢？

此外，林奈还提出了一些解剖学上的解释，通过观察拉普兰人的体形，得出如下关于行走的惊人结论："我观察了他们的膝盖和脚，一开始只看到与其他人一样的特征。然而，再仔细看，我发现与其他人种相比，他们的足弓位于更为凹陷的内侧。而且，拉普兰人都很矮，在这儿还没看到跟我长得一样高大的拉普兰人。又高又重的人不可能像矮个子一样，走得那样轻快。"

最后，拉普兰人的鞋子和着装习惯也非常特别，林奈详细记录如下："他们穿的靴子没有鞋跟，像溜冰鞋，穿的紧身长裤材质不易变形。"我们的科学家从力学上解释了拉普兰人走路方式高效率的原因："这种类似滑雪鞋的靴子的用处是迫使拉普兰人拖地走路，在走路抬腿的时候几乎不弯曲膝盖。"这种特殊的行进方式，与冰天雪地潮湿的环境相适应，某种程度上类似动物行走——在爪子下方产生隔垫的作用，以便麋鹿更快、更稳地向前。无论如何，为了走得更好、更稳，拉普兰人像是脚底天生有滑雪板那样，在地面滑行。

这个游牧农耕社会出现在 17 世纪，在随后的两个世纪中不断发展，直到 20 世纪中叶，机械化和自动化改变了拉普兰社会的物质条件。在此之前，拉普兰人是狩猎者、渔夫、采摘者，他们并不迁徙。虽然一部分拉普兰人继续这种生活方式，然而自然环境的变化，甚至是麋鹿的变化决定了这场历史性的重要变迁：17 世纪，野生麋鹿灭绝，家养麋鹿开始发展，出现大批必不可少的鹿群，供给拉普兰人的衣食，不同地区的拉普兰人发生了或多或少的变化，以适应麋鹿驯养生活。根据 1750 年的记录可以推测，每户拉普兰家庭拥有大概百来头麋鹿，1865 年这个数字达到 235 头；1900 年达到每户 320 头，达到游牧畜养文明的鼎盛时期。20 世纪初，一场严重的动物鼠疫流行病以及技术和经济的变化解释了拉普兰传统文化自此没落的原因。

从 17 世纪末起，在拉普兰诗歌中开始出现对游牧生活源起的记录，比如写于 1673 年的诗歌《Kulnasatj，我的小麋鹿》：

> Kulnasati，我的小麋鹿，
>
> 该走了，
>
> 走向北方的森林，
>
> 快快向着广阔的沼泽前行，
>
> 跑到我们漂亮的屋子前，
>
> 别再挽留我，Kajgavare，
>
> 现在好好照顾自己，Kalvejaure，
>
> ……
>
> 一个小男孩的渴望就是风的渴望
>
> 年轻人的想法走过长长的小路，

如果我听从所有人的建议，

我会走上邪恶之路，

现在我独自做出抉择，

我走上真理之路。

北方拉普兰人采用畜牧体系很快成为主流，这一切都是由地形和气候因素——牧场和雪——决定的。对拉普兰人来说，一切始于冰雪融化之初，5月份驯鹿离开冬季生活区域去北方产下小鹿；大概在6月中，小鹿长到15天左右，迁徙大队向夏天的牧场——那些没有被昆虫破坏的山坡——行进。游牧队伍在9月中又重新出发，前往秋季营地，在10月驯鹿发情期前到达目的地。然后于11月初南下，前往气候温和的地方过冬。没有被选中配种的雄鹿此时将被当作食物被宰杀，鹿肉晒干后被做成肠类食品，可以保存一整年。

拉普兰人从春到秋的迁徙要走250—400公里，分成两队平行前进：一边是以家庭为主的行走列队、一些驮着各种物资与食物的驯鹿，以及小孩和老人；另一边是驯鹿队伍，由一个男人率领，狗也会帮助他，常常是波美拉米亚种犬辅佐向导。传统移牧路线为拉普兰人熟知，他们翻山越岭，穿越森林或湖泊（秋末结冰）。春末时，他们可以蹚水过河，乘船渡过大的湖泊，而驯鹿则可以轻易地跟着游过去。每队拉普兰人被称为 sii'da，由15—80人组成，相当于2—6个家庭，最多可以拥有3500头驯鹿。迁徙过程可以分成10—15个阶段，每天行走40公里。如有需要，有时还会急行军，走更远的距离。他们会在固定的茅屋小憩，在那里储存历年的物资。拉普兰人夏天用帐篷露营，冬天则住在农场里。

　　迁移方式随季节变化。在拉普兰，人们很久以前就开始使用滑雪板：几十个史前滑雪板在北部地区被发现。不过，滑雪首先是一种行进，这些滑雪板就像中世纪到 19 世纪通用的主流技术一样：一个带槽的稍长的滑板固定于左脚便于滑行，另一个更宽更短的通常包裹着一层海豹皮的滑板被固定在右脚上，目的在于更好地钩住冰雪，便于助推。滑雪徒步者还有一根手杖，底部有一木制圆碟。冬季，游牧民族乘坐长长的雪橇，这种雪橇被称为 pulka，由驯鹿拉着。到了 6 月，拉普兰人背着重达 17 公斤的包裹在陆地上徒步行走，身边常常伴有一头配鞍的驯鹿。直到 20 世纪前 30 年，拉普兰人还不会用轮子。这种行走的标志当然是一种被称为 sovakaavli 的长手杖，手杖底部是一个精心打造的金属尖头，也可用于防身或铲雪，下部比上部稍宽，在光滑的路途上有助于行走者保持平衡。于是，自 20 世纪 50 年代起，这项运动又被称作"北欧式健走"，徒步者持久行走，需要有效运用手杖，目前这种运动在西方许多国家颇为流行。

　　还有另一支游牧民族——美洲的印第安人，至少他们中有一些游牧部落，特别是在达科他以北地区的五大湖附近生活的苏族人，或者生活在科罗拉多和达科他地区的北美大平原上的夏安族人。从 19 世纪起，熟悉他们，甚至与他们一起生活过的观察家们就为他们着迷。勒·佛朗索瓦·卡罗（Le François Yves Gallot）曾是"美好时代"的"行走之王"，也是 20 世纪初最著名的运动家之一。他曾讲述在温尼伯湖边，他的完美导师印第安人是如何教他行走的秘诀的。年轻的卡罗 17 岁就来到美洲，身无分文，全靠双脚行走，足迹遍布美国和加拿大。他行走在公路上、铁路边，从湖边走过，穿越平原与森林，他遇到了美国著名的传奇人物，一个叫"印第安林中奔跑者"的人，卡罗声称从他身上获得了行走者的活力，学会了通过行走锻造坚强性格的方法。如同大西洋彼岸的厄内斯特·托马斯·赛东（Ernest Thomas Séton）开展木制手工艺运动[1]一样，卡罗是"树林科学"之子：他的行走是为了重返自然，也是在恶劣环境中的求生本能，或是他摆脱贫困的手段。

这个年轻人对苏祖人的原始文化着了迷，苏祖人的标示——图腾、服装、装饰、羽毛、文身和仪式妆容——无一不出现在他的《回忆录》中。在林中或小径上的体能训练、露天游戏、露营和磨炼人的长途跋涉都成为卡罗的行走入门基础课程。他像一个印度安人一样生活，能够整日在狩猎地区穿行，找寻野物的踪迹。

关于他的朋友凯撒——一个生活在温尼伯湖边的苏族拉科塔人，他在《回忆录》中写到："在那里，我与印第安人来往，从他们的生活模式里，学会了行走。我的朋友们有着行走者的优点：耐力十足，健步如飞又异常轻捷。大步流星——他们早就发明了被我们日后称为'扩展徒步'的运动，这是一种英国徒步者热衷的运动，但是他们的姿势稍显僵硬。凯撒是我的徒步教练：他教会了我一切。"

在《行走的艺术》一书中，卡罗说：

最好的行走者就像印第安人一样，步伐优美轻盈。他不会疲惫！不仅全身肌肉相互协调，还与周遭自然融为一体。它们竭力完成行走，身体不会拖后腿。……与印第安人生活了多年以后，我坚信，比起我们日益衰落的种族，他们的身体更能抵御疲劳，尽管我们对生理方面有着毋庸置疑的了解。

印第安人这种行走的体能文化将直接或奇迹般地启发日后某些现代徒步先驱。让·卢瓦佐（Jean Loiseau）正是如此。自1947年起，法国徒步运动者的想象力受到了印第安人游牧文化的影响，他们因此使用白红两种颜色作为徒步路线的标识。

苏族人只依靠游牧生活：美洲野牛群的迁徙决定了他们季节性迁移，进而决定了他们的日常生活、思维和仪式。梯皮帐篷露营本身就具有游牧性质——可以快速拆装、轻便且无需地基。苏族人的物质生活遵从一条简单的规则：人、狗或马不能带走的东西都不要。从肉食开始短缺之日起，迁徙就开始了。部落向猎物更充足的地带进发，行进计划具体且系统。三四个骑马的探路人——他们的马由西班牙人带入美洲，1750—1800年间很快被夏安人和苏族人驯养，保障他们可以安全走过周围的山坡——走向远方。持火把的人（wakincuzas）走在队伍前部。在队伍两边，是"警卫"的位置，这是几个骑马的战士，负责掌管纪律。人们不能越过持火把的人，也不能在队伍以外游走或磨磨蹭蹭。所有违抗命令的游牧民都会被严惩。离开队伍的人会被打死，他的帐篷和物品会被损毁或分发。行进路线和停歇地点由几个向导决定，迁徙会持续好几个星期，每天行走40公里，有时甚至要行走 60 公里。通常情况下，苏族人会在 5 月份离开他们在湖边和布拉克山的冬季大本营，向美洲野牛聚集的夏季高地进发；到了秋季，部落下山前往平原地带，他们始终跟随野牛迁徙的方向。

在五大湖苏族拉科塔人的信仰中有一位重要的女性先知，名叫流星（Whope'），是天空（Mahpiyato）的美貌女儿，她的白色长发完全遮住了赤裸的身体，她手持鼠尾草，背上背着包，她受野牛国的指派来到人间，送给人类神圣的烟斗并颁布狩猎规则：狩猎者该如何跟随牛群，尊重小牛以及有身孕或哺乳的奶牛，举行仪式膜拜白色野牛。当流星离开时，她会在游牧队伍边上唱道：

> 我的气息闪耀如光，我行走着，
> 走向野牛的民族，
> 我的声音洪亮，
> 我的气息闪耀如光，我行走着，
> 走向圣物。

在牧羊人移牧的踪迹里

在《路途上》这本书中，雅克·拉卡里尔（Jacques Lacarrière）谈到如何将行路者最重要的权棒——赶羊杖钩[1]，交到牧羊人手中：

---

[1]　牧羊人的赶羊杖钩是一根长长的棍子，在棍子一头有一个弯钩，牧羊人可以用它去钩住离开羊群的羊的后腿，带它归队。——译注

牧羊杖钩让人平和。在牧羊人手中，它指引方向，打开山路。它让人看到幽深宇宙的宏大意义，它践行自己众所周知的特定使命——指引，引领人类走上正途。

在季奥诺作品中，所有人物都徒步，因为行走是认识世界的真正途经。让我们重读季奥诺，1935 年他在《愿我的欢乐长存》中写到：

> 人不是要长胖，而是在路途中不断变瘦，他穿越丛林，从不会遇上相同的树：出于好奇而行走，然后去了解他不了解的事物。是的，就是为了求知而行走。

牧羊人是行走者的典范，既是向导又是理想化身，他领着羊群，像在路上拉开了一条绸带，在小溪间挖出了羊毛般的河床，6月初，他出发走上移牧路线，向夏季山脉进发。作家费尔南多·佩索阿（Fernando Pessoa）在《守羊人》（1960 年）中，自喻为牧羊人：

> 我从未赶过羊群，
> 但就好像我赶着羊群那般，
> 我的灵魂酷似一个牧羊人，
> 经历风雨和阳光，
> 睁大眼睛与季节手挽手前行。
> 当我坐下写诗时，

或在山间小路上散步时，

当我在虚无的纸上写下诗句，

我感觉如有一根赶羊棒在手，

我仿佛看到我自己的身影，

在山顶上，

遥望着我的羊群，如同看到我的思绪，

或者看到我的思绪，如同看着我的羊群。

在《星型蛇》（*Le serpent d'étoile*，1933 年）中，季奥诺谈到徒步的开端——出发：

> 树林的栅栏门被推开，短工们站在每侧的篱笆旁。头领开口了，只说了一个词，然后转过身，紧握手中的手杖，羊群跟在他身后出去了；像是他腰间系的腰带，被他解开放到了山间。他走在前头，边走边牵引着羊群。羊群迈步前行。他已然在山间深远处，穿过了两三个村庄，两三个树林，两三座小山丘。他像一根针，羊群从他经过的地方穿过，跟着他穿越村庄、树林与山丘。这边羊群还没有尽数出栏。一千头，一万头，遍布山野。最后一头羊出来后，篱笆门关上了。人们已经看不到了：这是一个奇迹。羊群像一股潮水，缓慢、安详又宏大。

行走的神奇力量，近乎是大地的魔力，让羊群行动，以行走的速度，从普罗旺斯的平原出发穿越大山。

羊群移牧是地中海地区千年来的壮观景象，南欧的二十几个国家历来如此：西班牙、葡萄牙、法国、意大利、波斯尼亚、阿尔巴尼亚、希腊、马其顿共和国、塞尔维亚、保加利亚、罗马尼亚、土耳其、克里米亚，甚至离高加索和伊朗不远、属于摩洛哥那部分的亚特拉斯山脉。从传统意义上讲，夏季迁移在经济影响力、牲畜数量和文化渗透力上发挥的作用最大，它们往往发生在西班牙的高原大部分地区、法国阿尔卑斯山脉南麓、塞文山脉、中央高原南部和比利牛斯山，罗马尼亚的喀尔巴阡山脉以及土耳其的安那托利亚高原中部。

　　历史学家已经发现，早在古希腊，随后是古罗马时期，海边平原上的羊群在牧羊人的带领下避开酷暑，在夏季的 4 个月中到高山上的牧场避暑，并寻找草食，随后在秋季第一场雪来临之前下山，以便母羊回到平原产下宝贵的羊羔。这种体系发展得颇为完善：人类吃掉年轻公羊，喂养母羊，使之与精挑细选出来的公羊交配，这些公羊也是羊群的首领。这种体系类似最初的文明状态——这种状态周而复始，被古代文人称为"黄金时代"。移牧承载着集体想象中不可抗拒的、人畜和谐的自然循环，就像各色景致和行走融入四季之中一样。它震撼人心，召唤人们借助自然重复自己在自然界的生活。忒奥克里托斯[1]、维吉尔、奥维德和朗吉努斯的《达佛涅斯和克洛伊》已经把阿卡迪亚[2]的田园生活和它的牧羊人看作人与自然和谐共处的典范。赫西俄德是这样描绘这个黄金时代的：

1　忒奥克里托斯（约前 310—前 250），古希腊著名诗人、学者。——译注
2　阿卡迪亚，古希腊神使赫尔墨斯的出生地。——译注

"黄金时代"的人们生活在克罗诺斯[1]执掌天下的时代，是一个自然的时代。大地赋予他们一切所需。他们幸福无忧，随意漫游，没有财产，居无定所，不知道什么是战争。他们在动物和神的陪伴下，一起分享食物。他们并非因衰老而死，只是入眠而已。

在法国，这种古老体系有大量考古例证。比如，宽敞的拉克罗（La Crau）古罗马羊圈，又如广阔的迪朗斯河三角洲，占地面积600平方公里，紧临马赛西北部，位于阿尔勒、萨隆（Salon）、米拉马斯（Miaramas），伊斯特尔（Istres），福斯（Fos）贝尔湖（l'étang de Berre）之间。拉克罗是法国牧羊体系的中心，其鼎盛时期自18世纪中叶到20世纪中叶，如今还留有相当多的重要遗迹，保存了这一体系的知识、记忆、大量传统和编制（150个人养10万头羊，相当于平均每人负责700头羊），同时又适应了现代的环境。10月到2月间，母羊吃着位于平原边缘的拉克罗草场湿润的嫩草；3月到6月的旱季间，它们到达拉克罗中心地带库苏勒（Coussouls）；6月中到10月初，它们向高山牧场进发，要走200—400公里，走上10—20天。自从羊群可以坐火车（自20世纪初起）和卡车（自20世纪60年代起）起，就只需一天时间了。

移牧活动会牢牢控制住羊群，有一套严密组织，因为并非所有母羊都能忍受高山牧场的艰苦，都能适应长途跋涉以及高山环境。须有好脚劲，什么都能吃的胃，浓密的皮毛，同时还得有很

1　古希腊神话中的第二代神王，泰坦十二神中最年轻的一位。——译注

强的生殖能力。同时，牡羊、公山羊、山羊，驴和狗在牧羊人身边和羊群中扮演的角色则制度化了。移牧羊种是阿尔勒美利奴羊。18世纪后期，为了提高法国羊毛质量，在自然学家多班登（Daubenton）的建议下，法国从西班牙引进的美利奴羊和当地克拉韦纳羊杂交培育出这种羊。建于1804年的阿尔勒皇家牧羊场位于普罗旺，瓦尔（Var）和法国地中海沿岸竭尽全力推广这个品种。阿尔勒的美利奴羊是耐力很好的小个母羊，非常适合干旱低矮的牧场，羊毛非常浓密，保留着强烈的群居本能，易于成群管理。

羊群最前的位置是公山羊的，它们被称为"领头羊"，这些羊沉静、坚定、顺服；未阉割的公羊则被用来交配，名字源于爱斯达克（Estaque）一座村庄的罗夫（Rove）山羊，奶水充足，不好斗，在移牧羊群中，人们远远就能辨认出它们的螺旋状长角，因此，它们堪称移牧的象征。狗的主要作用是领路、带回走远的羊、调节步调，并尽其所能保护母羊和羊羔免受如狼、猞狸、老鹰、野狗等肉食动物的伤害。拉布里（labris）是阿尔卑斯山牧羊犬，它的额头上有浓密的毛发，渐渐被更常见的品种取代，如边境牧羊犬、比利牛斯犬、比利犬或巴杜犬，后者对付狼很厉害。1000头羊的羊群需要8条狗，4条跟着羊群，另4条守护羊群侧翼。最后，驴子也至关重要，因为它们驮着行装、、食物、水、雨伞、遮雨布、各色物品、羊群夏季所需的盐，每头驴的负重在60—80公斤。这些驴通常是阿尔勒驴，其特点是灰色鬃毛上有一个黑色或白色的十字形图案。每队羊群需要十几头驴。6月10—20日间，牧民会根据山地气候条件和平原的干旱状况，对移牧队伍进行精细有效且仪式化的组织。

经过如此调整、组织、等级化、监督、喂养与保护，移牧队伍在天气转好时重新上路。每年向高山草场进发的移牧被看作徒步启蒙，既神圣又艰难。这是属于牧羊人与官吏的时刻，这是脚踩在尘路上的精神之旅，季奥诺如是说。他曾在马诺斯克看到移牧队伍经过，彼时他还是个孩子，时间是 20 世纪初。四周的羊群拓宽了这条位于拉克罗草场的河流，后者被赋予了奇妙的经历：至少是《苏萨的鸢尾花》（*L'iris de Suse*）中牧羊人卢伊赛（Louiset）的，登上高山恰如灵魂重新得到安宁的希望。对他而言，通向宏大空间的小径类似启蒙的笔画，只有在山顶才能找到真正的意义。

移牧走的是山路，自 13 世纪起，移牧队伍就标出了这些通道。当时的道路既稀有又狭窄，存在不少障碍和名目繁多的买路费，有时还十分危险，因此移牧队伍需要有专门的替代通道。比方说，在西班牙也有类似供羊群通过的道路，被称为 les veredas 或 les ligallos，在西西里也有称为 les trazere 的通道。随着牲畜存栏不断增加，移牧的通道也要随之加宽，有时需要几十米宽的平坦通道，一旦地势变得陡峭，山路变窄，羊群队伍拉长，羊群可能会不可避免经过城市和农田，也许会带来巨大破坏。不过，每天移牧队伍都会遇到被称为 les relarges 的休憩处，人和牲口可以在这里休息、进食。移牧队伍在平原上沿着河流——特别是迪朗斯河行进。不过，牲畜不是在河床里行进，因为这样既危险又艰难。桥梁、浅滩甚至驳船都是移牧中的关键所在。经过一个星期的时间，海拔逐渐升高，移牧路线向山顶挺进，指向山坡和小山谷，以便直路到达山口，因为牲畜通常喜欢直线爬坡。为了防止队伍走散，移牧通道经常有一些断断续续的矮墙保护。每四五百米的路边，零星竖着充当界石的长石块，有规则地在显眼位置设立路标以识别道路。如有必要，移牧队伍也会赶夜路，比如在白天太热的情况下。畜牧队伍经常通过的地方则留下了宽阔的痕迹。这些道路是不可转让的公共道路，维修费用源于移牧队伍的主人向途经地区支付的过路税。

法国罗纳河地区的移牧通道引领羊群沿河行进，直至圣-埃斯普里桥，然后北上抵达迪奥（Diois）和韦科尔。三条阿尔卑斯山主要移牧通道从普罗旺斯出发，其中西斯特隆线（Sisteron）沿迪朗斯河以西，途经塞尔（Serres），最后抵达代沃吕伊（Dévoluy）。另一条线路，即最长线路，沿迪朗斯河东岸，然后转道瓦朗索勒高原（plateau de Valensole），抵达昂布鲁奈（Embrunais），羊群随后向北行进，散落在布里昂松、盖拉山区（Queyras）、洛塔雷山口（Lautaret），加利比耶山口（Galibier），一直到瓦卢瓦高山牧场。最后一条通道顺着古老的奥乐里（Aurelienne）线，途经拉塞，经过梅奥朗勒韦勒和雷斯特福德，抵达上于拜埃地区（Haute-Ubaye），还可以从拉尔什山口延伸抵达意大利的皮埃蒙特。众多其他分岔路径，途经阿罗思山口、拉巴赫山口、拉伯奈特山口、库塞特山口、拉彭巴德山口与当德山口……可达最幽僻的牧场，所有羊群都能达到由普罗旺斯牧羊人与当地牧场主人事先约定好的目的地。另有三条移牧通道可以让移牧队伍从下朗格多克（Bas Languedoc）穿越赛文山脉来到达中央高原南端的夏季草场：它们分别是奥布拉克（Aubrac）通道、马尔日里德（Margeride）以及被称为"移牧大道"的热沃当（Gévaudan）通道。这些通道与阿尔卑斯山区的通道相似，指引西南平原上的羊群和游牧的牧羊人前往比利牛斯山的草场。

　　　　　　　　　　　　　　　　　　　　　　行走的历史

18 世纪末至 19 世纪中叶，由于当地居民、邻近土地主都嫌这些通道太宽且使用频率低——年只用两次，上山一次，下山一次，通道逐渐失修。这使得法国南部行政官吏和牧羊人从 19 世纪末开始选择借道山谷中更安全、更快捷的柏油路。随之而来是移牧羊群的减少，此后，羊群必须与双轮运货马车、有篷两轮小推车、卡车和机动车共用同一条道路，移牧羊群要等到最后才能从这里通过。很快，只有那些海拔较高的通往山口、草场的移牧小道幸存了下来，其他通道都被农民占用或用来修建国道或省级公路。到了"美好时代"，铁路第一次改变了移牧条件，缩短了行程。此后，牲畜便享受特价乘坐火车。1912 年，2000 节车厢就输送了 22.5 万头牲畜。20 世纪 50 年代，传统移牧悄无声息地消失了，取而代之的是卡车和牲畜运输车。1953 年，移牧羊群从拉克罗（La Crau）徒步移牧至瓦卢瓦尔（Valloire），这是法国历史上的最后一次：3000 头母羊走了 18 天，平均行走速度为每小时 3.5 公里，它们从圣-马丁-德-克罗（Saint-Martin-de-Crau）出发到达大夏尔麦特（la grande Charmette）高山牧场，途中经过昂布朗、布里昂松（Briancon）、洛塔雷（Lautaret）山口和加利比耶（Galibier）山口。前往雷斯特福德（Restefond）和上蒂内（Haute-Tinée）的最后一次徒步移牧发生在 1995 年，而比之路程更短的从拉克罗前往科尔马-阿尔卑斯（Colmars-les-Alpes）的徒步移牧发生在 1963 年，历时 8 天。只有瓦尔省和滨海阿尔卑斯省直至今日还保持徒步移牧的传统，每年有大约 4 万头羊羔从瓦尔省的沿海山谷出发前往上韦尔东、上蒂内和隆贡（Longon）以及某些位于马尔康杜（Mercantour）的高山牧场。它们享有省政府特别许可，行程约五六天，往往于夜间借道省级公路，规避主要干道，全程尽量降低费用，尽量保持低调，不引起注意。

玛丽·莫隆（Marie Mauront）[1] 又称"母羊的伟大代言人""普罗旺斯的柯莱特"与"圣·雷米的美人儿"，她从未停止过对移牧的描写。例如，在发表于1953年的《游荡的王国》。与季奥诺一样，她在描述羊群上路出发去移牧时，精妙的文笔可与季奥诺的马诺斯克[2]吃人妖魔媲美：

> 被阉割驯服的老公羊被称为弗洛卡（flocat），它们比人还有牧羊精神，斗志昂扬，面对困难，毫不懈怠，紧挨着领头的公羊——真正的领头羊。未被阉割的公羊，受自尊驱使，不愿留在原地，驴子驮着重重的鞍在这群步兵中挤来挤去以求一席之地。黑人奴隶高举棍棒，驱赶这浪涛般成群的牲畜，狗吓得腿肚子瑟瑟发抖。当一切都如他脑中预设的那样进入正轨，他就步伐规则地往回转——这是牧羊人前行去阿尔卑斯的步调，也是回拉克罗的步调——他上路了。他右手执棍宛如手握权杖；左手向阻隔在他和高山、路程与大地之间的一切挥别，简而言之，就是这里的一成不变和压抑。四周没有一个人，甚至没有一个真正的牧人——只有一个移牧人……这是何等激动人心啊！他们的本能，他们的身体，能够回忆起带路人要走的路。套在驴子项颈上的铃铛摇摆不停，让它们像着了魔似的，进入癫狂。突然，整个牲畜群骚动起来，陷入激烈的互相挤撞之中。"一起上路了！"移牧人庄严地喊道。颈铃不断作响的公山羊、弗洛卡、牧羊和山

1　玛丽·莫隆（1896—1986），法国作家、诗人。——译注

2　马诺斯克（Manosque）法国上普罗旺斯阿尔卑斯省的一个市镇。——译注

羊，所有上路的牲畜都向他跑去，仿佛一条向前奔涌、不知其名的河流。而在这波涛此起彼伏的灰色海边，那些牧羊犬在主人的脚边不耐烦地跺着脚。对移牧人而言，高山上的小屋不再值得一提，早晨出发的时候也懒得再看这房子一眼，带领这支队伍走向路途遥远的拉克罗进发。比起他的畜牲，他步调一致，踏在岩石与大地上，这是首领的步伐，体现了与自然同步的人之力量。

随着季节变换，这些沿坡行进的羊群进行着大范围的移牧，宛如山脉的一呼一吸。

商贸迁徙：阿尔卑斯山货郎担走的山间小径

从 17 世纪到第一次世界大战爆发的三个世纪里，很多货品通过骡驮人背，穿越山间商道在阿尔卑斯山脉流通。因为太重，石头和矿产，尤其是采石场出产的岩石大轮，需要被装在手推车上从山顶滑向谷底，往往沿河而下。而生意人通常喜欢走经过山口的路，也就是走赶骡人光顾的道路，以避开山谷。因为春天的山谷可能会被湍急的水流淹没，商人们也可能在山谷中遭遇众多通行费缴纳点、军事纠纷、强盗袭击和抢劫。主要产于博福坦（Beaufortain）的奶酪就这样被运送到皮埃蒙特或瑞士。阿尔卑斯山区的经济并非只是依赖土地和牧场，而是依赖商人们临时的、主动的流动，这是西方世界贸易的一部分。

请继续随着我们的脚步看看从穆蒂耶（Moutiers）出发的商道的重要性吧。途经瓦娜色（Vanoise）到塔朗泰斯（Tarentaise）

山谷、莫列讷河谷（Maurienne），然后向东到达意大利（皮埃蒙特和都灵）或往北经过波瑙姆（Le Bonhomme）山口、拉尔乌（L'Arve）山谷、夏慕尼（Chamonix）和马蒂尼（Martigny）到达瑞士。15世纪至19世纪末，这条赶骡人走的道路具有重要意义：500多年的频繁贸易通过这条路给皮埃蒙特和瓦莱（Valais）带去了盐和奶酪，同时为萨瓦公国带回了布料、香料和金钱。同样，在阿尔卑斯山南部，一条战略性商道经过冯内斯特（Fenestre）山口、塞丽兹（Cerise）山口和宕德（Tende）山口，通过一条陡峭小径将维苏比（Vesubie）和皮埃蒙特连接在一起。借道这条海拔约2500米险路的人可不少，这也解释了为什么古罗马人会在这险峻高地开辟道路。这个高海拔山口地位极为重要——它确保了盐从地中海盐场到达意大利，并确保了返途中羊毛与山羊从戈索山谷（Val Guesso）到达尼斯。著名的阿尔卑斯地理学家拉乌勒·布朗沙尔（Raoul Blanchard）证实，1515年，"应该有四十万升的盐从圣-马丁-维苏比（Saint-Martin-Vesubie）背后的山口通过"。山口下的冯内斯特圣母玛丽亚高山招待所是旅行者与商人的庇护所，只要储存的物资足够人和牲口的取暖和饮食，四季都会开放。16世纪中叶，每年有近千"乘"骡车队借道冯内斯特山口。

　　不要弄错了"乘"（voiture）这个词。在17—19世纪商人的行话里，这个词来自山地口语，指装满货物的一列驮畜队。骡子蹄被上了掌，背上驮着4袋或6袋盐，前额有一块印有主人姓名的铜饼，所有的骡子都被拴在一条绳索上，由赶骡人领着，成为一乘驮畜队（一个赶骡人大约需要照顾12头牲口）。有些驮畜队由上百头骡子组成，这是比较特殊的情况，一般最常见的是30—

40 头骡子组成的骡队。运输队由当地权力机构特许：它们对运输时间和货物数量做出了规定，并确保路途安全，它们通常也拥有盐业买卖的专卖权。阿尔卑斯山谷并不是孤立的：山脉的跃动与人畜行走的节奏同步，完美而和谐。

货郎担是另一种阿尔卑斯山的贸易形式：货郎出于经济原因上路行走，成为又一种锻造徒步高手的活动。自 15 世纪起，瓦桑（Oisan）出现过好几百个货郎。内瓦什（Nevache）山谷高地、委内欧（Veneo）山谷高地、罗曼彻（Romanche）山谷高地、梅耶（Meije）的陡坡、格拉夫（Grave）高山牧场属于布里昂松的偏远地带，这些高地村庄每年中有好几个月因大雪而与世隔绝，这种情况自然利于这些高山行路高手的出现，让它们暂时摆脱寒冷冬季造就的静止的世界。18 世纪初期至 19 世纪末是货郎担盛行时期，这些位于阿尔卑斯地区的村庄会遭遇短期人口流失，近 80％的男性会于秋季至次年春季离家，只在夏季农忙时节回家帮忙。

最初，这些货郎担主要分散在周边地区，他们翻过山口，途经盖拉（Queyras）、于拜埃河（Ubaye）、蒂内和维苏比，到达南部地中海沿岸，或借道蒙日内瓦（Montgeneve）与塞尼山（Mont-Cenis）到东部的皮埃蒙特，或借道瓦娜色到达北部的瑞士或萨瓦尔省，又或借道洛塔雷山口到达多菲内（Dauphiné）。他们的行程艰难，经常在雪地里行走，每段路程都不长。他们背着大包小包，里面装着剩余的本地货品，沿途售卖：药茶、芳香花草、草药、榛子、核桃、杏仁、面团，羊毛制品、麻布料，木质餐具、刀具、缝纫用品、五金和各种小商品（针、信纸、小肥皂、廉价香水），如果他们货品丰富一点，甚至还会售卖手表、眼镜、小手工艺品和玩具，可以卖给稍微富裕的农村或市镇客户。

有些货郎担始终处于徒步买卖的最底层，他们拮据度日，尤其指望在路上卖完随身携带的唯一一大包里的东西，有时还会有同伴替他"分销"货物，正可谓"早卖完，早回家"。货郎担出现的季节是11月至次年3月的5、6个月间，他们通常不会走得太远——来回穿越积雪的阿尔卑斯山区最远到达都灵、日内瓦、尼斯、里昂或马赛这些城市。正如历史学家洛朗斯·封丹纳（Laurence Fontaine）在分析很多瓦桑（Oisans）村民的遗产清单时所言，被她称为"饥饿的货郎担"只有微薄的遗物，生存的窘境可见一斑，而且他们口碑不佳，常与小偷小摸、欺骗、争吵、债务、债权、乞讨，甚至是沿途的凶杀联系在一起。然而，这些人承受路途艰险的能力却特别惊人。他们都是些背包跑单帮的人或依附于货郎的仆从，甚至有一些夏天开店、冬天则到异地贩卖商品的流民。

他们发明了一种非常高效的技术，不是很快但有效且持久，因为这些人起初都是挑担货郎，之后才变成行路者和商贩的：他们将柳条编织的大筐背在背上，出发的时候这些大筐重量为40—50公斤。"在'美好时代'，这些货郎着实可怜"，让·奥赫塞尔（Jean Orcel）如此描述："系在腰间的大筐至少超过头顶50公分。货物很沉，有时超过45公斤。他们还随身带着一把小冰镐，休息时可以当作拐杖放在身后。走路时，他们的身体微微向前倾，一手拿着一根棍子，每走一步，大框也会随着棍子起起落落。"他们每天一般走20来公里，六七个小时，一直走到天黑，才就地找到临时搭建的简易帐篷睡觉，有时也去当地居民的谷仓里过夜，而这可能引起一些纠纷。他们很会讨价还价，与顾客，特别是女顾客商定价格。在阿尔卑斯山区的各种记载里，充斥着他们推销货品的伎俩，比如说缺斤少两，向顾客出示一封通报他们妻子生命垂危的信博取同情，声称必须不惜一切代价贱卖完自己的货品以便尽快回家。在贝尔纳·法弗尔（Bernard Favre）于 1983年拍摄的电影《踪迹》里，由理查·贝利（Richard Berry）扮演的货郎担约瑟夫·艾克斯塔斯阿兹（Joseph Extrassiaz）完美地诠释了这一脚力职业的风险，展示了冬季穿越在萨瓦道路上是何其艰难。相同主题的影片，还有三年后吉贝尔·麦斯特（Gilbert Maistre）拍的纪录片《18 世纪的萨瓦货郎担》。

那些被称为"大冒险家"的货郎最为成功，特别是贩花的货郎，他们从阿尔卑斯山出发，在安茹[1]进货，然后带着这些备受追捧的奢侈品穿越法国、欧洲、世界（直到拉丁美洲）。他们经常在邻近城市布里盎松、吉勒斯特（Guillestre）、巴尔瑟洛内特（Barcelonnette）、格勒诺布尔、里昂或都灵落户，从此成为旅行推销员，运送贵重货品，穿越在西方最主要的贸易干道上，渐渐实现社会阶层的提升。他们把贸易收入的一部分投资在土地上，在家乡购买高山牧场和农场，然后租赁给葡萄产区的山民。阿尔卑斯的乡绅阶层由此出现，从赶骡人走的山间小路到商道，再到城里的店铺和利润丰厚的山区资源开发，他们的资产不断扩大。

这些道路往往也是走私通道。有时，人们可以携带合法的草药、小商品、一点布料以及违法的烟草、甜面包、胡椒、盐、火柴、咖啡以及所有通过边境时会被海关人员严格监察的货品。一

1　法国西北部古地名，曾为欧洲一伯国、14 世纪成为公国，15 世纪末并入法国国王领地。——编注

直以来，所有边境线都设有海关，收取通行税，因此出现了走私犯，他们榨取非法贸易的部分利润，特别是国家组织经营的买卖，在转手高价倒卖前抽取税费。在大山里，山口兼边境线成了这些违法交易的黄金地带，走私犯在这些他们熟知的地带来来往往，监管部门也时刻关注那里的风吹草动。

走私贩的通道、他们的习惯和操作方式，形成了一种特别的行走模式。他们在路上留下的痕迹比监管记录中记载的更少：海关营房十分随意，甚至几近荒废，它们紧挨着走私猖獗的阿尔卑斯山区，位于法国、瑞士、萨瓦、皮埃蒙特和意大利之间各山口：歇塞理（Chesery）、库克斯（Coux）、巴勒姆（Balme）、特里高（Tricot）、拉塞尼（la Seigne）、波瑠姆（Bonhomme）、塞尼山（Mont-Cenis）以及蒙日内瓦（Montgenèvre）山口。通常，每个海关营房至少配备 12 个监察人员，当然没有走私贩多。在阿尔卑斯和汝拉山脉有约几百名盐税官监视和跟踪上千走私贩。大多情况下，走私贩不会留下什么印迹，但是夏慕尼的阿尔卑斯博物馆曾展出一件最奇特的展品：一双鞋底倒转的行路鞋。当海关人员看到这双鞋在雪地上或泥泞中留下的足迹，会以为走私贩早就下山，为时已晚了……

通常，人们对走私活动的描绘是口口相传的。为了用创造性的、充满想象力的语言描摹走私犯，人们称之为"肩带客"，因为他们用黑麦秆编织的肩带捆绑粗布包或杉木箱；他们还有"背负山谷"之称，因为这些强壮的汉子肩负 30—40 公斤的货物从一个山谷穿越另一个山谷；他们又被称为"蓝爷"，因为这些夜行者身穿暗色衣服，利用昏暗的夜色掩盖货物免于暴露。他们还会被称为"背包客"，他们会尽量走无人小径，背着装满杂货的大包穿越边境线，卖给已串通好的杂货铺。至于对当局的描绘，词汇的创造性也毫不逊色。当那些"狼"或"盐税狼"们（语出盐税这个词，是法国旧制度下的一种对盐商买卖的课税，这里指盐税官。）整夜潜伏，三四人一队，挤在羊皮睡袋里，连续12—16个小时不断监视着山口与山顶，如有需要，还会用一顶绿色的大伞作掩护。

我们还可以看到一些图像——绘画、版画、素描和照片，很多都是如下非法行为的写照：走私者手持匕首行进，以便在盐税官突然出现时，用最快速度割断系着背包的背带，舍弃货物逃之夭夭；七八个走私贩组成小型商队，等待糟糕天气、大雪天和夜晚出发，这个时候，大多关税人员更愿意躲在瞭望所里取暖；走私者把火柴和香烟纸藏在帽子里，把烟草和糖藏在装奶酪的箱子里；他们会尽量避免遭遇对手，但是如果碰上，要表现得斗志昂扬，以便吓住对方，还要在人数上取胜，不要害怕"干仗"，这种比较常见的小冲突有时会演变成真正的会战；当然，走私者最好要做到手脚灵活，避免发生意外，因为摔死的情况大于被枪击中的可能，配武器的边防官出于山地人的团结精神，不太会射击走私分子。

在行走的历史中及行走技巧上，走私贩占有一席之地。他们为 20 世纪末的百万徒步爱好者留下了一笔"遗产"，比如有骨架支撑的双肩背包：这种背包用绷带绑在腰际，20 世纪 60 年代以来十分流行，主要由拉夫玛（Lafuma）和弥耶（Millet）两个品牌引领着技术革新，成为登山包的典范，其舒适、高效和平衡的原则直接得益于走私活动背负货物行走的方法。

环法手工艺匠伴徒会

从一地到另一地，环法手工艺匠人代表了另一种 19 世纪典型的、以行走为职业的徒步者。行走在以前是进入职业生涯和成人生活的方式。让我们来看看阿格里高乐·贝蒂古耶（Agricol Perdiguier）写于 1857 年的《手工匠人回忆录》中的描述吧，这是一本讲述了行走故事的精彩之作，是一部记录 19 世纪 20 年代环法游历的自传体日记。作者于 1805 年出生在阿维尼翁附近，并于 1823 年作为木匠学徒工加入"自由与责任手工艺匠人同盟会"，这是当时一个重要的互助行业协会。于是，在他于 19 岁那年，即 1824 年 4 月 26 日，他遵循传统，开始了第一次"环法旅行"。在 4 年多，确切地说是 52 个月的时间里，他游历了整个法国，起先是背包行走，偶尔也会乘船或马车，经过的主要城市是马赛、沙特尔、巴黎、索恩河畔沙龙（Chalon-sur-Saône）以及里昂。这个年轻人遵从这个古老的、等级森严的社团的所有规矩，以"有德行的阿维尼翁人"（Avignonnais la Vertu）的姿态，一步步从"入门伴徒"，到"学成伴徒""第一伴徒"，最后晋升到"领袖"。他见识过不同伴徒制行会间令人心痛的权力斗争，也享受过社团里的友爱与荣耀。

1828 年 8 月 24 日，当他回到阿维尼翁附近的家乡莫里埃雷斯（Morières）时，行走不仅是这个身无分文的年轻手艺人在经济压力下被迫做出的选择，而且成为他的重要经历与真正的入行仪式。通过行走，他成为男子汉和手工匠人伴徒。10 年后，他定居巴黎近郊，成家立业，成为狂热的共和派。他自学成才，撰写了《伴徒书》，成为才华横溢的作家。该作在知识分子中引起强烈反响，他被认为是法国大众文化令人惊叹的象征。乔治·桑、欧仁·苏以及维克多·雨果都对他赞誉有加，支持他在1848年成为法兰西第二共和国的议员。

书中，阿格里高乐·贝蒂古耶首先讲述了自己踏上"环法旅行"的那一刻：

> 出发的时间快到了。此时此刻，伴徒们通常最是纠结，环绕法国的旅程几乎就像出发去打仗。因此我母亲焦虑不安，她劝我在如此凶险的征程前祷告忏悔。那时我只有一件圆衫，我父亲叫人替我做了一件上衣、几些衬衫，还有其他一些衣服，把它们锁进为我买的行李箱里，还给了我6张100苏的钞票，相当于30法郎，那已经是我有生以来拥有过的最大一笔钱财。于是，复活节的第三天，也就是1824年4月20日，我把行李箱装车，把一个小包系在一根拐杖上，背在肩头，和一个叫亚尔盖亚（Jargea），绰号是维瓦莱-弗洛瓦尔棕榈树（Vivarais la Palme de la Floire）的伴徒一起出发去马赛。根据习俗，其他伴徒边唱歌边给我们带路，然后，他们与我们拥抱，让我们独自继续前行。我一边前行，一边不时地转身看看刚离开的城市。

徒步旅行的条件有时很艰苦，例如，在朗格多克荒蛮的沿海地带，两个伴徒经常迷路，而且路况多变，道路质量参差不齐，对于徒步者的脚和鞋而言都挺不走运。

我们走的路都不是现成的。我们在海边流沙上行走，海浪有时会打湿我们的脚，我会捡拾贝壳：有些可以当作我画画用的调色板。我们看到了盐场以及山峰般的盐堆，当然没有勃朗峰高。对我来说，这些真新奇。我们大约走了五古里，穿越了埃罗省之后，向右转，再向左拐，最后到达阿格德（Agde），我们在那儿找到一家小旅馆，还美餐了一顿。沙滩上的行进令人疲惫不堪。我们甚至不知该走哪条路从塞特（Sète）前往阿格德。因为眼前除了沙子就是水流，再无其他。当我们重新启程，我们已经走出沙漠，脚下不再有沙子，而是一条坚硬的、最好的、笔直的路：这条道路可能太直了，让人感觉自己像没有前行似的……接着，到了森林，我们在泥泞中前行，路变得难走起来。我的鞋遭了罪，脱线了，不能再穿，于是我不得不赤脚前进。在下一站，我找到一个补鞋匠差不多修理了一下，我本以为能凑合穿，但没多久，便不得不花四法郎另买一双不怎么合脚的鞋。

　　对于如何承受经年累月行走对身体的考验，贝蒂古耶只有一条建议，即在忍耐中团结，与在浴血中行走的奋斗者互帮互助：

　　　　伴徒们，背上酒壶，背上大酒壶，一直向前走。在路上谈天，尽情享受，分手时互相拥吻，心存愉悦。没有比这更美好的了。这些景象在对立社团间很少见到，要让它们变得更常见，更普遍，成为所有义务中最重要的一部分，当人类微笑时，上天的神灵与圣人也会开心地手舞足蹈。

酒壶之欢是攻克徒步"环法旅行"漫长旅程考验的关键，这段文字也许诺了一个和谐、平等和公正的社会的到来。

对"有德行的阿维尼翁人"而言，这趟周游就是学习：双脚是学习的方式，既丈量了法国的地理，又丈量了法国的历史、政治和文学。很少有人能像阿格里高乐·贝蒂古耶那样将作为知识载体的身体感受和经验描摹得如此生动。

我们穿过好几座村庄和市镇。我仿佛穿越到了幻想中的世界，时光倒转，生活在圣骑士[1]之间。我满怀激情。如果说年轻人想要接受更多的教育，了解自己国家的地理、历史、传统、变革、新旧事物的概念，那周游法国会是件多么开心和有益的事情！一座城市、一个村落、一片田野、一条水流、一座桥梁、一处遗迹都会激发我们的想象、触动我们的灵魂和内心，并且毫无疑问使我们的深受震撼，感到愉悦！

当他在周游终于接近尾声，回到故乡时，生出了只有经历长途跋涉才会有的强烈情绪：

庞特（Pontet）突然展现在我眼前，这座村庄骤然变大。我的右手边，是封建时代留下的新城堡（château de Villeneuve），我的左侧，正对着阿维尼翁，它的城墙筑有雉堞，两翼则有炮塔护佑；它的教宗宫，它的罗歇德顿公园

1　圣骑士（Paladin）或称"圣武士"，在欧洲历史上是指公元 800 年前后跟随查理曼东征西讨的 12 位勇士。——译注

（Rocher-des-Doms）里，散落着一座教堂、一尊耶稣受难像，以及一座被称作冰川（Glacière）的高塔，如同为它们戴上了一顶王冠。我常独自在那里漫步，直面呼啸的北风，在与它的较量中，我体验到无穷的乐趣。这样的画面令我感慨……我的父母在那里，稍有些远……我们到啦。

　　学徒们就这样用 3 年、4 年、6 年，有时甚至是 8 年的时间周游法国，肩上背着一个小包，即"四个结的包袱"，从民宿到旅馆，从徒步到受雇。每个驿站之间相隔大约 40 公里，需要整整走上一天。停下来工作的时间大约有 4—6 个月之久。持续学徒制让伴徒们熟悉了法国各地的多种手工艺技术。边游历边工作，使伴徒独立自主，即便他的环游被组织得井然有序。尽管他们是"路过的"人，还是会对抗雇主至高无上的权力：打破学徒与师父间的奴役关系，徒步手工匠人伴徒主张自由选择雇主，不接受任意的权威，更不接受任意的工作条件。徒步行进让他萌生了一种批判的和政治的意识。受阿格里高乐·贝蒂古耶游历的极大启发，乔治·桑在《环法手工艺匠人》（1851 年）一书中塑造了一个叫皮埃尔·于格南（Pierre Huguenin）的人物，其整体基调都是忧郁的。但他通过坚持行走以及行走带来的预言梦想—一个更好、更平等的社会主义社会—超越了自己。

　　对手工艺伴徒而言，游历结束，游历者回到家乡成家定居以后，就得过等级森严的稳定生活，与拒绝墨守成规的游历完全相反。游历既不是无限定的，也不是永久的：环游是在一定时间和空间里的一趟行走。回归时，学徒出师，年轻人成为男子汉。徒步的这段经历将铭刻在他的生命之中，让他受益匪浅。

向前走！

　　然而，在很长一段时间里，行走基本上是一门军事的艺术。在众多观察家眼中，士兵是最完美的职业行走者。历史上，人们是以徒步行军的速度评估将领调兵遣将的能力的，从亚历山大大帝到拿破仑皆是如此。而后者也承认他最辉煌的胜利尽在"士兵的脚下"。这种行军战术的转变在卡尔·冯·克劳塞维茨1812的《军事战略基本纲要》得到了极大肯定，在这本写给普鲁士君王著作中，克劳塞维茨强调了法国将领从1793年开始倡导的"行军革命"，并在《旧体制的消耗战和目前体制下的行军》这一章里阐明了上述战略转变：从驻扎在帐篷里，以干粮为生，严守阵地、互相窥视的战略转变为流动战，快速的行军、隐秘和耐力成为决定性因素。1793年，当法兰西第一共和国的100多万名将士兵分十四路奔赴战场时，不得不采用其他的方法："这些刚组成的部队，既没有帐篷，也没有军饷，更没有补给，只能前进、安营、驻扎。"这位普鲁士军事理论家如是说。

　　军队流动性的提高，成为制胜要诀，处于军事战略的核心地位。从装备上讲，大量人员快速行军要走纵队，不能走一字拉开的横队，这是因为纵队更利于操作，它们常常由狙击部队掩护。1793年的弗兰德斯战役无疑是法国军队第一场凭借行军获胜的战争：在卡诺（Lazare Carnot）[1] 的指挥下，后备精英部队先后奔赴

1　拉扎尔·卡诺（1753—1823），法国数学家，因其卓越的军备和后勤才能被称为"组织胜利的人"。——编注

敦刻尔克、莫伯日（Maubeuge）与兰道[1]（Landeu）。排成纵队的小部队，从一个阵地行至下一个阵地，在当地部队的辅助下，奇袭了普鲁士和奥地利士兵——后者他们不习惯这种行军作战的方式，把行军看作逃跑。之后，法军包围并从侧翼围剿了停滞不前的奥地利与普鲁士军队，只用了几个小时就解除了领土危机。

波拿巴一贯全力采用这种流动作战，这正是他来自意大利的军队的优势所在。这种行军机制要求每天行进10古里，对于传统部队来说非常之快，甚至难以想象，有时会连续行军好几天，要求士兵有超常的耐力，之后还要打仗，最后才能驻营休整。据克劳塞维茨说，拿破仑本人也说"除了这种作战方法外，不晓得还有其他方法"。以下这种行军作战令奥地利人和皮埃蒙特人不知所措：舍弃所有无用的物品，采用狙击部队掩护纵队的策略。在更善于行走而非作战的士兵的帮助下，骁勇善战的波拿巴超越了所有现代部队的机动性，借助一系列行军作战，夺取了意大利北部。这种快速突袭和露营——有时规模很大——保证了拿破仑部队可以在深入敌部的同时，随时补给。

高效的行军需在极短的时间里，出乎意料地在战略要地集结大批核心兵力。1800年5月15—21日的"大圣贝尔纳（Grand-Saint-Bernard）山口行军"无疑是这类行军的典范，法国军队把奥地利部队打得措手不及，破坏了他们的情报系统。克劳塞维茨还提到了乌尔姆（Ulm）和耶拿（Iéna）的胜利：法国军队的主力经过几天的行军，对惊慌失措且物资贫乏的部分敌军进行了打击。拿破仑懂得如何组合纵队行军，神出鬼没，尽最大可能包抄

1　德国莱茵兰-普法尔茨州的一个市。——译注

战略前沿，把行军部队部署在敌人的视线之外，掩盖真实意图：军队可以轻易快速地前进，并且更容易在途中找到补给。然后，纵队集结，发动最终的进攻。对拿破仑一世精湛行军战术的仰慕，让战略家如此总结："分散行军和集结攻击的交替作战方法，是一个伟大指挥者的真正与众不同之处。"拿破仑的部队行军快、规模大，吃苦耐劳，长驱直入。

军人除了在艰苦条件下被"逼迫"训练行军或上前线以外，还有一种特殊的行走——在公众场合、荣耀的时刻、象征性的仪式上、在一群特意聚集起来观看的人面前列队行进，这被我们称之为"阅兵"，是对古罗马人凯旋仪式的传承。它们有特定的音乐，激昂有节律，军乐队根据步速，调节步调和步伐节韵的伴奏，这也被称为"行走"。然而，我们不知道这些行走的结局究竟是光荣万丈还是一将功成万骨枯，究竟是出色的战绩还是荒唐的行为。根据作者对军队的看法——赞美或是谴责——诠释会各不相同，要看作者究竟是军国主义传统的德鲁莱德（Déroulède）[1] 还是反军国主义的雅里（Jarry）[2]。

前者，在《士兵之歌》（1973 年）中通过行军表达自己的爱国热情：

> 军队晨曦启程，
>
> 人们已精疲力尽了，
>
> 他们的行走多么微不足道！

1　保罗·德鲁莱德（1846—1914），法国政治家、诗人、剧作家。——译注
2　阿尔弗雷德·雅里（1873—1907），法国剧作家、小说家，超现实主义戏剧的鼻祖，欧洲先锋戏剧的先驱。——译注

战败者是多么伤心！

已经开始撤离，

战役已告结束。

可怜的法国，可怜的部队，

上帝并不眷顾你的士兵。

后者在未完成的小说《穗子》（1903 年）中设想了一个题为"行走"的章节，着墨于人们熟悉的反军国主义主题：阅兵式因为士兵酗酒而变得滑稽可笑，粗蠢下流的士兵像驴子一样被见识短浅的士官带领着高唱劝酒歌。在这里，行走者按照士兵的规定速度在路上行进，同时也堕入人类愚蠢的深渊。

无论如何，所有的士兵，不管是否隶属精锐部队，都要行走。莫泊桑在《第二十九床》中对士兵的魅力步伐有过一段精彩描写，展现了阅兵式上士兵步伐对女性的吸引力："当艾彼方（Epivent）上尉走在街上，所有女人都会回眸。"在此，艾彼方体现了士兵步履的男性魅力。他"路过"，他"参加阅兵列队"，他"趾高气扬地走"，他"大摇大摆走"，他"关注大腿，为自己的大腿自豪"，他的大腿"太美了"，莫泊桑用精确又恰到好处的手法，完美地描绘出徒有其表的事物："他的大腿让人倾慕，这是体操运动员的腿，是舞者的腿，包裹在红色紧身裤下的肌肉画出运动的所有曲线。"

艾彼方知道如何行走，"伸腿"，"抬脚和提臂"，"骑士般稳重"，这是军人特有的步伐，挺直且迅捷，宽大有规律，"穿着制服。他就是胜利者，穿着长礼服，就与众人无甚区别了"。

这种描写赞颂了 1870 年战败后，军事上自尊心受挫的法国的典型审美标准：行走接受阅兵的士兵，让美丽的伊尔玛在他面前无法自持。如何让战败受辱的战士重新振作起来？不喜欢军人的莫泊桑如此公开嘲笑道：让他行走，因为这可以讨女人的欢心。19世纪末的法国军队改革计划则宣称，行走使士兵更出色。如果法国能在1870年的战胜国德国面前重新抬起头来并与之一争高下，应该归功于它的新兵种，他们是最优秀的行走者，速度更快，更加百折不挠，每天可以行军十几公里，并且不会感到特别疲倦。

"美好时代"有不少学者都强烈支持行走是"运动的科学"的观点，雷昂斯·马努维耶（Léonce Manouvrier）就是其中的一位。作为人类学家、解剖学家与生理学家，他曾与马雷工作过一段时间，提炼了"人类技术学"的概念，根据这一概念，他认为人类学研究要应用于社会技术领域，其中包括军事技巧。他在《步兵的行走：军事技巧的人类学实践》一书中主张需依循保健和恢复原则对法国军队进行改革。这本出版于1905年的著作，记录了位于布洛涅森林的法兰西公学院生理研究所对行走的科学观察，为训练更精良的军队提供服务：

> 对负荷很重的步兵来说，加大自然步伐的力度意味着每走一步就会增加重负垂直提升的高度，由此遭受的碰撞带来的行走速度下降，要以二次方来计算。然而，每一阶段的行军路程有大约在四万步左右。以一定的速度自然行走可以减少肌肉消耗，保证后续力量。对平地竞走而言，例如步兵行军，自然步伐得到无上尊崇，因其具有生命的跃动。在行军中，还不算太累的步兵带领着精疲力尽的战友前进。如果步

伐一致，精疲力尽的步兵会从战友们身上获得真正有效的帮助，因为，在此种情境下，对于一队行走者而言，同时平行的同步运动是一种真正的激励。如果情况正好相反，一个士兵前面或身边有一个或几个与他进行速度不和谐的士兵，就只能产生与激励相反的效果。周围人与行走者的步调一致而产生的激励效果是恢复体力的要素。因此，对士兵而言，即使在大路上自由行走，从生理角度来说，与临近的同行伙伴齐步走总是有利的。四人一队齐速前行，会省力得多。他们如果和前一排也步调一致，那会更省力。这种一致不应该是强制的，只能是自然而然形成的或本能的。目前无论有无音乐伴奏，总体来看，我们法国军队的行进是非常合理的，就这点而言，没有滥用的惯例。要改进的只是如何排列步兵，以便让每组步兵都可以自发地齐步走。这样的安排既有战略上的意义，又有人道主义精神，因为这可以让上战场的士兵们养精蓄锐。

然而，倡新者们提出的自发、自然、理想的运动，以及借助节奏完美的军事步伐，让法国重新崛起的所有梦想在第一次世界大战的泥泞战壕中灰飞烟灭了。这真是历史的讽刺！

3

第三章

朝圣之旅

朝圣者徒步旅行，他们生活简朴、一无所有，在困顿中努力，走向虔诚之地，走向一个他笃信的宗教认为的神圣之所。目的地通常在很远的地方，途中他会遇到其他朝圣者，到达之前，会有一些组织为他提供食物、住所和信息，增强他的信念。那个目的地把世俗的现实变成一种超自然的存在，让他直接面对神灵。全法朝圣者协会的主席蒙席[1]保罗·吉莱斯（Paul Gires）阁下如此描写虔诚行走者的热情。

走过一段既漫长又曲折的路，信徒到达了圣地，获得了福音。他离开家园，承受了疲惫，现在他要收到一个并不总是与他事先预想符合的信息，他必须接受皈依中的意外。谦卑的朝圣者决定在几个小时内、几天里，怀着希冀让知行合一，这是他平静的承诺。朝圣是重新清理人生的契机。以不

---

1 意大利语 monsignor 一词的音译，教宗颁赐有功神父的荣衔，通常可穿与主教近似之主教服装。——译注

间断的努力朝着圣地进发，现代社会的种种混沌全部退位。一切重新归位，重要的事胜于紧急的事，朝圣者有时间感知自己的身体，放空脑中现代生活的纠结，以新的创世涤清自身，这是重新开始的良机。

从公元前 3 世纪起，这种敬神的徒步迁移仪式就出现在很多文明与宗教中，一直延续至现代社会。朝圣由来已久，且具有普遍性。所有宗教都具备这种行走礼节，如同一首朝圣的"国际歌"。当然，每种传统都有自己的故事、自己的圣人、自己的路径、自己的圣地，自己的仪式以及自己的行走"习惯"，但这个普遍现象与时代、地域、文明形态、思维模式或宗教并无关系。这种形式多样且千奇百怪的奇特迁徙活动表达了人类灵魂深处的神性。在被污染的恒河水中沐浴的朝圣者孕育着希望，跳入卢尔德[1]冷水中的病人同样怀抱心愿，二者的希望和心愿是相同的。

在上埃及，大批民众举着众神之王阿蒙的神像沿尼罗河列队迎神。赫梯人、亚述人与巴比伦人也经常举行朝圣。人们在克里特岛的克诺索斯发现了公元前 2200 年朝圣者带来的还愿牌，以及过去朝圣者用来保佑护身的各类砖板。古希腊人前往伊庇鲁斯的多多纳[2]朝圣，在那里，宙斯通过风吹橡木的颤动或布条拍打青铜器发出的声音来传递神旨。在德尔斐神庙，著名的皮媞娅神庙吸引着朝圣者，而斯巴达人则纷纷涌向塔吉忒峰朝拜酒神巴克斯。

1　法语 Lourdes，亦译露德，是法国西南部上比利牛斯省的一个市镇，也是法国最大的天主教朝圣地。——译注

2　希腊古城，有座朱庇特庙，是著名的神谶所。——译注

伴着神明朝圣

如果说朝圣传统是不同宗教的共同特点，那么，每个宗教的最初记载中都存在一位行走者。亚伯拉罕、佛祖、耶稣、默罕默德、希腊诸神，甚至就连亚马孙部落或咎厘人都是行走者。在《神话学》第一卷中，克劳德·列维·斯特劳斯用最精彩的文字描绘了波洛洛族[1]中"掏鸟窝的人"，他们从一棵树爬到另一棵树，被族人认为是超自然的半人半神，整个部落都要倾听他们那与脚步协调的圣歌。上文已经提及的亚伯拉罕，脚着拖鞋，缔造了希伯来游牧生活的神话。30岁左右的悉达多·乔达摩，未来的佛祖释迦摩尼，骑马出行，第一次离开尼泊尔宫殿。然而，不久之后，他放弃坐骑，"觉悟者"决定用最卑微、最自然的行进方式——行走（小乘佛教），"仅靠主人一己的努力和自身价值"。因此他决定与刹帝利决裂，放下身段低到尘埃，历经半个世纪，穿越恒河低谷、贝拿勒斯地区以及大河的各条支流，在漫长的苦行中以身作则地传道，他的言论构筑在他神圣的谦卑和行走经历之上。此外，佛祖菩萨的脚也是信徒膜拜的对象，信徒们在各式佛像中都能看到的他的红色脚指甲和特殊的脚形（平底脚板）。

耶稣同样是行走着回到人间，他为弟子亲自行洗脚礼，为有罪妇女的脚涂香，他自己沿着约旦河往返行走，经过加利利、犹地亚、撒马利亚山丘，独自行进或结伴而行，足迹遍及方圆100多公里。他的布道也与行走不可分割：他常行走在石子小径的拐

1　巴西境内的美洲印第安人。——译注

角处或古罗马帝国的道路上，出现在村民集会中，他远离城市——不为法利赛人所喜——遍走乡村，在那里，他简单的语言和浅显易懂的譬喻吸引着听众。

几个世纪后的默罕默德在临近的地方传道：就在麦地那旁100公里的土地上。在那里，40岁的默罕默德"希吉拉（徒步迁徙），放弃了险象环生的长距离商队旅行，这些商队常徒步行进，带着骆驼队从阿拉伯出发，经过巴勒斯坦和叙利亚，到达美索不达米亚。沙漠中的长途跋涉需要依靠行走或是骑在骆驼背上，远行既是逃离——每小时被迫行走5公里，每天行走10—12个小时（远离麦加，先知在那里被驱逐）——也是掠夺或沿路打劫。

所有这些先知和布道者都可以用克里斯蒂安·博班（Christian Bobin）在《行走的人》中的表述来形容：

> 他行走，不停歇地行走。他的足迹遍布各处。他生活在近60公里长，30公里宽的土地上。他行走，不停地行走，仿佛被禁止休息。通过听着他赤脚扬起的沙尘的歌唱，我们获得他的消息。他的经过改变了一切，他的行走不停歇。他始终向前走，他的言语正如他自己，不停地前行，在不断全心自我付出中前行。他光着头走。无论是死亡、风暴，还是谩骂，他都直面接受，从不放慢脚步。他相信他所忍受的苦难，在他的期冀的面前一文不值。他相信死亡只不过是一场风沙。他相信活着犹如行走着——永无止境。

这个行走的人，用谦卑的举止寻觅信徒，同时也在寻求精神家园：他常常行走在陡峭险峻的道路上，尽头是目的地所在，这尽头代表了灵魂的提升或天国、天堂。作为西方基督教会四大圣师之一希波的奥古斯丁（354—430），在其具有极大影响力的著作中建立并诠释了追随基督"行走者信徒"的理论。对他来说，基督徒的生活是一段漫长且痛苦，但又必要，最终是喜乐充盈的历程。带领信徒走向上帝和圣地耶路撒冷——这位神学家最喜欢的隐喻之一就是攀登上山顶——走过这段路程，信徒将获永生。在他的布道词里，尤其是《旅行者》《走向天国》《朝圣基督的弟子》《与基督同行》《攀登赞美诗》《朝圣赞美诗》里，这种行走的理念得到清晰、精彩的阐释：

> 你说"够了"的那一天，你已经死了。要一直增进，一直往前，一直行走。不要在路上驻足，不要后退，不要离开大路。不前进的人就是原地打转！丢失信仰的人就会迷路！宁做在正道上的瘸子，不做歪门邪道上的奔跑者……

这是一个行走的完美信徒，以行走的先知为典范，以他为榜样，弟子们开始行走，然后众信徒也加入其中。此外，奥古斯丁的书里有极多具体论证朝圣的段落。他的著作在神学上的意义之一就是解释并证明朝圣欲望与灵修有关。

他写到："在朝圣期间，我们叹息：快乐存在于天国。然而，一旦旅行从此开始，我们依然能够找到同伴，这些朋友已经见到过天国，并且鼓动我们也向它走去。当赞美诗作者[1]想到这些人，他大声喊道'我为那些对我说'我们将去到主的家园！'的人欣

1　指奥古斯丁。——译注

喜万分。'兄弟们，铭记这些殉难者的纪念日以及这些圣地—在某些日子里人群会蜂拥而来庆贺圣典；这些人互相鼓舞，互相激励，重复着'走啊！走啊！'……

朝圣人群的目的圣地是天国在人间的再现，他们是耶稣最早的弟子的生动体现，这些使徒以先知为榜样，徒步前行。行走与基督的紧密联系构建了朝圣仪式，并让行走仪式名正言顺。

　　大卫·勒·布列东（David Le Breton）[1] 曾明确地表示："朝圣者，首先是一个行走着的人，是一个旅行者，他会离家几个星期或几个月，自愿通过舍弃和承受磨难来赢得进入圣地的力量，获得重生。因此，朝圣的过程是对上帝不间断的奉献，是用肉身完成的长途祈祷。"

走向圣地意味着与出发点的决裂，即出走，意味着与熟悉的世界脱离，重复着亚伯拉罕的决定，这是出走上路的一种原型：离开家园，离开故国，走向一片未知的乐土。走向谜一样的目的地，谜底是希望，目的地是一个带着神圣烙印的地方（一座殿堂、一件圣物、一处灵光闪现的地方……），充满神秘的光环。朝圣之旅总有不能完成的可能，路途险恶使人想要返程。通过离开和行走实现重生的召唤以断舍离为前提，行走者放弃会成为负担的物质财富，此外这也是准备与神灵相遇的一种奉献。所有朝圣者都通过自己的谦卑、放弃正常生活、忍耐路途中的痛苦与洗

1　大卫·勒·布列东，法国人类学家、社会学家。——译注

礼——以洗手礼、洗浴、蜕变与禁忌性生活为标志——成为圣人。因此，朝圣是信仰的外露，是信仰可能的化身，朝圣成为实现内心的转变和神秘启示的方法。

2005 年，在最重要的世界朝圣比较研讨会上，让·谢利尼（Jean Chélini）[1] 做出如下总结：

> 不同宗教朝圣的共同特点显而易见。首先是出发时，朝圣者的动机、准备工作、衣物和承诺；接着，是他们行走的方式以及对神堂的态度；最后，是他们留下的贡品和带走的纪念品。在所有的朝圣圣地都有还愿物，所有朝圣者都会从圣地带回一些圣品送给自己的亲友，回家后与亲友分享神圣之旅的心得。在许多国家，他们组建或加入同济会或协会，其中汇集了一批有过朝圣经历的人。

这些共同点、有共性的仪式以及流通的物品都围绕在变为行动的同一意愿的周围，围绕在具有空间性的同一肉体的周围：行走走向神圣，走向那个圣灵与彼世曾经显耀并留下遗迹的地方。

恒河的源头

众多的朝圣都以水作为源头：水是生命之源，当它与神同在，会散发沐恩，洗涤净化、播撒、沉浸、吸收，化腐朽为神奇。对水的崇拜在印度尤为普及。朝圣者沿河前行，他们走到恒

---

1   让·谢利尼，法国宗教史学家。——译注

河的源头，在巴里达拉（Barsadhara）瀑布停歇，那里的每座神庙都有自己的温泉源头。在恒河的源头，无数的男男女女徒步来到此处，进行四圣地朝礼，印度人是一个永久行走的民族。

几篇经典文献—《摩诃婆罗多》或《如意经》（*Le Tîrta cintamani*）—告诉我们朝圣（tîrta）的重要性，朝圣也有"浅滩""过道""通行方式"之意。首先是行走者的一种运动，是一种解放的方法，是在行进中反复朗诵的赞美诗歌：

> 那个手脚、精神、知识、苦行和自尊都被完全驯服的人，会获得朝圣的成果。那个不再接受布施、心满意足、自我控制、得到净化、摆脱了傲慢的人，会获得朝圣的成果。那个没有任务、摆脱一切工作、吃得很少、感官顺服、洗清了所有污秽的人，会获得朝圣的成果。那个没有怨恨、专注于真谛、决心坚定、待人如待己的人，会获得朝圣的成果……

朝圣有着严格的戒律。《如意经》中提到朝圣者只能通过行走去往圣地："……让母牛拉着去，是在谋杀母牛；让马拉着去，不会收获任何成果；让人背着或抬着去，只能获得一半成果，而走着去，则可以获得四倍成果。"

实际上，好几条朝圣路线沿恒河分布，从下游到上游，互相连接，交叠在一起。从满是淤泥的平原到恒河三角洲，到瓦拉纳西河畔，它的 2000 座庙宇，30 万婆罗门与 50 万膜拜偶像，吸引了几百万信众，构成世界第一朝圣场景。瓦拉纳西是印度的一座重要圣城，很多印度教教徒来此地度过生命中最后的时光。在瓦尔纳西死去，可以打破轮回，直接进入天堂。接着，朝圣者们继续向安拉阿巴德[1]行进，这是印度最古老的城市之一，位于恒河和亚穆纳河的汇流处，汇合成"神秘且不可见的"萨拉斯瓦蒂河。每12年都会在安拉阿巴德举行一场宗教盛会—大壶节[2]，每次都会汇聚几千万人。印度教的其他圣地都位于恒河沿岸，比如赫尔德瓦尔。

有些信徒最后还要登上海拔3500米高的宝吉巴萨（Bhojbasa），这是到达甘果垂[3]神庙前途经的最后一个村子，神庙外墙上开满橘色的康乃馨。大多朝圣者赤脚或穿着凉鞋，头顶包裹，口中结结巴巴地念叨着敬畏罗摩、湿婆、奎师那的箴言，夜宿民居，并在那里买一份粗茶淡饭。他们在冷与热、暴雨和狂风里攀登几百公里，向险峻的山脉进发，正如冒险家亚历山德拉·大卫·内尔勒（Alexandra David-Néel）——她是最早前往这些地方的少数西方旅行家之一——在《一个巴黎人在拉萨的旅行》（1927年）中的描述一样。走完最后一段约10个小时的石子路后，朝圣者沿巴吉勒提河[4]河床上冰雪覆盖的小路继续行进，到达海拔4000米处，一个小湍流从甘果垂冰川下喷涌而出。据朝圣者说，这里是恒河的真正源头。远处，河道消失在白雪皑皑的荒蛮山巅，道路在此断绝。再往上，是海拔高达6543米的马特峰（Shivling）。胡子拉碴、满身香灰的半裸苦行僧们在目的地迎接朝圣者，带他们游览印度教供奉湿婆或恒河女神甘伽的殿堂，

1　印度北方邦的一城市，意思是"安拉的城市"。——译注

2　印度教每12年举行一次的宗教活动，在印度4个城市（安拉阿巴德、赫尔德瓦尔、乌贾恩、纳西克）分别举行，另外每6年在安拉阿巴德和赫尔德瓦尔举行半礼，每3年一次小礼，举行的日期可以长达55天。——译注

3　此处被认为是圣河恒河之源，是传统的印度教朝圣地。——译注

4　为恒河的上源。——编注

用朱红色粉末在他们额头上点上朱砂痣，这象征着第三只眼。

离开之前，每人都会在水壶里装一点圣河的水。恒河发源于喜马拉雅山脉：被叫做巴吉勒提河，之后与阿勒格嫩达河汇合，在汇合处成为真正的恒河，最后在印度北部的恒河平原上奔驰2700公里，注入孟加拉湾，形成世界上最大的宽广三角洲。

曾经的朝圣对体力是个极大的考验，但践行者众多。按照传统说法，在过去许多印度教教徒在旅程中累死。这条路线曾对外封闭，西方人不被允许踏足这里。当然现在时过境迁，任何人都能去朝圣，特别是还可以借助现代交通工具。不过，恒河在印度人的宗教生活中依然扮演着非常重要的角色。在河岸散步时，可以看到人们饮用恒河水，并在河里沐浴、涤清罪过。亡者的骨灰也被撒在河里，人们经常可以看到食物祭品和鲜花漂在水上，满载宗教典礼所用稻草的船只与来河里解渴的神圣母牛擦肩而过。恒河水是世界上污染最严重水体之一，每天有几百万立方米的污水注入河道。尽管如此，人们依旧相信在其中沐浴可以洗去信徒的罪孽，把骨灰撒在河里可以获得更好的来世生活，甚至可以尽早获得"解放"，也就是说摆脱"色法世界"。对于印度教教徒而言，恒河水具有洗涤人类身体与释放死者灵魂的功能：此生的身份消失。

1943年，约瑟夫·朗扎·德尔·瓦斯托（Joseph Lanza del Vasto）在《恒河和达伽玛源头朝圣》中写到："我一直喜欢旅行本身更甚于旅行的终点。"此人是甘地的弟子、和平主义者、非暴力的倡导者以及诺亚方舟组织的创建者。在与圣雄甘地的决定性见面后，他如此描述初次行走的经历：

我买了一根拐杖，是一根来自喜马拉雅山的粗壮结实的竹杖，稳稳握在手中，这根竹杖到我胸口的高度，我还背着一个水壶，里面的水散发着植物的清香，我肩上扛着一卷沉重的铺盖，我将凉鞋和腰带绑在一起以便可以更轻松得行走，我向山上走去。山间小径在穿越丛林后突然上升。……

我进入溪流的世界。雨水打在高山小径上，让飘落的红色针叶重新鲜活，让树脂和大地的气味更为清新。溪流的潺潺水声穿透了饱饮雨露的枝叶。这气味和这声音将我带向远方，因为湿草的气味哪里都一样。我任由雨水顺着刚长出来的胡须流向被因风吹日晒变得黝黑的胸口。我进入记忆的仙境，我在那儿一直漫游直至日落。……归程真是一件美好的事情。一个孩子给我送来牛奶，我将水壶递给他，示意他将水壶装满河水。现在我慢慢饮着冰水，饮着恒河洁白的冰水。尽管人们将尸体投入其中，恒河水依旧纯净。恒河永不腐臭，可以洗清我的罪过。

东海道的交叉路口

在日本，尽管很多人都认为东海道意味着 1964 年开通的新干线和沿线的高速公路，在急匆匆的旅行者眼前快速掠过，让他们来不及看清绵延不断的城郊景色，但是，另一种步行的节奏并没有消失殆尽。东海道仍留有一些保存完好的遗迹，一段于 5 世纪时开通的约 500 公里长的道路——既可以朝圣也可以用做他途，既是宗教的也是世俗的——从 15 世纪开始被频繁使用，并于

17 世纪初正式完工。这段路沿着太平洋海岸，从京都通向江户（现在的东京），将两座皇城连接起来：是"东边大海的道路"。这条道路被很多河流隔开，在很长一段时间里，都得通过人背驮着过去，路上有各色驿站，就是为这 53 段徒步路程而设立的。

江户时代的浮世绘大家歌川广重，是葛饰北斋的后辈和劲敌，创作了著名的系列浮世绘风景画《东海道五十三次》，描绘了这条传统道路上的丰富生活。这是"不带傲慢"的作品，甚至是谦卑的。首先，他旨在用自然主义的方式描绘风景，这无疑是大多数人都见过的、至少感受过的一风景。季节变化、生活小景、风景素描、细微场景、各种小仪式和风俗，这些浮世绘的主题完全都是日常生活，这正是他画作具有价值且成功的地方。歌川广重冷静地捕捉到了在生机蓬勃的空间里行走者的各种状态，并以同样毫不动容地、细致地将其还原。在这个空间里，有僧人、武士、传递快件的信使、帝国的官员、商人、驿站差隶、客栈的女人，以及一拨拨偶遇的行路者。当然还有前往富士山朝圣的神道教徒和佛教徒。富士山是纯净的象征、金光闪耀的风景、行走的场所和神社庙宇的清净归所。

1609 年，驻扎在江户的新征夷大将军德川家康及其幕府下令修筑了 5 条大路，以便更好地控制国家。东海道便是其中的一条，以京都三条大桥为起点，一直修筑到江户的日本桥（这是条往返路），道路两边种满了树，且每隔 4 公里筑有土堆。旅行者可以通过这些标记计算自己走了多远，还要走多远才能到达目的地，知道自己所处的位置以及地貌；还可以站在高耸的土堆上观察远处可疑的人或流浪者的行踪。这条沿海道路有时非常难走，或被水淹，或有危险，被障碍物、伸进内陆的海滩或河水阻断，

　　　　　　　　　　　　　行走的历史

大部分路段无法通行。因此，日本人在内陆修建了一条更安全，也更长、更坚实、地势起伏更大的平行道路，即穿越丘陵和富士山山麓的"穿山道路"。这两条路造就了日本的历史，也是日本政治、军事、行政和宗教的象征。

沿着东海道，有些客栈为因洪水和交通阻断而暂留几日的旅行者提供住宿，他们在那里等待重新上路。将军幕府向53处驿站提供定期维修的物资，设立驿站专司为幕府与军营传递信件：100名士兵和100匹马时刻准备着，一有需要便可随时调动。还有一些职业信使——大名，堪称"飞驰的传令兵"，他们能够只花十几天的时间传递信息、文件或政令。他们这种定居—过客的双重生活既忙碌又复杂。温泉、商铺、寺庙吸引和招徕各色流动人群以及动机各不相同的商人、冒险家、军人、武士、朝圣者与旅人。歌川广重将所有这些旅行者的目的毫无保留地呈现出来，无论是宗教的、建制的、商业的、军事战略的、秩序维护的目的，还是因为蓬勃发展的性产业——很多男人受欲望驱使，在途经的客栈嫖宿"食卖女"（meshimorijoro）[1]。

18世纪中叶及后来的一个世纪时间里，朝圣活动经历了大规模发展，造就了东海道的辉煌。事实上，借由经常前往富士山朝圣或去数不清的神宫或佛寺祈祷的方式，徒步旅行越来越普及。尤其是去伊势神宫的朝圣相传，相传，这里是天照大御神的栖身之地，以御荫参拜（okage mairi）为名，吸引着大批人流。据估计，在1830年，有486万人来此参拜。博学的文献学家本居宣长推崇这种行走精神，于是写到：

1　又称"饭盛女"，日本江户时代在宿场以奉公人名义提供性服务的私娼。——编注

行走时而让人满足，时而使人忧伤，有时让人恼火，有时让人喜悦，感受乐趣，也感受焦虑害怕，甚至也会有体验到美好、怨恨、喜爱、厌烦。简而言之，这是对所有情感的体验。总之，要了解我们人世间的感时伤怀，就要行走。

行走在东海道上，就是体验七情六欲。

17世纪末，导游书纷纷问世，反映了行走动人心弦的一面。这些书同时是灵修书，其内容还包括了步行者必备的信息：每一段路程的长短、夜宿客栈和餐饮的价格，以及轿子、鞍马、通行税、浅滩、地区特产的相关信息。最有名的当数十返舍一九[1]的《东海道徒步旅行记》，其别名《弥次喜多道》（Yajikita）更为出名。这是一本风格泼辣的导游书，既实用又滑稽，其中既包含实用信息，又有类似无赖流浪记的奇遇，书中讲述了两个不太机灵的徒步者弥次郎兵卫和喜多八一路的奇遇和遭际。今天，以这个徒步故事改编的电影、动画片或漫画更是家喻户晓。东海道的某些路段因《弥次喜多道》而闻名，如位于箱根町的险峻山口、铃鹿赛道以及佐川町滩险、中津川滩险、安倍川滩险或大井川险滩。徒步者可以在两个悲惨主人公的不幸遭遇中得到一些宝贵的经验：于早晨3—5点间离开客栈，而且一定要天黑前到达当日的目的地。十返舍一九如是写到：

小心那些夸夸其谈，眉飞色舞，要跟你一同行路的人！千万不要服用外人给的药物！抄小路很危险！

1　十返舍一九（1765—1839），日本江户时期的小说家。——译注

我们发现，若一个精力旺盛、身体健康的人平均每天可以走 10 古里路（相当于 40 公里），那么他可以在 13 天内走完这 53 段路程。

17 世纪下半叶，作家松尾芭蕉也曾徒步穿越东海道，他宣扬一种诗意的朝圣。自 1684 年起直至 1694 年过世，这 10 年间，诗人徒步长途旅行十余次，有一次徒步甚至花了 5 个月，行程 2300 公里。1689 年，他按年份将旅行写成了他最著名的作品集[1]《奥州小道》。1760 年的《朝圣守则》也被认为是他的作品：

-不要在同一家客栈连续休息两个晚上；

-不带兵器；

-不穿得太多，也不要穿得太少；

-饮食简单；

-如果别人不要求，不要给他们看自己的诗作，如果他们要看，绝不拒绝；

-不要骑马，拄杖行走；

-不喝酒；

-除诗歌以外，不谈论其他事情，谈论涉及诗歌以外的话题，还不如去睡一觉，以此作为娱乐；

-不与女诗人发生亲密关系；

-放荡妨碍精神生活的协调与丰富；

-俳句之道是专注，不是分心；深深内省；

-俳句之道和徒步之道应该合一。

1　原文为"俳句集"。实际上该作收录了芭蕉旅途中创作的俳句以及各类纪行文章。——编注

诗人的祈祷书同时也指导行路人，仿佛写作和行走做出的努力是一样的，仿佛理想中的诗人就是徒步者。对松尾芭蕉而言，徒步旅行是一种生活的艺术，俳句则是这种无限融合的艺术的表达，"俳句之道"正是如此。把旅行当作人生、当作自己的住所，把行走当作佛教徒的实践，只带几件衣服、几支毛笔、墨水以及身体，这愈发成为松尾芭蕉的生活方式。俳句是一种道，一种行走在万物中、风景里、动物间以及代表世界的最简单的现实里的生活方式。最后俳人以"山伏"一词进行总结，认为这是一种苦修，从字面上来看，唯一值得坚持的方法，就是"隐居在山中"，沿着山间小径攀上峰顶。

据 13 世纪的一部文献《古今著闻集》记载，有的僧人 17 岁就离家，花 20 年的时间攀爬最偏远的山峰，到达最荒蛮的地方，在独处中、在原始的自然中行走，参透神圣能量。生存成为充满智慧的永久行走，生命也因此而升华。

麦加的行走仪式

去麦加的朝圣又称朝觐，是伊斯兰教的五功之一，是《古兰经》规定的基本义务，若朝圣者受到物资或身体条件的极大限制，可以将该义务"委托"给另一朝圣者。

朝觐是强制的戒律——某种意义上，响应朝圣的号召就是步行："让他们走着来！"这种号召也是一种出发，不仅是出于放牧或经济的需求，又或是出于好奇心，从一地到另一地的简单移动，还是与自己的内部决裂，与熟悉的世界、固有的习惯、社会或政治秩序决裂，这种决裂让积极寻求神圣、摆脱俗世成为可能。朝觐是仪式化的，它包含了：行走的条件、简素、支配的时间、路程、地域和空间、目的地、行装、语言和祷告、举止和旅行，而不断重复的仪式又对之做出了规定。

每年麦加朝觐会持续 5 天，即从伊斯兰教历 12 月的第 8 天至第 12 天。穆罕默德先知让麦加成为汇集了所有穆斯林及其注意力的场所，朝圣队伍借道的陆路（海路）催生了地理上的朝圣之路。如此，每年来自世界各地的大量信众，沿着早已规划组织好的、受到保护的线路，步行涌入这座伊斯兰教圣城，伴随着祈祷和手势动作，完成一系列程式化的礼拜仪式，谨遵仪式就能让他们洗罪净化，达到至福。掌控军政大权的当局有责任开放圣地、保护前来朝圣的信众以及朝圣之路。因此从中世纪中期起，修葺朝觐之路一直被统治者放在首位。

今天，很多考古遗址都证实，从穆斯林帝国的各大重要城邦出发的交通干道都曾指向麦加。自 8 世纪起，祖拜达朝圣之路（*Darb Zubayda*）就借道沙漠从巴格达直通麦加，途经努格拉（Al-Nuqrah），一路上有 50 多个驿站，这些驿站设有供沙漠商队住宿的客栈，向他们提供水，售卖货品，此外，还配备了清真寺。以远东为起点的陆路最后抵达巴格达，这是一条途经不花刺[1]（Boukhara）的丝绸商路。

从埃及出发的道路的起点在开罗，非洲信徒结伴经过苏伊士运河，穿越西奈半岛到达亚喀巴（Aqaba），然后沿红海东岸经过延布[2]（Yambo），一路上有朝圣者的护卫马木留克护佑。1600 公

1　今乌兹别克斯坦城市布哈拉。——编注
2　沙特阿拉伯红海沿岸港口城市。——编注

里的行程要经过 31 个驿站。

最古老的路线要数大马士革之路，先知默罕默德童年时就跟叔父随商队沿这条路线前行，一直以来，在众信徒心中，这是一条重要路线。自 17 世纪起，奥斯曼土耳其帝国的权贵们也大都走这条路。这条通道拥有非凡的战略意义，从叙利亚到麦地那的途中共有 26 座军事要塞和城塞，设置了 27 个驿站，骆驼或人需要 300 多个小时才能徒步走完全程。之后还要走 400 公里，经过 10 多个驿站才能到达麦加。

最后一条，也就是第四条主要陆上通道，是萨那[1]之路。从沿途景观的角度来说，这条道路无疑是最壮观的。从阿拉伯半岛最南端出发，穿越沙漠和山脉，通过令人晕眩的山间狭路向北/西北进发，这些狭路曾是为引导朝圣人群特别修建的重要通道。

海路则是从摩洛哥、阿尔及利亚与突尼斯出发，由地中海到达麦加；从阿依扎布（Aydhab）或萨瓦金（Souakin）出发，穿越红海到达麦加；从非洲的蒙巴萨（Mombasa）出发去麦加；还有海路从马斯喀特、孟买、加尔各答、仰光、新加坡、巴达维亚（Batavia）、伯恩（Bone）或南京出发，信徒们从亚洲大陆的各个角落涌向圣城。

19 世纪，徒步朝圣到达了巅峰，三四千骆驼和几千信徒汇集成的大队人马天还没亮就在火把的微光中出发，一直走到晚上，只在吃饭（只吃一顿）和在 5 次日常礼拜时停下来。如驿站的数量一样，时间也是有限的，他们得在规定的朝圣日期到达麦加。为了不让一个人掉队，一队特殊警务人员负责照顾落在后面、腿

1　阿拉伯半岛最古老的城市之一，今也门首都。——译注

脚不方便的和生病的人，不让他们被遗落在沙漠之中。骆驼只背驮干粮、水和行路困难的人，朝圣者必须长途步行。他们一路上祈祷、唱诵、玩诗歌游戏，然而，徒步朝圣毕竟让人精疲力竭，途中随处可见的骆驼骸骨或驿站附近的星星点点的坟墓就是明证。

接下来当然是现代坐骑上阵了：空客飞机、邮轮和空调大巴取代了步行和骆驼旅队。1859 年，当人们已经习惯乘坐蒸汽轮船时，还有十几组规模较大的朝圣旅队徒步上路，每组旅队汇集了1000—1500 名信众。19 世纪末，几乎没有徒步朝圣旅队再从萨那出发；从巴格达出发的徒步路线遭到来自从巴士拉启航的海上路线的严重挑战；从开罗出发的朝圣旅队则越来越倚重火车。在传统路线中，从大马士革出发的朝圣旅队坚持传统徒步方式直至1903 年，联通大马士革和麦地那的汉志铁路就在那一年开通运营。当然，围绕卡巴天房[1]的特殊仪式依然需要步行完成。

基督徒的游荡

耶路撒冷和罗马这两座城市是基督教两大圣地。近 2000 年来，成群结队的信徒涌向这两座城市。自 4 世纪起，尽管战争、外族入侵不时发生，各种阻碍层出不穷，朝圣的传统却已深入人心。前往圣地耶路撒冷和罗马的朝圣者络绎不绝。艰巨旅行和虔信具有双重意义：几百位与圣物、圣殿、水源、教堂、象征相关联的道友来此朝圣。起初，信徒们长期受到迫害，往往需要偷偷

1　即克尔白礼拜寺。——译注

前往隐秘的、部分保存完善的殉葬地向死者致哀，但在基督教这一新出现的宗教盛行的地区，纪念死者、殉难者、牺牲者的活动很快普及起来。

自 4 世纪起，物质条件有所改善，信徒们便自发前往殉难者墓地朝圣，这些殉难者曾在精神或世俗领域做出过巨大贡献。后来，信徒们又前往耶稣生活过的圣地、新圣徒生活过的地方，尤其是圣母生活过的地方以及她数次现身的地方朝圣。如此，在一个行走方面具有创意的宗教里，从中世纪到相对较晚的 19 世纪叙尔皮斯时代，一代又一代的朝圣者发展起来。在圣-雅克-德-孔波斯特拉、卢尔德、萨莱特圣母院，无论在何处，这些朝圣者的行走是共通的——行走是考验，是顺服，是供奉，也是启示。

我已经说过，基督教并不认为行走有什么特殊性或优势，却记载了大量与行走相关的颇有争议的故事。《圣经》让亚伯拉罕和摩西这些先知与整个游牧民族出走，这种神圣的游历具有权威性：朝圣者面临冒险与决裂，并遭遇重重困难，他们都要以此作为对信仰的考验。步行也是一种具有广泛影响力的现象，但神学界一直以怀疑的眼光审视它，从中观察到些许有迹可循的异教徒崇拜倾向或急功近利的倾向。众多朝圣中充斥着太多的迷信并缺少真正的信仰。13—19 世纪，伴随着朝圣的发展与壮大，和人道主义者、怀疑论者，甚至享乐派和不信教的人一样，神学家们经常对朝圣进行评论。

在中世纪的欧洲，徒步祭拜一座坟墓在基督徒中颇为盛行，他们会前往凭吊圣骨与殉道者的遗骸。于是，无论在现实生活中还是在想象中，朝圣者与好斗的骑士、开拓或沉思的僧侣以及一贫如洗的平民一样，都享有重要地位。他们在路上与流动商贩和游吟诗人为伍。他们是一个虔诚的、冲动的社会的写照，当时的社会愿意借助一切宗教手段换取一片天堂。

但丁将去罗马朝圣的信徒、去耶路撒冷朝圣的信徒、去圣-雅克-孔波斯特拉朝圣的信徒以及前往成千上万不同地点的朝圣者们区分开来。为了惩罚过错或罪行，人们自觉自愿地徒步祈祷，甚至还有人徒步前往圣地求死。卡斯蒂利亚国王阿方索十世总结出三种不同的朝圣：纯粹出于自愿的虔诚朝圣、为了进行许愿的朝圣、通过苦行来赎罪的朝圣。自然也有朝圣者可能同时拥有以上这三个动机。很多基督教的经文都把徒步朝圣作为重要活动，并加以提倡。

在阿西西的圣方济各[1]的《小花》这本书里，他认为，卑微的一生中，集体徒步是贫穷的象征，同时也是对话、相会、获得具体灵修体验的机会。书中的短篇叙展现了关于行进的寓言的魅力：行走的脚步赋予故事节奏，调节叙述，让寓意随之显现。

> 一个冬日，圣方济各（François d' Assise）和雷文兄弟从贝卢斯（Pérouse）到圣-玛丽-德-昂吉（Sainte-Marie-des-Anges）。天气严寒，他俩都冻得厉害，圣方济各叫住走在他前面的雷文兄弟："雷文兄弟，当小兄弟会在全国做出圣贤的启发榜样，上帝会很欣慰，然而，请在你的石板上记下，这绝不是至乐……"这段话竟然回响了两公里的路程。于是雷文兄弟惊愕地问到："我的兄弟，看在我们对上帝的热爱上，告诉我何为至乐？"圣方济各回答："待会儿等我们走到

1　阿西西的方济各（1182—1226），动物、商人、天主教教会运动、美国旧金山市以及自然环境的主保圣人，也是方济各会的创办者。——译注

圣-玛丽-德-昂吉，被雨水淋透，全身冻僵，满身是泥，饿得要死，我们去敲修道院的门，如果守门人充满怒气地过来质问我们：'你们是谁?!'我们对他说：'我们是你的两个兄弟。'而他回答：'不，你们只是两个道德败坏的家伙，你们会欺骗所有的人，还会偷穷人的布施，滚出去!'他拒绝为我们开门，我们只能待在外面的雨雪中，饥寒交迫直至深夜。嗯，如果我们能够忍耐这些不公和艰辛，不惊不怨，怀着慈悲与谦恭想着，这个看门人终会在上帝的旨意下看到我们真实的一面，啊，雷文兄弟! 写上! 这才是至乐。"

约翰·班扬（John Bunyan）在完成于 1678 年的《天路历程》中用隐喻的手法描写了关于逃逸、流放和旅行的故事，这些故事都与徒步息息相关。书中主人公出发去冒险，试图走出一条通往天国的路。这分明是带有完成神圣目的一篇朝圣记，却以宗教启蒙小说的形式来进行构思和创作，类似流浪汉小说的样式。主人公一路上穿越各种地方，遭遇了史诗般的冒险和偶遇，还要抵御诱惑和经受考验：

班扬写到："朝圣者惊醒而起，急着出发，快步一直走到山顶。在那里，他遇到两个正在奔跑的人；他们经过他身边时，与他撞了个满怀。这两人一个叫恐惧另一个叫不信任。朝圣者问：'先生们，你们在做什么？你们搞错了，为什么往回走？'恐惧回答说踏上了去圣地的路，他好不容易走到这里，但越是向前，他碰到的困难和险情就越多，于是他和同伴决定往回走。不信任附和：是啊，刚才我们在路上碰到两只狮子，我们不知道它们睡着了没有，但是我们害怕它们会把我们撕成碎片。'朝圣者回答：'我也害怕，可是哪里是安全的呢？故乡在大火中化为灰烬，我回去一定会死，但是如果我到达天国，我就会安全……我要去碰碰运气：走回头路，必死无疑；继续赶路，虽然有死亡的恐惧，但旅途的终点是获得永生。我选择后者。"

星之路

毋庸置疑，圣-雅各-德-孔波斯特拉之路[1]可以最为完美地对徒步朝圣进行概括。公元 813—833 年，有人可能在孔波斯特拉发现了圣雅各的遗骨，然而几百年前圣雅各是在耶路撒冷被斩首的。在传奇故事里，依靠神灵通过让殉难者遗体神奇显现，施展自己的力量。无数卷宗重塑圣雅各这个承命去西班牙传播福音的使徒，他是"第一个朝圣的人"。比如，在教宗加理多二世（1119—1124）——这位教宗是雅各派信徒——的推动下编撰的《加理多手本》，自 12 世纪起该典籍又以《雅各手本》或《圣雅各之书》为名，在基督徒中流传。圣雅各从加利利[2]到加利西亚，在布满荆棘难关和奇迹的一生中，始终过着无可指摘的典范生活，直至回到耶路撒冷后殉难去世。他的遗体被运回西班牙，信

1　圣雅各之路或圣地亚哥朝圣之路（西班牙语：El Camino de Santiago）是前往天主教的圣地之一的西班牙北部城市圣地亚哥-德-孔波斯特拉的朝圣之路。主要指从法国各地经由比利牛斯山通往西班牙北部之道路，为联合国教科文组织登录的世界遗产，也是全世界仅有的两处"巡礼路"世界遗产。——译注

2　又译"加利肋亚"。——译注

徒纷纷前往其墓祭拜。热那亚地区总主教多明我会修士雅克·德·弗拉金（Jacques de Voragine）于 1261 年至 1266 年间用拉丁语撰写了一部《黄金传奇》，其中也记载了对雅各的崇拜。书中，圣雅各在十二使徒中确实有着重要地位，其中还有许多关于他的生活、使徒使命、在西班牙传福音和殉难的具体细节。该书还讲了圣雅各遗体在加利利被移动的奇迹、他圣体保存的奇迹，以及天意般在孔波斯特拉修建起来的陵墓与教堂的故事。

这个"光复"[1] 的中心地区位于西部的加利西亚。面对阿拉伯世界、罗马和东方的盛大朝觐，自 10 世纪起，该地区的某主教区周围保持的活跃朝圣活动显得非常必要。1100 年—1500 年，是孔波斯特拉朝圣活动的鼎盛时代。精妙的罗马式大教堂完工于 1121 年，相关传说和书籍层出不穷，均收录于《加理多手书》中。普瓦图僧侣埃梅里·皮科（Aimery Picaud）于 1140 年前后撰写了一本导游手册，介绍了从法国去孔波斯特拉朝圣的四条主要线路。皮科曾前往圣地亚哥朝圣，参拜各个圣坛，还获得了不少资讯。他描述的几条路径穿过法国领土，在翻越比利牛斯山前汇合成一条线路。书中记载了一路所经的驿站、要参拜的圣物、要穿越的地区、会遇到的居民、看到的风光以及他的所思所感，俨然是现代导游记的鼻祖。去圣雅各朝圣的人络绎不绝，朝圣兄弟会以及骑士朝圣组织日渐壮大。沿"法国之路"（*camino francès*）——朝圣之路的西班牙和加利西亚部分，以及沿"英国之路"——拉科鲁尼亚（不少北欧的船只首先到达此地）和孔波

1　指收复失地运动（亦称为复国运动、复地运动，是 718—492 年位于西欧伊比利亚半岛北部的基督教各国逐渐战胜南部穆斯林摩尔人政权的运动。史学家以 718 年倭马亚阿拉伯征服西哥特王国，以及阿斯图里亚斯王国建国为收复失地运动的开端，以 1492 年西班牙攻陷格拉纳达为终结。——译注

　　　　　　　　　　　　　　　　行走的历史

斯特拉之间，需步行一周，方可到达目的地。客栈与休憩处应运而生，一路上到处是圣坛、教堂和小堂。

> 我们每早上路，
>
> 去圣地亚哥的朝圣者们边走边唱，
>
> 每天早上，我们都走得更远；
>
> 日复一日。如果雅各呼唤我们，
>
> 这是孔波斯特拉的声音……
>
> 在那陆地的尽头，
>
> 雅各大人在等着我们；
>
> 永远面带微笑，
>
> 即使太阳在菲尼斯太尔消亡。

　　自中世纪末以来，朝圣者留下的物证越来越多，足以反映孔波斯特拉朝圣文化的三个重要时段的特征。多份物证显示，15 世纪和 16 世纪初是朝圣的高峰期。所谓高峰，主要指与朝圣体验相连的各项事宜，而非朝圣本身，因为早在 3 个世纪前，人们就开始徒步前往所谓的圣雅各墓朝圣，中世纪朝圣文化便在此类经历中形成。众多文献对朝圣路线进行了描述，培养了朝圣者对有关圣雅各艺术和建筑的普遍崇拜，最早勾勒出了朝圣者可靠而细致的人物肖像，近乎朝圣者的分类学。从 1414 年诺巴尔·德·高蒙（Nompar de Caumont）的描述到 1531 年海因里希·申不伦（Heinrich Schönbrunner）的叙述来看，某些记叙看起来颇具现代感，即有细节，描写生动，背景交代清晰，具有目的性；他们借助轶闻来谈论朝圣经历，并没有略去游历的深层动机。这些游历是历时好几个月的冒险，尤其当朝圣者要接连前往三大基督教传统圣地：孔波斯特拉、罗马与耶路撒冷。

不过，这些游记作品中也包含着中世纪末期人们那让人惊叹的流动性，尤其是那些掌握最多资讯和装备精良的人。这些来自各地的朝圣者——主要从法国、北欧和东欧大陆——穿越欧洲，前往孔波斯特拉，这虽然是一场冒险，但也绝不是不可思议或罕见的举动。毫无疑问，研究宗教现象的历史学家阿尔封斯·杜彭（Alphonse Dupront）在《圣-雅各-孔波斯特拉：追寻神圣》（1985）一书中成功地对这条充满圣灵象征物的朝圣之路进行了描绘，阅读他的文字，这条朝圣之路的形象跃然纸上：

> 冒险、考验和自我评价；因行在路上而远离社群，发现一种"另类的"生活方式；在看起来无止境的、更高更远的行进中摆脱物质、升华灵性。这永远神秘的更远处，却在想象中让人心驰神往。如古老格言所言，人们要对更远处心生敬仰；走到世界尽头，为的只是释放自我，发现被日常琐事蒙蔽的卑微生命的些许本质。如今，圣-雅各-德-孔波斯特拉的朝圣者——至少那些选择徒步、不把自己封闭在汽车里的朝圣者，多少都将这些内容杂糅进自己的故事、回忆录和笔记中。过去的朝圣者面对更为艰巨的困难，似乎缺乏丰富的语言、内心的冲突与忏悔，他们的独白言简意赅。朝圣本身就是祈祷和敬神之举，就是徒步行至圣地亚哥：在朴素中，语言直击亲历的崇高。在既疯狂又理智的朝圣活动中，毫无疑问，朝圣者大体知道自己在做什么，所以他们会更为专注，虽然他们的用语和心态不尽相同，但是昔日的朝圣者都

　　　　　　　　　　　　　　　　行走的历史

经历着同一种求索，寻找着人生的本质，这是否也奠定了他们存在的本质？在他们共同的追求中，道路是他们共同的考验，是进入生命本质的途经，是灵魂升华的地方。从人类学的角度来看，道路在圣地亚哥朝圣史中具有格外重要的意义，朝圣的路途是神圣、惊心动魄和记忆的三位一体。

朝着孔波斯特拉：徒步信仰的复兴

17 世纪至 20 世纪上半叶，朝圣者日渐稀少，他们的形象也变得模糊不清。渐进的衰落首先始于 16 世纪中叶，朝圣所经地区，特别是法国西南地区，受到新教的影响，批评圣物崇拜；接着，当局对流浪者、游民进行管控，尤其自路易十四在位的 1686 年起。彼时，孔波斯特拉朝圣者主要是来自附近地区的西班牙和葡萄牙信徒。在 18 世纪留下的两份文献中，我们可以明确看到朝圣者后继乏人。纪尧姆·玛尼耶（Guillaume Manier）和让·伯纳伽兹（Jean Bonnecaze）都谈到那时的人们将朝圣者视为迷信者、游手好闲的流浪者，甚至还会干坏事。他们不再受欢迎，有时还会带病回到家中，总之，他们成为嘲弄的对象，甚至遭到凌辱。

尽管在 19 世纪末，天主教圣绪尔比斯修道会重新吸引了人们对孔波斯特拉朝圣的注意，使其成为历史学的研究对象和一门博学科目，但是直到 1950 年，朝圣仍然让人生疑，备受冷落。那时，无论是普罗旺斯短篇小说作家玛丽·莫龙（Marie Mauron），还是重拾现代朝圣活动的先驱贝尔内斯（Bernès）神父，在他们出发前往孔波斯特拉时，都被当作"傻瓜"。此外，他们在路上也只看到了废墟，令他们颇有几分梦断遗路的感伤。

然而，在 19 世纪最后的 30 年和 20 世纪最初的 30 年间，在一些满腹经纶又不乏一定批评立场的修道院院长和神甫的主持下，他们对圣雅各传说真实性提出质疑，展开了一系列研究，为孔波斯特拉研究奠下了第一块基石。这项研究旨在重读文献，有时也会对其进行翻译和整理，重新找到当年的朝圣路线，发现并理解其中的罗马艺术，重塑宗教礼仪，研究朝圣狂热与衰落的背景。

20 世纪 50—80 年代，无论对于天主教博学之士勒内·德·拉·考斯特·梅瑟里埃尔（René de la Coste-Messelière）、修道院院长乔治·贝尔内斯（Géroges Bernès）、雷蒙·乌尔塞尔（Raymond Oursel），还是对于大学历史学家阿尔封斯·杜彭（Alponse Dupront）、巴托罗梅·贝纳萨（Bartolomé Bennassar），亦或是对于饱学的史学爱好者皮埃尔·巴莱（Pierre Barret）和让-诺埃尔·古尔甘（Jean-Noël Gurgand）而言，朝圣都成为一个重大历史话题。天主教的博学之士们参与和促进了孔波斯特拉朝圣活动的复兴，以 1954 和 1965 年孔波斯特拉天主教禧年[1]为标志，吸引了几十万朝圣者。历史学家与爱好者们分析和描述了促使中世纪民众徒步前往孔波斯特拉、罗马和耶路撒冷朝圣的信仰。他们让朝圣的物质文化重现天日，比如，朝圣的习俗、外在表现形式、路线、特殊仪式——例如凭证，这是宗教社团或圣雅各教团颁发的一种旅行证，每走一程都要认证，凭此可以在前往

1　禧年又称为圣年，是基督教中特别年份，世人的罪在这个年份中会得到宽恕。根据旧约圣经《肋未纪》中的规定，犹太人建立了禧年的传统，后被基督教会沿袭。在天主教中，禧年的到来由教宗宣布。目前天主教会固定每 25 年举行一次，教宗也可以自行指定某年份为禧年。

孔波斯特拉的路上享受旅店和教会的接待——以及各种形式的虚构的朝圣故事与象征：建筑、雕塑、口传、唱诵、篆刻、绘画，这一切的作用是说服皈依和政治宣传。

新近的孔波斯特拉复兴无不带有世俗且不敬虔的小算盘，坦率说就是背后的旅游和商业利益。自 20 世纪 70 年代中期起，徒步完成至少 100 公里路程的圣雅各朝圣者可以获得一张孔波斯特拉证书（Compostela）—该证书由圣雅各大教堂朝圣主持签发，分发数量还在不断增加：1971 年颁发了 451 张，1982 年颁发了 1868 张，1993 年颁发了近乎 10 万张……于是，学者们着手分析这种现象，从文化、社会、心理、宗教历史层面展开研究，甚至用各色物证来解构这个现象的神秘和背后的诡计。至此，这段历史已彻底去神圣化了，德尼斯·贝里加·梅阿（Denise Péricard-Méa）可以证实这一点，他打破了皮科《朝圣指南》的神话，也打破了中世纪普遍朝圣的神话，解构了最近将朝圣路线文化遗产化和旅游化的政治趋势，还不忘给众多读者提供可靠的信息与古老的证明，他们或是潜在朝圣者或就是朝圣者，他们不愿傻乎乎地行进。

这场宗教复兴运动始于 20 世纪 60 年代，在天主教 1965 年禧年前后，更多的非宗教因素扩大了徒步远足者的网络，徒步路径分支众多，徒步指南增多（1972 年，勒普伊 - 塞夫［Le Puy-Roncevaux］段成为法国第 65 号大徒步路线）。这种兴盛恰好与某种精神复兴、徒步热潮和重拾传统甚至重新创立文化并将旅游文化遗产化的契机相遇了。在这三种机遇里，重生是共性：既是精神和肉体的复兴，也是文化遗产的复兴。

从今往后，在前往孔波斯特拉的路上可以看到各色人等……有步亨利·洛克（Henri Roque）后尘的骑士，重新构建冒充英雄好汉的圣雅各的骑士形象，1963 年的僧侣战士崇拜仪式上，他们与佛朗哥一起进行领圣体仪式。坚持政教分离的人士，如皮埃尔·巴莱和让-诺埃尔·古尔甘，二人在 1977 年在左翼杂志《新观察家》上发表了一篇对该仪式的徒步历史总结：将其称为"朝圣徒步"。此外，教宗若望·保禄二世于 1989 年 8 月号召 50 万年轻天主教信徒在戈佐峰（Gozo）[1] 上聚集。讲奥克语的法国达摩流浪者简·道·梅洛（Jan Dau Melhau），带着手摇琴上路，以保障乞讨成功。

　　埃迪特·德·拉·埃罗尼耶尔（Edith de la Héronnière）在其 1993 年的著作《朝圣者叙事曲》中如此道出这场灵魂与徒步相遇的旅行："在这条'银河'之路的尽头——道路的蜿蜒与天上的星宿对应，一无所有，什么都找不到：没有圣物，也没有教宗宝座，更没有可以治病的温泉，没有补偿和休憩。刚刚到达目的地，他们就要往回走。徒步行走徒劳无功。可他们并不在乎。他们毫不松懈地往前走，向着目标进发，似乎毫不担忧会走不到目的地。也许他们知道自己无法到达目的地和传说中空无一物的墓地，但是没有任何理由足以阻拦他们要上路的强烈渴望。令人好奇的是，即便无法到达目的地，也不足以劝说他们回头。他们认为重要的是行路这件事本身。行走自会使人脱胎换骨。如果有什么意义之说的话，也不应向身外寻找。"

1　　位于圣-雅各-德-孔波斯特拉。

道路蕴藏着某种启示，考验着徒步者，徒步者又诉诸笔端，与他人分享经历。保罗·柯艾略（Paulo Coelho）曾写到（《朝圣》1996）："在我们所知和所感的五维空间里，存在着一种微妙的、肉眼无法看见的能量"，这让人兴奋不已。这种内在的精神只有通过劳其筋骨的行走和走向路尽头的目标才能实现意识和写作上的顿悟。当然，在这种内心求索中也有虚幻，尤其出现在一些似是而非的言论与大而无当的思想中，以便俘获大批听众。在没有把对幸福的追求和对自我的揭示作为难解疑团之前，朝圣者就已经将它们作为简单的解决方法。似是一种正能量的回应，有时却是愚蠢荒谬的，以为可以解决当代危机引发的所有绝望。如果仅仅通过徒步就能解惑（那该有多好）……就算要走到孔波斯特拉也在所不惜！成百的既讲徒步也讲灵修的著作对这种主张进行阐述，30 年来，成百上千的朝圣者前赴后继地践行着书中的主张。至少借助恩典或者自我认知可以让朝圣者付出的努力得到补偿，这种方法让成千上万的朝圣者走上徒步之路。

　　重塑孔波斯特拉和其朝圣神话的方式大约有 1000 种。其中态度最敌对，有时也最有意思的一种是反教权的重塑意图。朝圣成为讥讽宗教的良机或利用女朝圣者的轻信而将其转变为荡妇的旅程。自 18 世纪起，从流浪汉启蒙文学到当代引诱小说，主的道路也充满情欲。对孔波斯特拉传统颠覆得最彻底的要数路易斯·布努埃尔（Luis Buñuel Portolés）[1]，在他那表现神学堕落和酸腐的代表电影作品《银河》（1969 年）中，两个贫穷的朝圣者每次在路上相遇，都是对圣雅各传说和对朝圣者真实动机的辛辣讽刺。

1　路易斯·布努埃尔·波尔托莱斯（1900—1983）西班牙国宝级电影导演、电影剧作家、制片人。——译注

"天之涯，地之角"的加利西亚，有着凯尔特血统，它的乡村、非基督因子、它的荒绿景色以及大西洋岸蒙蒙细雨为无数诗人和作家带来，从罗萨莉亚·德·卡斯特罗（Rosalia de Castro）到费得里戈·加西亚·洛尔迦（Federico Garcia Lorca），从拉蒙·德尔·瓦勒因克朗（Ramon del Valle-Inclan）到马努尔·勒里瓦斯（Manuel Rivas）。圣地亚哥城不只是朝圣的目的地，也是加利西亚近代身份与文化、经济复兴的象征，对众多朝圣者和徒步运动者来说，也为他们的旅行提供了理据：出发探索世界的尽头。这场旅行远比在战时司令部纸上谈兵地在地图上划出一条线路更为复杂。试图解开孔波斯特拉之谜的悬疑故事应有尽有，比如，侦探历史小说［马蒂尔德·阿桑思（Mathilde Asensi）的《雅各》］、当代流浪汉小说［亨利·文森诺（Henri Vincenot）的《孔波斯特拉之星》与拉蒙·乔（Ramon Chao）的《孔波斯特拉的主教普利西利安》］。通常，朝圣者出发，接着途经各处，最后到达终点，但终点很难辨识，那里充满着各种记忆，它们属于旅行者、祖先、家庭、神圣的传统，有时也属于异端邪说、战士、国家、地区、整个欧洲……只有一种广博且对立、具象且深邃、惊心动魄且深刻内敛、批判且启蒙的笔法，才能匹配得上对此著书立说的雄心。例如，受泽巴尔德（Winfried Georg Maximilian Sebald）[1] 描述的中欧或北方之旅的启发，塞斯·诺特博姆（Cees Nooteboom）[2] 在《朝圣迷宫——孔波斯特拉之路》中所达到的高度。

　　从讽刺诗到心照不宣的玩笑，从恶毒到深层理解，嘲讽手法

1　温弗里德·格奥尔格·泽巴尔德（1944—2001），德国作家。——译注

2　塞斯·诺特博姆，荷兰作家、诗人。——译注

多种多样，也是现代孔波斯特拉叙事中最常用的手法之一。一些杰出作品展现出这种长途跋涉，有的朝圣者舒舒服服坐在豪华轿车里的皮椅上完成了朝圣，也有的朝圣者展现出双脚磨出泡的殉难受苦形象。比如，布努埃尔凭借其精妙的颠覆性获得了奥斯卡提；大卫·洛基（David Lodge）和他锐评英国传统的小说《治疗》；埃里克思·德·圣-安德烈（Alix de Saint-André）的《向前进！道路》及其对圣雅各徒步朝圣者的忍耐受虐狂式的、却也不无滑稽的温情；抑或最近在步行文学大获成功的让·克里斯多夫·卢芬（Jean-Christophe Rufin）和他的《永远的徒步——我不愿去的孔波斯特拉》。

　　总而言之，这种将朝圣、徒步运动与逃离现代时空的奇遇交织在一起，并最终分享共同价值的行走方式都是身体力行地行进。作家让-克劳德·布赫莱斯（Jean-Claude Bourlès）感受到这种行路方式，并在其经典著作《孔波斯特拉的大道》中将这种行路方式具体地表达出来。该作从亲身经历出发，讲述了作者从孔克（Conques）到圣雅各之间亦宗教亦徒步运动的朝圣。"路中之路"的冒险之旅中有偶遇、筋骨之劳、疼痛的双脚和膝盖，也有宿留庇护旅舍的夜晚和阅读。攀登山口，如穿越比利牛斯山和经过神秘的隆塞斯瓦克斯（Roncevaux）山口，比其他任何时刻的步行都更能代表这场行走之旅。这种说法并非偶然，仿佛三种不同性质的步行汇聚在同一条路上：

　　　　一千多年以来，来自法国的孔波斯特拉朝圣者与大山维系着诡异而复杂的关系，充满了被夸大的恐惧和着迷，以致他们无法明辨情状。专栏、叙述和吟唱都将越过山口的那一幕当作朝圣史诗中最动人的时刻之一。今天犹如昨日，人们怀着对恶劣天气与陡峭地形同样的恐惧走在朝圣大路上。所有这些，我们都读到过、听到过的，然而，我们还是准备走上昔日朝圣者走过的道路，重新出发。如果我们忘记这一切，恶劣天气和陡峭山路也会唤起我们的记忆。印象中，人们在同一个陡坡上已经走过了上百次。

每个人因此未必都能意识到自己的步行将徒步运动、宗教和历史合为一体，既可以锻炼身体，又可以进行灵性修炼，还可以了解过往与风景。

今朝带着烦恼、耐力十足的徒步运动者接替了昔日抱着些许天真信仰和巨大希望的朝圣者，让-克里斯多弗·卢芬（Jean-Christophe Rufin）无不讽刺地如是说。大圣贝尔纳教堂的议事司铎、神父葛拉蒂安·弗鲁兹（GratienVolluz）在其于1966年完成的作品《高山朝圣者的祈祷》中说，徒步运动者也可以带着他的信仰行进：

> 我主耶稣，你走了那么长一段路，从圣父跟前来到我们这里安营扎寨，请将我从自私和舒适里拽出来吧！让我成为一个朝圣者。我主耶稣，你时常走在山间小道以获得宁静，与圣父相会，你要求我在希望中走向你，走向圣父荣耀的最高山峰。

显然，徒步运动词汇和宗教语言相混合。如今的朝圣之路和徒步路径正是以这种方式，融合成了一条道路。

4

第四章

徒步天堂——阿尔卑斯山脉

很长一段时间里，人们在想象中认为，山中路线就是荒野。阿尔卑斯山区，至少高山区域，就像一个不宜居住的地区，熊，甚至龙频繁出没，那里住着粗蛮的人，有些人还痴傻愚笨。对途经的人而言，他们被迫穿越那里，需要快速经过山口，既不在高山处停留，也不在山谷里驻足，只有小镇和城市才是真正可以去的地方。对阿尔卑斯的无知以及对它的夸张歪曲，甚至成为文学上的陈词滥调，成为被人们接受、普遍理解和认同的修辞手法。例如，克劳德·赖克勒（Claude Reichler）在《发现阿尔卑斯山与关于风景的问题》中这样写到："一方面是恐怖之地，满是岩石和冰川的危险之地，古代讲述汉尼拔军队穿越阿尔卑斯山时对此地的描写已广为流传。另一方面是恺撒在《高卢战记》中对赫尔维西亚人的描写，凯撒认为他们顽固、相当粗鄙、骁勇善战。"

在阿尔卑斯山旅游开始之前，大多旅行者重复这类经典的说辞。确实，寸步维艰、上坡路的陡峭、寒冷、冰雪、暴风雨，山地人对城里旅行者的不信任，都让人们确信该地区的不友善。想要遍游这个地区难道不是发疯了吗？而且还要徒步，这难道不会将旅行者置于最危险的境地吗：精疲力竭、白霜、迷路、摔跤、高原反应，对未知的恐惧和野兽的虎视眈眈？

然而，在几十年——这在一个空间的时间维度上很是短暂的——，阿尔卑斯山的形象发生了彻底的改变：18世纪末初始，阿尔卑斯山不再被行走者嫌弃，而成为娱乐场所，被描述为需要通过徒步来征服的新天地。"阿尔卑斯山脉成为徒步者的第一天堂"，让·路易·于厄（Jean Louis Hue）在《学习行走》中如是说。导游书开始谈及阿尔卑斯山的益处，不久便成为人们的共识：在阿尔卑斯山徒步可以使精神和身体复原，清新的空气和筋骨的劳累骤然激活身体，美景和运动则使人愉悦。出版于1866年的瑞士琼安娜导游书里提到，"山中徒步旅行对身心健康有令人惊异的疗效，徒步的乐趣是如此丰富，如此纯粹、生动又多样，它不便和麻烦有时也和它的乐趣一样讨人喜欢。"

阿尔卑斯山徒步者，登山知识

在阿尔卑斯山形象的转变以及对徒步探索的礼赞里，有些特殊的经历起到了关键的作用。这些经历肯定不是普通旅行者的体验，也不是一些人云亦云的记录，不过，它们在这巨大变革中，也占据了一席之地。这种变革与朝圣者、大学生、文人、商贩、军人、地图测绘工作者有关，他们逐步认清了各大山谷和主要山口，走出了第一批山间小道，如埃蒂安·布尔东（Étienne Bourdon）在《发现阿尔卑斯山游记：建构一门学问的历史（1492—1713）》中的描述，：他们"用愈发关注和探究的眼光看待这些地区"。这些记述及其传播不仅让人们更了解阿尔卑斯山脉，也逐渐更新和改变了过去人们对阿尔卑斯的刻板印象，发展出一门丰富多样、反差强烈、平易近人的学问，"阿尔卑斯传奇与对山脉的感情，启蒙运动的特征之一，在此时已经初现端倪。"

调研、思考、记述和实地行走的成果推动了关于阿尔卑斯山的学问的出现，几位研究植物的人道主义学者，收集化石和矿物，采集魔鬼怪兽的传奇故事，力图弄清楚阿尔卑斯的气候、冰川现象和水文地理。他们的工作室慢慢成为早期的小型阿尔卑斯博物馆，其中收藏了一些神奇展品，龙骨、野人或野孩子的头颅、树枝或臆想猎物的蹄部，几片独角兽的碎角片。阿尔卑斯山脉很快成为一个特别的地方，在欧洲绝无仅有。对阿尔卑斯山的想象源自恐惧臆想的蓬勃发展，与学问、奇观、科学以及对努力、美感和对征服山顶的崇尚融汇在一起。阿尔卑斯山的学问就是这样一个特殊的领域，在那里，学者也有健魄的体能，对大自然的研究让他们的工作室变颇有意义且妙趣横生；在那里，科学记载中夹杂着传统的夜间闲话以及美轮美奂的诗歌。

第一个做出这个惊人总结的人是 16 世纪苏黎世的医生及博物学家康拉德·格斯纳，他的提法甚至比启蒙时代启蒙运动还早了几十年。这位学者喜爱山川、奶制品、植被、水流、居民、大自然以及它的空旷。他是一位人文主义者，捍卫着彼时一种不太为人熟知，甚至有些怪诞的思想：阿尔卑斯值得被敬仰。徒步行走让这位学者兼解剖学家保持着身体的健康。在他的几篇文章、作品以及令人惊叹的《仰慕大山的信》中，他强调了在新鲜空气中行走的疗效，承认喜欢为徒步付出的努力，甚至因徒步而吃了不少苦头。克劳德·赖克勒提到，两个世纪后的卢梭对这些文字难以忘怀，通过《新爱洛绮丝》中圣普（Saint Preux）之口重复了这些话。

1555 年，格斯纳在作品《攀登弗拉克峰或皮拉图斯山，1920 米》中，大赞徒步登山，因为他从中感到一种"巨大的乐趣，即使它如此朴实无华。在对人的情感熏陶方面，没有比之更怡人和更享乐的了。"1728 年，这部拉丁语作品被翻译成法语。他强调从行走，"尤其是从山间徒步和长时间爬山中"获得了感官的甚至肉体上的满足。徒步成为"极乐"：

> 事实上，在山上，有哪一种感官不能获得满足的？关于触觉，被酷热折磨得疲惫不堪的身躯在四面八方吹来的山风下复苏，人们大口呼吸新鲜的空气。反过来，被寒风拷打的身体则因为在太阳下行走或牧羊人木屋里的火炉旁烤火而暖和起来。

所有的感官都在狂欢：

> 视觉在奇妙山峰、山脊、岩壁、森林、山谷、溪流、泉水、草场组成的景致里，在一片绿草鲜花的繁盛色彩中，在线条和轮廓里，在陡坡、岩石、岩洞等等让我们惊叹的壮丽地貌及其稀有而令人赞叹的形状里，享受着非凡的魅力；人们想扩大视野，四下张望，极目远眺和全方位凝视眼前的风景。这里什么也不缺，不缺观景台，也不缺尖尖的岩石，站在上面，我们会认为自己已置身云海之中。没有哪个地方可以与高山媲美——在如此狭小的空间里，可以感受到如此的多姿多彩：先不说别的，就因为在一天里的时间，人们可以

感受到四季—夏天，秋天，春天和冬天。

苏黎世学者甚至发现，平日里最难调动的感官也在此刻活跃起来：

> 听觉也在同伴们的谈话、游戏、玩笑中，在树林深处小鸟的轻声浅唱里，在孤独的沉寂中，获得了享受。这里没有令人不愉快的刺耳声音，没有城市的纷繁喧嚣，没有人与人之间的纠纷。在这里，在宗教般深沉的静谧里，在山脊之上，人们几乎以为望到了天国的和谐，如果真有这样的和谐。

最后还有嗅觉和味觉。格斯纳所设计的徒步是一项全能的运动：

> 我们可以闻到山上花草树木的甜香。与平原上厚重的蒸汽不同，也与城市或其他有人群居住地方不同，那里的空气恶臭且有害健康，山里的空气更清新、更有益身心。通过鼻孔传入大脑的山中空气，不仅不会刺激深入肺部和心脏的动脉，反而可以起到安抚作用。……然后，由于不断吸入凉空气，心脏不会受到过度刺激。弗拉峰的居民可以证实这点。而我自己与很多朋友，也可以"肆无忌惮"地证实，不仅在这座山里，在以前去过的很多山里，情况都一样。味觉会在其他山里品质上乘的水果和美味的奶制品里沉醉。最后，与不运动和休息时相比，在如此这般的劳筋动骨之后，一切食

物和饮料都显得更加迎合味蕾和胃口。

康拉德·格斯纳以极度赞美高山的口吻结束了这篇弗拉峰攀登记，他无疑是第一位在对山和徒步的热爱上构建科学。进行写作的学者兼徒步者：

> 就此总结，所有高山徒步都是极致愉悦和一切感官强烈享受的源泉。我希望人们可以给我引荐一个接受过自主教育的男人——在道德和体能上至少达到中等水平，不太沉迷于懒散、奢侈的生活，不耽于声色。我还希望他是大自然的敬仰者和细心的观察者，在崇敬和凝视大自然这位至高无上的建筑师的宏伟作品，以及在连成一体的山脉中呈现出的伟大多样性里，感受到灵魂的愉悦。享受一切感官的和谐：嗯，总之，我会好奇在自然界是否还有比之更体面、更全面、更绝对的娱乐呢？……如我所愿，在有时需要跳跃的徒步中，健康得以巩固，因为身体的各个部位都在运动；正如我们登山那样，有时直线向前，有时迂回前进，神经和肌肉伸展开来，参与其中，攀登和下山时，会牵动不同的神经与肌肉，它们各司其职。

18 世纪阿尔卑斯山中的徒步征服

阿尔布雷希特·冯·哈勒于 1729 年发表的抒情诗《阿尔卑斯山》(*Die Alpen*)，先是在瑞士，接着在整个欧洲，大获成功。

诗作在 18 世纪中叶经常被重新发行和翻译。其也出自山地行走和科学实践的经验:"伯尔尼学者、植物学家、博物学家、解剖学家、哲学家穿越瑞士的阿尔卑斯山脉,完成了一场长途跋涉。"哈勒采集植物样本,建立植物从系,记录了 4000 多种"瑞士生长的植物",成为 1742 年发表的重要论文的基础。他历时 5 年,足迹遍布汝拉山区、高原、法国前阿尔卑斯山区、瑞士阿尔卑斯山区,并将这段经历用法语和拉丁语写成了三篇记叙文和一首诗作,展现了痴迷于博物学的渊博徒步者那好奇的视角下的阿尔卑斯世界。哈勒于 1728 年开始创作《阿尔卑斯初游记》,叙述了历时一个月的旅程,展现了真实的阿尔卑斯,文中既有初登阿尔卑斯的惊艳与仰慕,也有些许惴惴不安。接着是《1731 年 6 月 30 日,我出发⋯⋯》,讲述一次为期几天的旅程,在此期间,醉心于植物学的哈勒还用拉丁语撰写了一篇深奥的植物学论文《高山之路》(*Iter Alpinum*)。在最后一篇名为《记三:1732 年 7 月阿尔卑斯山之旅》中,这位行走者的兴趣扩展到了气候、地理环境和山地居民。1728 年冬,哈勒用德语创作了抒情诗《阿尔卑斯山》,灵感来自他的第一次徒步经历,描绘了瑞士神秘的文学与自然形象。该诗篇获得极大反响,在欧洲范围内传播了阿尔卑斯山幸福、原始的田园形象。此外,哈勒因在哥廷根大学肢解了几百具尸体,研究血液循环和动物生机理论,被誉为"近代实验生理学之父"。他的 8 卷本著作《生理学纲要》(1756—1765)中的总结与详述,重新获得整个欧洲的关注与讨论。

　　18 世纪下半叶,继牧羊人、货郎担、商贩、走私贩、朝圣者后,几位学者攀爬在阿尔卑斯山最早的小径上。这些小径又发展出更为密集的网路,成为真正的徒步之所。1762 年无疑是奠定基础的一年：被驱逐出法国的卢梭来到瑞士汝拉公国定居，那里位于塔威山谷（Val de travers）腹地的莫提尔（Môtiers），距离讷夏泰勒（Neufchâtel）不远。1978 年，法国徒步爱好者协会主席亨利·威奥（Henri Viaux）写到：

> 让-雅克是一个先行者。他倡导回归自然，讲述他孤独散步时的所思所想，所感所触。这些真正意义上的徒步让他不但深入塔威山谷的幽暗乔木林，也让他的足迹遍布周围安纳西或尚贝里的山区。他以一种浪漫的方式徒步，做着梦，神思飞扬，唤起人生中愉快或悲伤的记忆，让想象力与双腿一同驰骋。他路过的自然风光于他而言，像在具有感光功能的底片上的显影，时而让他狂喜，时而慰藉他疲劳过度、需要安宁的头脑。哪个徒步者不曾在自己身上看到些"孤独散步者"的影子？尽管在很多方面，此人令人好感缺缺，但他确实称得上步行者长廊里的先驱。

行走确实是卢梭在塔威山谷的首要事务，他承认自己只是一台"流动机器"，从小就有"行走癖"的他早就经受过无数次长时间辛苦行走的考验。16 岁那年，他就来到日内瓦附近的莱蒙湖边，经过洛桑、托侬，后又从安纳西途经仙尼斯峰到达都灵。1730 年 7 月 1 日，他从安纳西步行至托讷（Thône）制高点的拉图尔（la Tour）庄园时，遇到了两位小姐——她们给予了他美好的陪伴，他则还赠与她们樱桃。这段田园诗般的出行被详细记录在《忏悔录》的第四章中。他还在里昂以北的索恩河畔与尚贝里附近的库兹（Couz）瀑布"徒步"，并表达了自己在群山环绕下所体会到的"温柔的恐怖"。在近三年的时间里，塔威山谷曾是卢梭主要的步行区，他时而短途散步，时而高山攀爬，沿阿勒斯河（Areuse）向山顶攀登，从山洞到瀑布，从山谷到高原，探索这个地区的所有层面。在他的忏悔录与通信中，不仅记载了步行在体能和精神上留下的印记，还记录了地理知识，描绘了风景，表达了对自然的热爱和对人的悲观失望，这是第一部现代徒步者的日记。

卢梭"徒步"是因为他与读者分享自己在步行中的感受和由此产生的思想，他同时也分享路途中特别的地理信息，通常是阿尔卑斯山山区的情况，甚至汝拉山的山地情况。诚然，在其他地方也可以徒步，但卢梭是第一位梦想独自在蒙莫朗西（Montmorency）或埃尔芒维尔（d'Ermenonville）散步的人，真的只在山里"徒步"。卢梭在《新爱洛绮丝》里把山地徒步与身体愉悦状态、恢复健康以及高山益处联系在一起。因此圣普在勒瓦莱进行了为期一周的徒步后脱胎换骨，发现了高山徒步的好处：

在高山上，空气清新美妙，呼吸更自由，身体更轻盈，精神更安然；喜悦里少了炽烈，激情也被冲淡，这是所有人的普遍印象，尽管他们不一定都会体察到。在这里，沉思有着一种不为人知的崇高，与令人惊叹的景致相符，沉思变成我不知晓的温柔祥和的满足。看起来，人们往高地走，会将卑下的人间情感留在低处，随着向空灵天际的靠近，灵魂获得了经久不衰的纯净。虽然双脚有时还需承受攀爬的痛苦，灵魂却摆脱了最卑劣的情绪，面向顶峰，升至宁和之境。

在《忏悔录》里，作者说他不喜欢平地行走，而喜欢有坡度的行走，比如穿越陡峭的树林、湍流、高山牧场、沟壑而向上攀升的山间小道，可以让徒步得到升华。

　　我喜欢按自己的意志步行，想停下来就停下来。流动的人生于我是必须的。在一个风景优美的地方，趁着天气好，不慌不忙徒步上路，走完一程后，达到一个令人欣喜的目的：这是所有生活方式中最合我意的一种。至于其他，你们已经知道，我所说风景优美的地方指的是什么。绝不是平原地区，无论它有多美，在我眼里都不算什么。我需要湍流、峭壁、枞树、黑暗的森林、高山、上下崎岖的山路，身旁让我害怕的悬崖。

这类似阿尔卑斯徒步的前奏曲，既让爱好者们"畏惧"，又让他们着迷。

夏慕尼，或攀登阿尔卑斯山？

英国探险家威廉·温德姆（William Windham）在埃及和东方几番游历后，成为第一个攀登并描述位于夏慕尼的勃朗峰北侧冰川的人，他将其命名为"冰海"。1741 年 6 月，依照其日内瓦朋友提供的资料，他与朋友理查·波科克（Richard Pococke）组织了一场探险，直到达蒙坦维尔（Montenvers）。他用导游指南的形式写下第一篇文章：《怎么去夏慕尼》，然后又写了第二篇文章，大获成功。一段非常精准详尽的描写，让读者感受到山地冰川探险的艰辛和未曾见过的特色。温德姆在《夏慕尼纪行（一）》中写到：

我们问了当地农民好多问题，例如在登上高峰后是否可以看到其他风景？他们的回答是肯定的，但大都说登山会十分艰难辛苦。他们说，除了寻找水晶或猎捕麃羊和岩羚羊的人之外，没人会去那里，所有来这里看冰川的外人满足于在下面看看我们已经看到的风景。当地修道院院长，一个和气的老先生向我们道尽礼数后，极力劝阻我们上山。可是，也有些人告诉我们登山是件极容易的事。我们看出来他们是想做我们的向导，可以大赚一笔，我们很快就遂了他们的心愿。因为好奇心占了上风，我们也相信自己的力量和勇气，于是决意上山。我们雇了好几个农夫，有些做向导，有些挑酒水和食物。他们坚信我们没法攀到顶峰，所以还带了烛台与取火的工具，以防我们万一精疲力尽，只能在山里过夜。

为了防止我们中走得最快的人和落在最后的人慌忙赶路，让其他人感到疲惫，我们制定了一个行路规定：不应该有人走在其他人前面，走在队首的人要步履缓慢且有节奏，无论谁感到累了或气喘吁吁时都能要求休息一下，最后，如若走到有水源的地方，我们要喝一点掺了水的酒，然后将空瓶装满水以备下一次停歇饮用。这些预防措施极其有效，如果我们没有遵守这些规则，农夫们的预测就将一语成谶。……在经过4小时3刻钟的艰苦攀爬后，我们终于到达顶峰，欣赏到了不同寻常的景色。在那里，我们可以看到冰川的全貌。我承认难以准确描绘眼前的景象，因为与之前的所见完全是两码事。

次年，即 1742 年，巴黎的地理工程师皮埃尔·马尔戴勒 (Pierre Martel)，按照温德姆的路线与意见登顶，结束勃朗峰险要之地和巨大冰川之旅回来后，他也讲述了一些有趣的"故事"：

> 在攀登的最后阶段，我置身于岩石和顶峰之间，正如所料，这是我呼吸最困难的时候，然而，我最终到达了长期以来梦寐以求的目的地。

奥拉斯·贝内迪克特·德·索叙尔 (Horace Bénédict de Saussure) [1] 记述了自己于 1787 年 8 月 2 日早晨 11 点到达勃朗峰巅的情况，立即在欧洲获得了极大反响。8 月 3 日，他下山抵达夏慕尼，胜利正在等待着他。一鸣惊人的小镇上的一大群居民、从日内瓦赶来的亲朋好友、文人墨客和科学家迎接他凯旋归来，向他致敬。很快，欧洲十几家报纸与小报都为此设置了专栏，刊文宣布这一消息。后来，索绪尔也把这次登山经历写成了《初登勃朗峰》，并刊印成小册子发行，大获成功。在他余生的十几年间，他又把这次冒险经历以各种版本发表。

然而，这并不是人们第一次登顶勃朗峰，一年前，即 1786 年 8 月 8 日，水晶玻璃器皿雕刻工、羚羊捕猎者雅克·巴勒马特 (Jacques Balmat) 和才 30 岁出头的夏慕尼年轻医生米歇尔·加布里埃尔·巴卡尔 (Michel-Gabriel Paccard) 爬上了勃朗峰顶，但这

---

1 奥拉斯-贝内迪克特·德·索绪尔 (1740—1799)，瑞士博物学家、地质学家，一般被认为是现代登山运动的创始人。——译注

次攀登产生的反响只限于拉尔韦山谷地区及其附近。尽管巴勒马特对颇为不屑，只满足于获得的守卫登顶者奖金，并只想着以此招来一批跟他登山的客户，但是巴卡尔对他这种态度有些不满。勃朗峰让他魂牵梦绕，他是学识渊博、充满野心的医生，决计要让世人知晓他的壮举：他已经为讲述自己辉煌成就的书起好了名字——这本书他从未写成——《旧大陆最高峰第一次登顶纪行……》，索绪尔征服欧洲之脊并成为新闻人物的一周后，他对索绪尔进行了公开抵制。

与前者完全不同，索绪尔 1787 年的成功可谓好事多磨，交织着他对勃朗峰的爱与恨。他是日内瓦的显贵，继承了大笔财富。受阿尔布雷希特·冯·哈勒青睐，索绪尔很快便成为著名学者，自 1762 年起,22 岁的索绪尔成为其所在城市的一名哲学教授，撰写了享有盛誉的植物学、显微镜术、冰川学、动物学专著。勃朗峰是他生命的一部分，因为自 1760 年第一次夏慕尼之旅发现勃朗峰后，他每天都在想着它，登顶是他真实研究计划的尾声。勃朗峰万众瞩目，它既是科学研究对象，又是欧洲地理的象征，既是人们竞相追逐的目的地，又是启蒙运动中重要的哲学课题。索绪尔登上山顶的那一步被人们广为议论，就像日后在 20 世纪 60 年代末人们评论尼尔·阿姆斯特朗登上月球那样。

1779 年索绪尔出版的第一卷《阿尔卑斯山纪行》建立了阿尔卑斯地质及地理学科，是阿尔卑斯文学第一部经典作品，有关阿尔卑斯的主题从此登堂入室。这门特殊的学科建立在对岩石、矿石的系统而细致的观察之上，建立在自越来越高的平台上勘察高山结构之上：这位学者陆续攀登了赛莱夫（Salève）、布雷旺（Brévent）、布埃（Buet）、格拉蒙（Grammont），最后登顶勃朗峰。欧洲屋脊的重要性就在于，它是阿尔卑斯山学的终极目标，也是一个男人的终极徒步理想——25 年间，他个人对阿尔卑斯山的喜爱成为欧洲范围内徒步者的共同爱好。如同"登山运动"的诞生，1787 年的成功登顶让阿尔卑斯正式成为徒步天堂，因为在所有人的眼里，这座山集科学的雄心、身体的壮举、山地实践的诞生与高山热爱者的锲而不舍为一体。

在索绪尔描绘他对山顶的最初印象时，留下如下经典语录：

> 到达终点不是戏剧性的一刻；它甚至没有赋予我最初所想象的喜悦；最让我欣慰与激动的是，我的不安在此景此情前骤然消失；因为挣扎爬山的过程如此漫长，成功登顶的艰辛仍然历历在目，刻骨铭心，让我有一种恼火的感觉。当我将白雪覆盖的顶峰踏在脚下时，我的愤怒更甚于喜悦。

在这段充满矛盾的告白中，怒气宣告了 20 年的尝试、行走、失败、研究、梦想与噩梦的终结：倏然间，索绪尔终于征服了让他魂牵梦萦良久、让他如此寝食难安的高山。而这一切居然没有带给他欣喜。在山顶的任务全都完成，在不久下山的路上，他终于有了如释重负之感：4 个小时的时间里，幸亏有搬上"4775 米"（索绪尔在现场最初测定的勃朗峰高度）的仪器，他们做了很多科学实验与勘探测量。仪器是由 20 个人运上来的，其中有 18 个向导曾跟着巴勒马特登顶。

因此，"登山运动员"这个词并不太适合索绪尔：它不能体现索绪尔征服勃朗峰的全部意义及成果。这个词只狭隘地概括了体育方面的成就，而忽视了所付出的时间——几十年而非两天——也不能体现技能的运用和传递、一座山的理论和实践知识、一生的文化投入、多次阿尔卑斯山之旅与费用。18世纪60年代起，索绪尔向能够为他提供登顶路径的人承诺支付一笔可观的奖金。

所以，索绪尔在成功登顶前，早已在周围不同海拔高度的地方环绕考察了好几次。这种环游是获得关于阿尔卑斯山真知的先决条件，同时也开启了阿尔卑斯徒步的开端，开发了后来经典的登山路径：环勃朗峰徒步拉链游（TMB[1]）。两个世纪之后，每年夏天都有几万登山爱好者前来徒步，这是全球最流行的徒步拉链游。索绪尔总共沿这一路线徒步登顶勃朗峰四次，分别在1767年、1774年、1778年与1781年。在1779年至1796年间出版的四卷《阿尔卑斯纪行》中，他用大量篇幅记录下这些登顶经历，此外，他还记录了沿8条不同路线完成的14次部分环游（没有登顶）。

如果索绪尔不是"登山运动员"——因为他不只是登山——应该怎么称呼他呢？他也不是第一位徒步旅行者，这个词也不能完全体现他行走的意义。如果我大胆造词，应该叫他"阿尔卑斯人"[2]。他一生都在做什么？1774年，他攀登格拉蒙山；1776年攀登布埃山，探索在大圣贝尔纳山口附近的瓦勒索莱（Valsorey）冰川；1778年，他在巨人山口顶端进行了17天的观察，在3365米高的地方露营无疑是他最突出的功绩；1789年，他穿越位于采尔马特（Zermatt）的圣·特奥杜勒（Saint Théodule）山口，到达皮佐·比安科（Pizzo Bianco），发明了毛发湿度计、风速表、空

1　环勃朗峰徒步拉链的法语简称。——译注

2　Alpineur，这是作者自造的词的。——译注

气透明度计和蓝度表，用以比较不同海拔高度天空颜色和空气透明度，之后，他又在勃朗峰顶煮水测量不同海拔的沸点。他从未停止研究阿尔卑斯山，他是位"阿尔卑斯山控"。

"阿尔卑斯山控"这个词也可以用在文学领域：比如，奥拉斯-贝内迪克特·德·索绪尔就是阿尔卑斯控，这是因为他描写阿尔卑斯的文字实在出类拔萃。那个时代，高山探险的记叙文体往往不尽如人意，而他是这方面的大师，绝对是登山方面的文学大家，能够精准描述步行的技巧：

> 人们可能会认为攀爬满是积雪的山路很艰辛；如果在雪太软或太硬的情况下，确实如此。但当积雪柔软到双脚能在上面留下痕迹又不会完全陷入其中时，这样的积雪在步行时可以给予双脚更有力的支撑。脚下的雪被踩成鞋的形状，进而成为行走者脚下的支点：这是雪与沙和火山灰的区别。后者让人非常疲累，因为即便在身体在奋力向前时，它们会在脚下溜走。

他还描绘了从山顶尽收眼底的壮阔景象，以下一段与勃朗峰有关：

> 我清清楚楚看到了梦寐以求想了解的所有山峰。我简直不相信自己的眼睛，我觉得自己宛如置身梦中……我贪婪地查看山峰间的关系、它们的结构和联系，此时只需看上一眼就能完全解决多年研究未能得到澄清的问题。

自 1794 年起，索绪尔就瘫痪了，此后将在病魔缠身中度过余生。他回到日内瓦附近的孔什（Conches），住回童年时生活过的乡村别墅。1799 年 1 月 22 日，他在出生的寓所里去世，享年 59 岁，后葬于日内瓦皇家公墓。然而，他关于高山的认知，既科学又实用，既是理论知识也是徒步的学问，赋予了勃朗峰享誉国际的名声：攀登勃朗峰，游览山区从此成为有教养的人关注和热爱的必要活动。

游览阿尔卑斯山：作家们的徒步热

19 世纪，一大批作家成为阿尔卑斯山登山爱好者。比如，忧郁的化身埃蒂安·比维尔·德·赛南库尔（Étienne Pivert de Senancour），他那卢梭式的焦虑来自荒凉的山脉和一片棕绿色的景致，那里流淌着幽暗却充满生机的小溪。他的孤僻让他总是走向更远的僻静之处，安放他的疑惑和不安。他在阿尔卑斯山里徒步，与《奥贝曼》——作者以自己为原型——中那个挫败潦倒、难以慰藉的男主角一样，每次漫游都拖着"凄惨的步调走向羸弱之年"，但他又无法阻止自己步行，因为这样，也只有这样，他才能在自然中生存下来。"我爱自己，但只是自然中的自己，在大自然要求的秩序里的自己……除此之外，我别无他求。"他从瓦勒德拉维尔（Val-de-Travers）徒步回来后，在一封长信里（作者书信体小说的第四章）表示，他想避世于阿尔卑斯的山水间。1799 年，赛南库尔发表了《对人类原始天性的遐想》，1804 年，发表了《奥贝曼》。他的行走是为了科学和身心健康：

他在《奥贝曼》中写到："在那儿，阿尔卑斯山上，人的形态可变但却坚不可摧；他呼吸野外的空气，远离社会的喧嚣；他只属于自己，也属于宇宙；他在崇高的统一中成为真正的自己。"

这些阿尔卑斯的唯美主义者，如同崇高的化身，为绘制山地图形而徒步，把山脉的"全部壮丽都描摹出来"，欧仁·维奥莱-勒-杜克（Eugène Viollet-le-Duc）在他建筑地理方面的著作《漫谈》中如是说。他是永不疲倦的画师兼徒步者，1870 至 1875 年间，在夏慕尼和布雷旺之间，在雷雾诗（les Houches）和波瑠姆山口（Col du Bonhomme）之间，尝试了多条路线，完成了许多山野小径的素描与画作。这种"行走阿尔卑斯山"的认知掀起了一股特殊的旅游风潮，既能养生保健又能观赏壮丽的自然景色。这里也是"大文豪"必游之地，来此地小试笔墨，在神话般的山顶试试锋芒，与其他爱好徒步的作家争锋：歌德、、夏多布里昂、雨果、米什莱、戈蒂耶、都德，还有其他作家都先后来此小试牛刀，发明了一门与行走有关的真正文学体裁。

例如，歌德曾先后三次来到瑞士。1775 年，26 岁的歌德已经是名著《少年维特之烦恼》的作者，他陪同两位来自施托贝尔格（stolberg）的年轻伯爵穿越乌里州与圣戈达山口（Gothard）。1779 年秋，他和魏玛公爵完成了从汝拉山脉到瓦莱与圣戈达山口的旅行。他在 1779 年以连续书信体的形式完成了《瑞士和意大利之旅》。1796 年，他已成为 18 世纪末西方最负盛名的作家，又旧地重游，重走了之前的两条徒步路线。由他口述，陪同他的秘书记下他的所思所感。歌德的语言在阿尔卑斯山中行进时一气呵成，娓娓道来，夹叙夹议，亦静亦动，生动地描绘了高山奇景。他探寻真实别致的风景，对那里的诗意、荒凉的自然、宗教灵性甚至异教情感感同身受，而后者让他感受到高山神圣雄伟的情怀。

那无疑是人们对阿尔卑斯山向往最炽烈、征服欲最旺盛的时期，人们希望攀登它，穿越它，甚至对山间的徒步路线描写都充满了情欲。旅行者、作家、画家、摄影师依他们的幻想来"看"阿尔卑斯山：视它为梦中女神（或女性的一部分）。山顶的线条极具诱惑力，人们借助想象重新勾勒山峰线条，根据山体形态展开联想：比如把少女峰（La Jungfrau）想象成"少女""处女"，该峰的名字就源于山峰北侧的优雅曲线。少女峰终年积雪，好似一位穿着雪白衣裙的修女，纯真无邪，局部披着白纱。敬献给这位处子的因特拉肯（Interlaken）掌握着周围的高山牧场。1822年，考古探险家迪西·鲁尔·罗切特（Désiré Raoul-Rochette）徒步经过这位"阿尔卑斯山的未婚妻"面前，就被她的性感所打动：

> 诗人们给这座高耸入云的山起名"少女峰"，自我陶醉地把她当作一位少女，她闪闪发光的腰带从未被解开，她不可企及的酥胸从未被人类的双手触碰。覆盖在她身上的厚厚积雪是她的童贞的衣裙。

大仲马也曾被少女峰充满肉欲的细条吸引，并在他《瑞士游印象记》（1833年）中写到：

> 至于眼前的这座山峰，我不知道"少女"这个名字是否

为她增添了一分奇特的魅力，但我知道，除了名字的来由，少女之称与高雅纯洁确实名副其实。总之，在这片重峦叠嶂中，在她的兄弟姐妹中，我认为少女峰得到了游客和山民的偏爱。向导带着微笑指给你看少女峰丰满胸口处的两座山峰，地理学家称之为"银顶"，而更为朴实的向导们则称呼它们"乳房"。他们会指给你看位于右侧的芬斯特拉尔霍（Finsteraarhorn）峰—比少女峰更高，还有底部更为宽大的布鲁姆里塞浦峰（La Blümlisalp），但是，向导最后总会回到阿尔卑斯的处子身上，她是群山中的女王。

《日内瓦新闻》年轻的保守派专栏作家、拉丁语和古希腊语专家鲁道夫·陶普菲尔（Rodolphe Toepffer）在日内瓦莫里斯广场附近创立了一座寄宿学校，而他本人就是这所学校极富魅力的校长。1823 年夏天，他带着学生前往阿尔卑斯徒步旅行。以后差不多 20 年间，他会定期带上 15 个年轻学生，还有他的妻子凯蒂去那里，步行一个星期，每天行走 25 公里，夜宿补给充足的客栈。1842 年，在最后一次出行中，他提议环游勃朗峰，"7 天走过 8 个山口：两次弗克拉兹（Forclaz）、巴勒姆（Balme）、伯纳梅（Bonhomme）、福尔（Fours）、拉塞涅（la Seigne）、菲雷（Ferret）、佛奈特（Fenêtre）"。陶普菲尔有一颗教育家的灵魂，他通过集体行走教育学生。每个学生都能在山上与自然、山脉、山民以及其他步行者相遇。

这位校长多才多艺：他会写小剧本，然后让学生演绎；他会为学生编写夏季徒步小报，并做插图。他说："冬夜里，他们特别喜欢我当着他们的面写下并画出这些疯疯癫癫、夹杂着一丝严肃的故事。我真的没想到会获得这样的成功。"陶普菲尔很有天赋：他的徒步纪行扣人心弦、生动活泼、讽刺辛辣，在风景和人物描写上有一种由细微处见真知的技巧；他的绘画很精确，并附有说明，是非常风趣的喜剧小品，可以被看作是漫画的最初底稿。自1832年起，这些有绘图的故事被装订成册，在整个城市里流传开来。

陶普菲尔妙笔生花，比如，在山上集体行走的时候，对于行走队伍的构成，他写到：

有时由于步伐一致，有时因兴趣爱好，有时纯属偶然或者路途上的意外事件。通常，腿脚好、好奇心不太重或不太喜欢嬉闹的人还有就是想比其他人多获得一些休息的人走在前面，走在中间人的步伐缓慢，他们走得没前者快，虽然不会走走停停，但在路上，他们东张西望，吃吃喝喝，喋喋不休。走在这群人的后面要么是先头部队里腿脚受了轻伤的人，要么是奋起直追的落后者。随后是殿后部队，通常是些艺术家、自然主义者、爱闲逛的人、士气低落的人、采摘草莓和蓝莓的人，还有些不知为何落在后面的人，而陶普菲尔先生则在边上手持缰绳，保证跛行的人也不会掉队；最后，在殿后部队后面，还有一两个拖拖拉拉的人，满足于聆听故事，随意停下来休息，走进小教堂参观，或者去泉水边接水，然后才去赶大部队。在不同地方，根据相同的天性，这队人前后有时会绵延1公里长，有时又集结成一列小纵队；这支队伍里有许多人，却只有一个头领。当他看到这些人急行，放慢脚步或自由分散，但同时又如他所愿时，他常常非常享受徒步，很少焦虑不安，因为如果行动步伐没有一定的自由度，谈何愉悦呢？而如果没有一定的统一与集中，又何来秩序和安全呢？

很快，他的声誉已经不再限于日内瓦文学圈。巴黎人也十分赞赏他。圣-伯夫（Sainte-Beuve）在《两个世界杂志》里惊呼他的天分。1884 年，他的作品《蜿蜒之旅》在巴黎出版，标题源自1836 年陶普菲尔讲述去安黛尔诺（Anterne）山口和西克科特（Sixt）地区探险的手抄本副标题《山间蜿蜒的旅行》。该作大获成功后，1854 年再版了《新蜿蜒旅行》，并加了另外一些徒步纪行。这其实是作者的遗著了：陶普菲尔已于 8 年前去世……病魔缠身的陶普菲尔不得不于 1843 年停止他的教学出游。不久，一些法国和瑞士的出版商遴选了他众多游记，结集出版了《勃朗峰环游》，成为阿尔卑斯山文学的经典之作之一。陶普菲尔发展了近似养生保健学的高山徒步理论："徒步在每个人心中留下愉悦感，只有奔跑流汗才能抓住狡兔"，也有类似付诸行动的审美哲学："上路时面对自然，美感骤然而升，这陶醉在美景里的感觉又驱动行为：向长久无人问津的阿尔卑斯行进……"

他同时也是第一位阿尔卑斯旅游发展方面的专栏作者，常常用讽刺的口吻，生动地将高山旅游业余爱好者描绘成"什么也不懂，却仍然惊叹不已的那种人"。

陶普菲尔继续写到："游客在他所见所闻的基础上，产生各种臆想，并借此得到最大的满足。才到图恩（Thoune），他听到人们谈起新地（Terre-neuve）的狗；他将这种狗与圣-贝尔纳狗混为一谈，导游问他是否要买一只，他回答说，'我觉得买上三条新地狗也无妨.'不久，我们在路上碰到了一个体格健壮的汉子，被三条大猎犬压得直不起腰，这狗像伯尔尼熊：这些游客就以为这是人们说的新地狗，他们这才发现刚才与导游的对话有些不妥。雕塑、绘画、全景画商店、新地狗，一切都应有尽有，图恩成为游客们的大集市。"

维克多·雨果也爱步行，他一生都如饥似渴、无法自拔地实践这项活动。他曾三次穿越阿尔卑斯山：1825 年，23 岁的雨果和年轻的妻子阿黛尔在诺蒂尔（Nodier）夫妇的陪伴下第一次穿越阿尔卑斯山；随后的两次分别在 1839 年和 1840 年，他与朱丽叶·杜埃（Juliette Drouet）先经过日内瓦和几个著名景点——其中就包括已经开发山地旅游业的勒利基（Le Rigi），然后经过沙福豪斯（Shaffhouse）向上追溯莱茵河的源头。第一次旅行的游记发表在 1829 年的《巴黎杂志》上，第三次旅行的游记发表在 1841 年的《莱茵河》上。但是要等到 50 年后，才能在《阿尔卑斯和比利牛斯山》这本书里读到他对第二次旅行的印象，这本书还收录了他 1843 年在法国南部山脉的游记。雨果为写旅行日记做了很多功课，文章里既有当时的深刻印象也有为准备旅行事先做的大量阅读功课。他还尽量记下旅行时的路线、看到的刻文、导游指南、客栈菜单、报刊摘录。最后，他也不忘记在旅途中草草记下自己的想法、用到日后文章中的关键词，以及画下各种手绘。回到巴黎，他汇总众多一手材料，写出了阿尔卑斯山文学中内容最丰富的篇章。在《莱茵河》里，雨果借助写给妻子的书信，写下了自己对"行走的缪斯"——他永远的灵感启发者——的颂歌，这些文字可以说是他最生动、最欢快、最具说服力的赞美之一：

您了解我热爱行走。只要有可能步行，也就是说把旅行变成散步，我都不会错过。于我而言，再没有比这种旅游方式更令人向往的了。——走路！——我们属于自己，我们是自由的，我们是欢快的；我们是完整的，不为途中意外、农场的午餐、遮蔽的树木、静思冥想的教堂所累。我们出发，我们停歇，又出发；无所妨碍，无所牵挂。我们前行，我们梦想。梦想在行走中摇曳；做梦掩盖了攀上陡坡的劳累。美丽的景色遮住了长长的山路。我们不是在行走，而是在游荡。每走一步，都会产生一个念头。像蜂群飞出，在脑中嗡嗡作响。很多次，坐在大路边的树荫下，在欢快的泉水边，与水一起涌出的还有欢乐、生命和清新。在满是鸟儿的榆树下，在满是翻晒材料的田野旁，我全身放松，岁月静好，满怀无数梦想，我心存千般温柔梦想，带着怜悯之心看着马车从我眼前经过，像雷电在漩涡里滚过，这快速且耀眼的车里不知坐着哪些慢吞吞、沉闷、倦怠和昏沉欲睡的游客；如同载着乌龟的闪电。哦！这些可怜的人儿，他们常常是有思想、有感情的人，如果他们了解一个富足欢快的步行者可以在荆棘中找到花朵，在乱石间能捡得到珍珠，乘着想象的翅膀在乡下姑娘身上发现美好，那他们会很快抛弃他们的"囚车"，坐在这种车里，和谐的风景也变成噪音，阳光只剩下热量，路途只剩下灰尘。《步行的诗人》(*Musa Pedestris*)[1]。更何况行走的人迎面直击一切。他不仅文思如泉，还时有奇

1　"步行的诗人"一说出自古罗马贺拉斯作品里的一个隐喻，用来描述他诗作朴实的风格。——译注

　　　　　　　　　　　　　　　　　　　行走的历史

遇，就我个人而言，特别愿意有如此奇遇。

杰出的诗人和文学家泰奥菲尔·戈蒂耶是一位旅行者，他长途穿越西班牙、意大利、希腊、阿尔及利亚和埃及。他也喜爱攀爬阿尔卑斯山的陡峭山路——"多少次我步行在艰难的路上……"——喜欢行走带来的痛苦，喜欢最终获得的益处：

> 斯多葛主义者曾是久经考验的健壮汉，他们不承认痛苦，在最残忍的痛苦里，他们会坚持说'痛苦啊，你只是一个名词而已！'我们对阿尔卑斯山也是这个态度，蔑视它，不接受这个事实，把它当作一种纯粹的抽象。让身体听命于精神，让攀登陡峭山路的身体明白灵魂是指挥者，用意念强制自己忘记现时现刻，用甜蜜的回忆来抵御努力的辛苦，像音乐家那样，在主旋律上尽情发挥。两脚在我的生命里扮演着重要的角色。愿两脚是我们的主旋律，引领我们走得更远。

19世纪60年代中期，在阿尔卑斯山之行中，受到比松兄弟在冰川上的奔跑照片启示，戈蒂耶表示自己要把从勃朗峰到马特洪峰（Cervin）攀个遍。然而，事实证明，因为对"可怕的海拔"心有余悸，完成这一壮举遥不可及。不过，他带回来的游记绝对是文中精品：他以画家的才能绘制了"高山风景画卷"，又兼有杰出专栏作家对徒步的生动、多姿多彩、有趣、蜿蜒曲折和高处不胜寒的出色描写。戈蒂耶为"辛苦仰望阿尔卑斯"做出了巨大贡献，这些作品被收录在1869年出版的短文集《星期一的假期：

高山风景画》中。

　　阿尔封斯·都德是《费加罗报》偏爱的专栏作者，他喜爱旅
游，以故乡普罗旺斯为背景创作了很多作品。他创造了神话般人
物——达哈士孔的狒狒，这位"帽子猎人"首领要去围捕阿特拉
斯（Atlas）的狮子。虽然普罗旺斯人可能对这个滑稽可笑的牛皮
大王有点反感，但是当该小说 1872 年出版时，在巴黎大获好评。
都德跟阿尔卑斯没什么关系。有关他高山徒步方面的活动，我们
找不到任何记载，但是，13 年后，都德继第一部作品之后又成功
出版了《阿尔卑斯狒狒》，如同登陆月球一般，以令人惊叹的未
知地域为背景，"达哈士孔的英雄开始了新的探险"。这无疑是当
时阿尔卑斯作为旅游空间，在作家们、欧洲新贵们和第一批导游
踏足之下，已经日渐盛行的佐证。此类滑稽历险的高潮是登顶里
吉峰，瑞士知名的高海拔旅馆迎来一位精疲力竭的"狒狒"，他
绕山转了 6 小时，却瞧不上不到 1 小时就可抵达终点的火车……
这就是此类文字的经典论调，被雨果感叹为阿尔卑斯波浪的"骇
人海洋"，通过闹剧引发喜感：主人公背负沉重的破冰斧、登山
杖、登山眼镜，头顶硕大的针织羊毛风雪帽——据说可以战胜恐
惧，战战兢兢上路了，才踏出一步，斜坡已然变陡。喜剧是征服
阿尔卑斯山的徒步活动的主旋律：如果都德能够通过艰难攀爬陡
峭山路嘲弄他爱夸大其词的主人公，那是因为徒步活动已经成为
有钱人旅游的必修课，作者以这种嘲讽引发了普遍的认同感。

　　这种行进中的阿尔卑斯山的概念还印证了一种特殊的旅游形
式：它同时推崇健康、阿尔卑斯山民俗和自然壮观。眺望白雪皑
皑的山顶、冰川、深渊或阿尔卑斯高山牧场从 19 世纪中叶常常
成为英国年轻贵族或整个欧洲新贵游历的必需项目。勃朗峰处于

这项旅游的中心，但第一批导游把活动和认知范围扩大到了瑞士、德国、提洛尔（Tyrol），多菲内（Dauphiné），莱蒙、萨瓦和意大利的湖区。瑞士乔安纳导游指南称徒步在旅行中占重要且必须的地位，该指南在 1841 年就有专门讨论阿尔卑斯山的章节。阿道夫·乔安纳是法治记者和英国事务专家，同时也是旅行者和徒步者，于 1843 年创立了《插画》杂志，1841 年，此人发表了第一本《瑞士路线历史指南图》。该书获得的巨大成功让乔安纳于 1852 年放弃了《插画》杂志的合伙人工作，在阿歇特出版社创办了名为"乔安纳导游"系列，该系列装帧精美，详细介绍交通、驿站和行走路线、途经地的历史、实用导游信息及地图。有关苏格兰、德国北部、德国南部、巴黎周边地区，里昂及所在大区的导游指南于 19 世纪 50 年代出版，其中有些内容出自年轻的地理学家埃利捷·勒库斯（Elisée Reclus）之笔。重新修订的第二版于 1863 年面世，增加了瑞士导游部分，接着，又有了 1865 年的第三版，内容更加全面，其中有一卷专门介绍位于阿尔卑斯山区的多菲内及其特殊风貌。

　　阿道夫·乔安纳是徒步爱好者，也想鼓励他的读者走上这条路。于是，第一位用德语撰写游记的卡尔·巴德克（Karl Baedeker）和第一位用英语撰写游记的约翰·穆雷（John Murray）也加入其中。他们三个人，肩背包，手执杖，对众多阿尔卑斯徒步线路了如指掌，并将之一一细致描述出来，他们不仅成就了"旅游"这个称谓，也提供了最初的路线、道路、休栖所，还对出行费用提出建议，减少游客对未知的焦虑。乔安纳在他的各类导游指南中都会安排一个"徒步旅行"的章节，提供诸多实用资讯，帮助旅行者顺利前行，他将其称为"对步行者的建议"。

　　为了能够轻松步行，享受途中美景，科学徒步非常重要。正如所有的运动必须经过足够的准备和训练，才能练就超强的耐力，对抗疲劳，对不习惯行走的人也一样：没有完全休息好，就绝不要重新上路。

　　早晨出发前，不要洗脸（晚上洗），用西蒙雪花膏或绵羊油涂脚；脸上擦少许米粉。尤其要在山上采取稍微弯腰的姿势，像山里人走路一样。不要空着肚子上路，只需吃一份不含兴奋物质的轻食：纯咖啡，酒精等；不要在路途上禁食，相反，要尽量多补充能量，每次只吃一点点。

　　早晨要很早出发，哪怕到中午时分可以放慢速度，甚至打个盹儿。

　　按同一节奏缓慢上坡。每小时休息10分钟，或者在一天徒步即将结束的时候，每行走30分钟休息5分钟。这样，关节就不会变僵硬。

　　走完上坡路、攀登完山顶或抵达山口，在避风处可以饱餐一顿：热茶、一点冷肉：烤肉、大量含糖食品、果酱、果泥（尽可能避免让人吃了会经常不舒服的罐头食品）。

　　在很累的情况下，只有在一天结束的时候，可以用可乐果：一定要保证可乐果萃取物的新鲜：准备不当，会中毒。埃盖勒（Heckel）医生建议的可乐果饼干对攀登阿尔卑斯山者而言堪称福音，可做备用干粮，既轻巧又充满能量。

　　下山时不要一冲到底不休息：否则会引起第二天过度疲劳，无法重新启程。

除了带上双筒小望远镜，带测斜仪的指南针、吊带温度计、测高气压计也会很有用。

到达目的地后，用温水洗浴。可以在温水和甜酒的混合液中泡脚。如果晚饭后即睡就不要吃太多。如果脚上起泡又没破的话，用冷水浸泡然后敷上甜酒可以让水泡很快干瘪。如果已经破了，就要用硼酸水洗涤，正确的水疗方法可以避免炎症。

1919 年，阿谢特出版社把乔安纳旅行指南改成著名的蓝色导游丛书系列，这些随着山地行走逐渐发展的徒步建议仍然保留在关于阿尔卑斯山的章节里。

英国版阿尔卑斯山游

山间行走锻炼了身体，让旅游者成为徒步者。此外,19 世纪中叶以后，还出现了一个特殊名词：阿尔卑斯攀登者。这个词早期的作用与指意含混不清：到底是指高山徒步者还是攀岩爱好者，还是一种合指：既可指"攀登"山间小径，也可指"攀登"冰川和岩壁？这也是著名登山家爱德华·温珀（Edward Whymper）的观点，他征服了马特洪峰，并著有登山文学经典之作《阿尔卑斯攀岩》。英语中的 scramble 其实并非法语里"攀岩"的意思，而是"攀登"的意思。温珀用这个特别的词指代他的爱好，讲述了他是如何于 1860 年在一次徒步游中开始阿尔卑斯之行——该旅行从采尔马特山口穿越到夏慕尼山口——然后从布里昂松到达格勒诺布尔的。"攀登"这个词对他来说，介于游历和攀升之间。

　　第二天早晨，在去法国的途中，我经过几个小湖—它们是波河（意大利最长的一条河流）的源头。在狂风暴雨中，因为没有听懂给我指对方向的几个农民的土话，我走岔了路，走到了维佐峰（Viso）的陡峭山岩下。在将维佐峰山峰与东边山峦连在一起的山顶上，有一块角碛岩，这让我萌生了攀爬的念头。我手脚并用紧紧扒住并爬过非常坚硬的雪峰才最终到达目的地。一路上的风景无与伦比，对我来说，这就是绝无仅有的。在北面，我看不到一点点雾，而且吹来的强劲北风让我两腿瑟瑟发抖。然而，在意大利这边，山谷里满是厚厚的云层，风吹过的地方，云层像桌面般平整，山峰矗立在云际之上。很快，我下山来到阿布列（Abriès），然后途经吉勒（Guil）峡谷到蒙多樊（Mont-Dauphin）。第二天，我来到位于瓦鲁伊斯（Vallouise）和迪朗斯（Durance）河谷的交界处的贝赛（Bessée），对面是佩尔武峰（Pelvoux）。晚上，我在布里昂松过夜，打算第二天早上乘坐邮车去格勒诺布尔，可是，车票已于几天前售罄，我只好下午 2 点启程，步行 111 公里。天气又变得恶劣了。到达洛塔雷（Lautaret）山口时，我不得不在那里找个破旧的小收容所躲起来。这地方满是来避雨的修路工人，他们的湿衣服散发出极其难闻的气味。这室内的气味比坏天气更让我难受。户外，确实不让人愉悦，但景色壮观；屋内却是既让人不悦又寒酸的场景。我继续在倾盆大雨中赶路，尽管四周一片漆黑，我还是走到了下面的格拉维村（Grave），旅店老板竭力把我留下。这对我来说是一件幸事，因为晚上岩石块从山上掉下来，在碎石路上砸出很多大洞。

我第二天早上 5 点半又重新上路，在风雨中，到达勒不罗伊斯（Le Bourg-d' Oisans），然后在晚上 7 点后终于到达格勒诺布尔，从布里昂松到格勒诺布尔一共走了整整 18 个小时。我 1860 年的阿尔卑斯山之行就此结束，这次旅行让我第一次感受了高峰体验，从此点燃了我攀登的热情，在以后的章节里我还会继续展开这个话题。

看到这篇游记，我们会发现当事人很辛苦但也很开心。机缘巧合促成了攀登维佐峰山峰和佩尔武峰，这并非有备而来的攀登，而是寻求更开阔视野的偶然攀爬。当事人将大部分精力和时间都用于在陡峭的地方徒步，从阿尔卑斯的一个市镇向另一个市镇行进。

在征服阿尔卑斯山的先驱中，还有更依仗步行的人，如探索从夏慕尼到采尔马特间"高地"的先驱们。这种徒步是 20 世纪穿越阿尔卑斯山的长途耐力赛的鼻祖——滑雪是比赛的主要方式。1842 年，英国学者詹姆士·大卫·富尔贝（James David Forbes）步行穿越了这两个阿尔卑斯山重镇，他经过了一连串险恶的山口——海拔 3000 米以上，而且没有崖壁可攀依。1894 年，另一为英国登山爱好者马丁·科维（Martin Conway）爵士第一次从尼斯以北的唐德谷（Tende），经过夏慕尼，到达奥地利的提洛尔，穿越了整个阿尔卑斯，就像经过训练的徒步者一样。

英国人发明了阿尔卑斯运动，至少将阿尔卑斯视为"欧洲的游乐天地"。这来自另一位英国阿尔卑斯先驱莱斯利·斯蒂芬

(Leslie Stephen) 爵士的说法。他的说法涵盖了所有翻越顶峰的方法，徒步直到山口与攀岩主要顶峰。这些探险者不仅通过他们的实践，更通过他们的笔墨创立了这些活动：最早的阿尔卑斯文学主要源于英国，19世纪下半叶出现了许多关于行走的主题。从这个角度看，阿尔卑斯探险在英国流行开来，阿尔伯特·史密斯（Albert Smith）为此做出了巨大贡献，胜过其他任何步行者。通常情况下，这些徒步者是学者、文人、律师、牧师，甚至是印度军队的军官。只有温珀不属此列，却成为社会学的特例。他开始自行组织第一次阿尔卑斯旅行时，正在学习雕刻和插画。艾尔伯特·史密斯是《重锤》画报的记者，是阿尔卑斯游历和征服勃朗峰的普及者。童年时期，他便对一本名为《夏慕尼农民》的畅销小说印象深刻，并于1838年第一次游历了勃朗峰地区，那一年，他22岁。10年后，他以记者的身份再次回到阿尔卑斯山，并于1851年成功登顶。回到伦敦后，他先在发行量不菲的插画报纸《重锤》上发表了他的探险经历，然后，决定把经历搬上舞台，创作一幕当时在伦敦和巴黎十分流行的"仙境"剧。他租了埃及大厅，外加灯光与奇妙灯笼，人物身着瑞士风情服饰，还有圣贝尔纳狗与一对羚羊，山地布景令人印象深刻，以击鼓模拟的隆隆雪崩声。攀登勃朗峰惊心动魄的场面吸引了大批观众，从王室到民众：第一季观众接近20万人。1852年至1857年间，艾尔伯特·史密斯又排演了2000场次。此外，他还出了书（《摩登勃朗峰》），编了游戏（勃朗峰攀登新游戏），召开了投影研讨会，举办了圣贝尔纳狗展览。1860年他离世时，每个英国人都知道勃朗峰，无疑也想有朝一日前往这既美妙又可怕的地方。无论如何，这是对充满异国风情的探险的集体愿望的体现。从此，英国徒步旅游者成为阿尔卑斯典型人物之一，正如多泊费（Teopffer）在他的一篇攀登游记中不无幽默地写到：

> 我们在高山小屋的餐桌上遇到了一些英国人，有的只会说不，另一些则只会说对。前者保持尊严和爱国的缄默，穿越大陆，或者只在回答"不"（no）时才打破沉默。与之相反，后者则是在必要时打招呼、聊天、询问问题或做出回答，不怕因自己和蔼的态度而被人误当成法国人。

另一位热爱阿尔卑斯的英国人则有所不同。他既不是旅游者也不是戏剧家，而是一位作家兼画家，这就是约翰·路斯金(John Ruskin)。他是诗人、艺术家、艺术评论家、科学家及英国经济学家。自 14 岁那年第一次去夏慕尼旅行起，就爱上了那里，在他有生之年里，曾先后 20 多次前往夏慕尼，他将艺术和自然思考的核心围绕在矗立于阿尔卑斯山脉中的勃朗峰之上，他认为阿尔卑斯山如同"大地的大教堂"，而勃朗峰则体现了情感的壮美。对于许多英国人和一些欧洲人来说，他是"阿尔卑斯山的先知"，是欣赏山河壮丽的引领者：比如，马赛尔·普鲁斯特曾为了翻译他的文稿而学习英语。路斯金在夏慕尼完成了无数作品——素描、水彩画、银版摄影作品，以及各种文体的文章，从诗歌到哲学思考，从游记到地质纪录。其作品很少被翻译成法语，但在英语国家却影响深远：路斯金于 1900 年去世，普鲁斯特称其为"有品位的教师"。正是通过他的观察，他的敏锐把握和他的文字，英国人看到了阿尔卑斯山脉，感受到了对山的热爱。

"自 1860 年至 1870 年，阿尔卑斯群山纷纷被征服"，英国阿尔卑斯历史学家弗朗西斯·金利里塞德（Francis Kyleenlyside）如是写到。在 19 世纪下半叶的欧洲，以英国探险家为主导的阿尔卑斯探索深入开展，关于阿尔卑斯山的文学作品广泛流传，成为两个引人注目的现象。阿尔卑斯山区和殖民地是两个理想的冒险领域。仅 1855 年夏，人们 16 次登顶勃朗峰。爱德华·温珀在 1864 至 1865 年间，征服了巴尔德塞克兰峰（barre des Écrins）、大若拉斯山（les Grandes Jorasses）、绿针峰（l'Aiguille verte）与马特洪峰，巴灵顿（Barrington）于 1858 年登上了艾格峰（Eiger），廷德尔（Tyndall）于 1861 年征服了魏斯峰（Weisshorn），肯尼迪于 1862 年征服了白牙峰（Dent blanche），斯蒂芬于 1864 年征服了齐纳尔洛特诸峰（Rothorn de Zinal）。1885 年，阿尔卑斯山脉中所有的高峰都被降服，阿尔卑斯英雄时代就此终结，报纸刊发的冒险史诗故事以及著作为这一时代画了上句号，它们是阿尔卑斯文学的重要开上之作，其中包括阿尔弗雷德·维尔斯（Alfred Wills）（1856 年）的《阿尔卑斯高山游历》，威廉·马丁·孔威特（William Martin Conwat）（1895 年）的《穿越阿尔卑斯山》。最后一篇获得美誉的重要作品是杰弗里·温斯洛普·扬（Geoffrey Winthrop Young）于 1926 年发表的杰作《我的阿尔卑斯历险》。

行走者的解放：阿尔卑斯人是直立行走还是爬行？

英国人于 1857 年建立登山俱乐部的同时，也在整个欧洲掀起了一场运动。继奥地利（1862 年）、瑞士（1863 年）、意大利

（1863 年）、德国（1869 年）成立登山俱乐部后，法国的登山俱乐部也于 1874 年 4 月 2 日问世。法国登山俱乐部的诞生与体操协会、射击协会、自行车协会、田径运动协会的成立，以及提倡更健康、矫捷、善于运动、强身健体恰好处于同一时期。该俱乐部很快成为代表其成员管理法国登山运动、修改制定规则的合法组织，其成员从最初的几百名壮大到后来的上千名，都是阿尔卑斯登山爱好者。从 20 世纪 80 年代开始的历史研究看，该协会吸收的成员毫无悬念会是这样一批人：首先是一部分社会精英、贵族和有产阶级、律师、世家子弟、巴黎综合工科学校学生、大企业家、有声望的商人、教授学者、文人与记者。他们都认同探险的高雅文化，追求崇高的阿尔卑斯精神以及通过努力实现超越的登山精神。

然而，一个疑问始终存在：阿尔卑斯人还是最初征服巅峰的英雄时代的步行者吗？似乎很快就有了确定的答案：得益于文章、图片以及记叙而广泛传播的辉煌成就和特殊技术，阿尔卑斯人锁定了越来越难到达的山峰。由此，攀登者和徒步旅行者开始逐渐分离，他们之间的区别越来越大。直至阿尔卑斯徒步的产生，它与攀岩和高山攀爬在伦理、社会学、技术和体能方面形成了根本区别。基于这种分裂，地理学家埃利捷·勒库斯在《一座山的历史》（1880 年）中，描述了山中的文明人因在两种嗜好和两种付出摇摆不定，身份也在"攀登者"和"散步者"之间徘徊。两种冲动的矛盾日渐突出。一方坚持做"真正的阿尔卑斯山登山者"，另一方是"纯阿尔卑斯山主义"者——不走山路竖直攀爬崖壁直至顶峰。此外，根据博学的约翰·格朗-卡特雷（John Grand-Carteret）所言——此人于 1904 年完成了《穿越时代的大山》，这两类人分别是"山口的阿尔卑斯山人"和"满足于半山腰的圣贤之人"。这种分离也涵盖了进入山区的人所秉持的不同社会理念：贵族倾向的精英派包揽山顶，而走在"布满奶牛的山"道上的普通民众，没有野心，只求看到容易到达的地区的美景，强健体魄。

下面，请看法国登山俱乐部接触成员、在多菲内地区旅游社团历任主席和副主席的亨利·费朗（Henri Ferrand）于 1904 年 1 月 14 日在格勒诺布尔举办的旅游社团研讨会上的发言。他为这项嗜好编撰了数千页的文稿，将"阿尔卑斯迷"确切地称之为"草根登山运动"，这也是他这篇发言的题目。

山区徒步首先是一些专家学者、植物学家、地质学家与矿物学家必要的工作方式，他们可以借此接触到研究对象，通过山间徒步开启阿尔卑斯博物学。后来，人们又发现可以在山间欣赏高度概括我们审美趣味的截然不同的景色。浪漫主义时代，游客们手拿铅笔和画册游遍阿尔卑斯，气势磅礴地记录下他们对大自然的仰慕。这些文人将山脉带给他们的震撼记忆记录了下来：他们认为下山后自己会变得更加健康有力。山的健硕仿佛融也进了他们体内。医生和卫生专家极力提倡山间步行，认为这是抵御办公室空气不流通和长时间久坐引起的机体紊乱的最佳良方。今天，登山运动有一项新的崇高使命：成为大众活动！因为对于只在星期天的咖啡馆里小憩的劳动者而言，这会损害他们的健康，让他们浪费金钱，在那儿抽烟也会让他们的身体变得更糟糕，也就是说要对这些劳动者宣传大众登山运动，今后这些劳动者应该来山间徒步。叫这些对阿尔卑斯山一无所知的人们欣赏它的神奇壮美，让他们的家人感受这种强大的健康情绪，当他们在山中行走时，可以理解并享受山中优美的风景散发出的无穷魅力。大众化登山运动绝不应导向那些花费过高、路途太远的山间线路，也不要让他们被精疲力尽的艰险攀岩吓退，因为那不是属于他们的地方。不过在如此美妙的世界里，工人们踏遍森林与高山牧场，在夏季神秘多变的冰川前，广阔壮美的景色总是能抖擞精神，强健体魄。

上述大众登山理论最初被称为高山徒步，从此被远足者奉为圭臬。

此后，这些人遭到阿尔卑斯高山活动者的鄙视和排斥，于是索性脱离攀爬者队伍，也脱逐渐离了法国登山俱乐部。这些"餐风"者另外抱团，另起炉灶，集聚到其他协会，例如，仅格勒诺布尔一地就出现了成立于 1875 年的多菲内旅游会社、阿尔卑斯行走健美会社（1890 年）、多菲内山地人俱乐部（1907 年）、钢铁健足（1912 年）等多个社团，此外，于 1914 年成立的登山俱乐部在多菲内尔附近的山区有 1000 多名会员。

多菲内步行俱乐部如雨后春笋般纷纷出现，第一次世界大战前夕，行走和游历的计划层出不穷。比如，《法国环行俱乐部》杂志 1914 年 3 月宣布在阿尔卑斯山建立了三个早期集体露营地，分别在圣-皮埃尔-沙特鲁斯（Saint-Pierre-Chartreuse）、科特雷（Cauterets）和尚邦（Chambon）湖附近，并在"资深游历员"带领下完成安排紧凑的山间游历项目。读罢文章，人们会认为这是在海拔 2000 多米的露营地高强度徒步，而非悠闲的高山度假。

原本计划1914年前后建成的科特雷露营地最终于1921年正式完成。每年这个"气候适宜的度假露营地"都会接待来自法国各地的年轻人，他们的父母通常就是法国环行俱乐部的成员，他们将阿尔卑斯徒步付诸实践。同样，帮助人们在阿尔卑斯山脉更好地辨别方向的徒步导游和路线描述手册也层出不穷。

于是，1925年至1927年间，法国环行俱乐部出版了三卷《法国阿尔卑斯路线书》，内付"路径指南和山坡介绍"。这部指南分成萨瓦、多菲内、普罗旺斯三部分，赋予自行车道、汽车道和徒步路径同等的重视。比如，在萨瓦那册中，有一整章的"徒步游客须知"，鼓励大家去山间探路："走上骡马走的山间小道，游客有各种各样的路径选择。各年龄段的人都可以在这里步行游，因为一路上有很多小旅馆。"

这部指南详尽介绍了从沙布莱（Chablais）到瓦娜色（Vanoise）的整个徒步路径，甚至包括几处断开的线路，基本与后人借助第五徒步大路线GR5穿越阿尔卑斯的路径一模一样："从迪克特（Dixt）穿过安黛尔诺和布雷旺山口到达夏慕尼（11个小时）；"从夏慕尼到孔塔米讷（Contamines）（4个小时）"；"从孔塔米讷通过波瑙姆山口到达夏皮厄（Chapieux）（6小时）"；从"波瑙姆到罗斯兰德（6小时）"；从瓦娜色山口的高山旅店费利克斯-福尔（Félix-Faure）到普拉洛尼昂（Pralognan）（3小时）；"从普拉洛尼昂经过查维埃（Chavière）山口到莫达纳（Modane）（8小时30分钟）。"信息简明但实用："名副其实的骡马走的山间小道"，"沿安特内尔（塞尔沃兹）山口和布雷旺（普朗普拉兹）山口下山途中的旅舍"，会让人们觉得不久前徒步导游人员曾试走过这些路：

没有现成的路通向查维埃山口（2796 米）。在经过普朗-科鲁尔（Plan-Colour）后就没有路了，我们顺着一条堆满落石与冰晶、长满野草的山坡上攀上了山口。途中遇到了一间木屋，是波勒塞-佩克莱地区（Polset-Péclet）的一家徒步机构。在下山路上，我们经过不少峭壁与草地，一直到波勒塞木屋，一条不太好走的骡马路从那里延伸，通往莫达纳镇。

阿尔卑斯环行俱乐部也是第一个在山路上做标示的机构，比如，在萨瓦地区，在从安黛尔诺到查维埃这段路上的主要山口的上下坡路上，每隔一段路都插有标明距离山顶的公里数的小木棍。这个俱乐部率先进行了标示路径的实践，虽然简陋，但在1940 年已有将近 9000 个标示牌被安插在某些重要路线上，如环勃朗峰路线、斯科特-莫达纳路线、查尔特勒（Chartreuse）中央高原路线以及穿越科尔维尔高山区的路线，成为日后阿尔卑斯经典徒步运动标识系统的雏形。

最后，阿尔卑斯山徒步首次成为国家公共事务的重要内容。因此，维希政府极力提倡徒步，赞颂阿尔卑斯山神话，以便在推动崇尚自然的同时培育、管理年轻一代。正如帕斯卡·奥赫里（Pascal Orly）说的那样：

在登山方面，法国政府做出的努力始终没有中断，人民阵线时期、维希政府时期、二战胜利后，皆是如此。法国各届政府对此目标相同：国家层面的组织教育以及出于对高山、国民身体与初露头角的年轻人的综合考量。

维希政府确实支持山地运动政策，意在宣传阿尔卑斯山的积极和雄伟的形象，加之该政府也着实注重阿尔卑斯的修整布局。历史学家爱丽丝·塔韦尔（Alice Travers）将其称之为"寓教于山"。成立于1940年的国民教育和体育总局由戴维斯杯冠军之一的让·博罗塔（Jean Borotra）领导，著名登山家、登山俱乐部负责人亨利·德·赛高涅（Henry de Segogne）主持的旅游咨询委员会则是滑雪运动发展不可否认的先锋，在上述两个机构的推动下，国民教育和体育总局开始了建立滑雪站的雄伟计划，同时还修建了山间小屋、民宿，规划了徒步线路。该局负责修葺和整治通往新建成的山间小屋的小径、"区间小路"以及由东向西或贯穿法国阿尔卑斯山的"高地山路"。

国民教育和体育委员会的成员杰拉尔·布朗谢尔（Gérard Blachère）是这样说的："诚然，与修建滑雪场相比，从财政上来看，徒步运动并不是一项大工程，却非常有意义，因为这是法国第一次对该项活动提供正式财政补贴。"亨利·德·赛高涅从中捕捉到一个强烈的信号，于是在1941年8月25号召开的讨论山间配套设施的会议上指出：

　　一方面，山里的客栈和民宿有可能起到推动工人阶级休闲娱乐和教育年轻一代的作用。另一方面，他们必须标记阿尔卑斯高山路线，因为在高高的山路上行走一个或两个星期是一种有益的锻炼。如果要让大众进入高山，享受高山给予的体力和精神力量，就要完成服务大众的配套工程，诸如大众旅馆、高山娱乐及青年运动中心、高山路线和山间小径。

在德军占领期间，为倡导这种阿尔卑斯徒步理念，人们拍摄了几部影片，例如，1941年底，在国民教育和体育委员会的资助下，乔治·雷尼埃（George Régnier）在尼斯以北的阿尔卑斯山拍摄了一部名为《山上的年轻人》的电影，片长25分钟，片中山路上的年轻人不断重复着"法国向前进"的口号。其主要情节展现了一个年轻基地的"体操训练场景"的细节，以及在陡峭山路上的赛跑和徒步。实际上，这部电影展示了青年山地运动组织的各项活动，得到了维希政府资助与鼓励。该组织在阿尔卑斯山上有50多个小组，每个小组有24名青年成员，一组住一幢木屋中，尤其是在洛塔雷附近、在吉珊（Guisanne）山谷中、在斯科特、夏慕尼或更南部的滨海阿尔卑斯地区。他们主要的活动是滑翔、高山攀登、徒步运动，参与山间小屋与民宿的修建，以及"山间路径的标示"工作。近3500名青年在这些高山营地受训，其中包括阿尔卑斯山未来的攀登和法国滑雪运动的佼佼者：里奥内尔·戴雷（Lionel Terray）、路易·拉什那勒（Louis Lachenal）、加斯东·赫布法（Gaston Rebuffat）、马赛尔·波宗（Marcel Bozon）、奥纳尔·伯纳（Honoré Bonnet）……亨利·德·赛高涅力赞这种锻炼身心的训练：

> 阿尔卑斯旅游是教育年轻人最恰当的方式。通过在高山中的高强度、长时间用力攀爬锻炼了身体；借助精力、意志，尤其是冒险精神以及面对危险无所畏惧的态度，培育灵魂。

然而，维希政府很快在政治上节节溃败，没有足够的资源和持续的力量来实施阿尔卑斯山地运动这项雄心勃勃的政策。

穿越阿尔卑斯山

第二次世界大战结束后，山地旅游和山地运动政策再次兴起。不久之后，在圣·金戈夫（Saint-Gingolph）、雷蒙湖、尼斯、地中海沿岸以及勃朗峰环游路线上都出现了红白条纹标识。这一切要归功于罗杰·博蒙（Roger Beaumont），20 世纪 30 年代的时候，他是一家青年旅舍的经理，也是巴黎"徒步"商店——该店专营露营和旅游产品——的创始人，他也是旅游和路线指南作者。自 1947 年起，他还担任了"全国山地徒步委员会"的技术委员长，主持制定标示新的山路，并策划相关的导游工作。1952年 10 月，他在《巴黎—夏慕尼》杂志上发表的文章《五号大徒步路线[1]》中写到："在穿越阿尔卑斯山的最初的一周里，需要借道五号大徒步路线（GR5），从雷蒙湖到达夏慕尼，这是一条景观非常壮丽的线路。"

但是何为 GR 徒步路径呢？博蒙继续写到。对此一无所知的朋友们，我会如此定义这个有一天他们肯定会用到的绝妙旅游工具：一条大徒步路线首先是为徒步旅游者设立的，是一条精挑细选的路径，可以让旅游者看到一个地区的主要景观，因此不要跟小范围内的散步路线混淆。红白标识是整

1　为徒步者借用的徒步路线，称 GR5，经过荷兰、比利时、卢森堡、瑞士和法国。——译注

个阿尔卑斯山环线的统一标识，也是整个法国的统一标识。不过，请记住，从今往后，在这条大徒步路线上还有我们带来的好心情、对周遭事物的好奇以及某种自由自主的感觉，这些感觉在如今的都市生活中正日渐消失。

在一些山地刊物里，我们可以找到关于阿尔卑斯山的线路描述，如果把这些信息串联起来，就可以整理出环阿尔卑斯山的全部徒步线路。例如，在以让·苏斯（Jean Susse）于1942年至1948年间出版的旅游和露营的年度指南中，就有大量徒步路径的资讯。不过，直到1949年5月，人们才在《露营》杂志上第一次看到从依云到尼斯的27天日程安排。这是西蒙娜和勒内·沙莫华夫妇带着他们4个孩子（8—17岁）于1974年夏天完成的线路。不过，他们开车完成了将近三分之一的路程，约150多公里。这段从依云到尼斯的路程未能实现徒步。

1950年夏，《露营》杂志的定期编辑、徒步者路西·皮埃尔-让（Lucie Pierre-Jean）完成了阿尔卑斯山南北环游，1951年3月到6月间他在杂志上进行了四期报道。这并非完整的路线，因为有些路段基本无人问津，好几座山口难以攀登，一些地区完全无人涉足，特别是瓦娜色的大部分地区、瓦桑、布里昂松地区以及于拜埃河（Ubye）的一些山谷，从阿邦当斯（Abondance）到莫尔济讷（Morzine），从圣莫里斯堡（Bourg Saint-Maurice）到第涅（Tignes），从莫达纳到布里昂松，巴尔瑟洛内特（Barcelonnette）周围，从索皮尔（Sospel）到尼斯，徒步者坐车前行，约占总路程的三分之一。其余的徒步路线则是第一次得到非常细致的描写，尽管描写时断时续。《露营》杂志宣称："这是在我们国家可以完成的最好的徒步路线之一",并补充说:"这是很多露营徒步者梦寐以求的伟大旅行"。但杂志也承认:"一个徒步者,不管他如何坚韧不拔,都很难徒步从北到南穿越阿尔卑斯山"。路西·皮埃尔·让总结说,从"目前面临的困难"看,沿着这样的山路连续行走这么长时间,在很大程度上依然无法实现:

> 尽管总体而言只是中等难度的行走,尤其还碰上好天气,我们还是在山里"侦查"了一番才制定出恰如其分的徒步计划。当然在行程里,还有些空白,这是因为我们拥有大量详尽可靠的资料来源,反而导致我们的徒步与汇总都缺乏清晰与简洁,有时还会与步行者的能力和路途的难度不符。

结论是毋庸置疑的:阿尔卑斯山环游是一条传统的山地徒步路线,有必要被标记,并将各段路程连接成一个有机整体。这是长期以来只有少数社会精英阶层才能涉足的领域,是难以实现的梦想:步行穿越阿尔卑斯全程 650 公里,从雷蒙湖到尼斯,从一个山口走向下一个山口,历时一个月。这个梦想于 1948 年有了名字,至少拥有了一个代号。全国大徒步路线委员会决定命名这条环路为"五号大徒步路线",即 GR5。

1950 年 6 月 14 日,在尼斯城区地势较高的圣-莫里斯(Saint-Maurice)街区的亨利-杜南(Henri-Dunant)大道路口举办了"GR5 最南端路界"剪彩仪式,竖起了带有"五号大徒步路线由此出发"字样的木牌。这是阿尔卑斯环游路线上的第一个红白指向标记。尼斯旅游事业联合会会长为此主持的了一个小型仪式做纪念。仪式正式确立了 GR5 路线的前 154 公里的路程,于

1949 年夏完成标注，从尼斯到位于拉尔克（Larche）以北的加瓦勒海峡（Pas de la Cavale），相当于 6—8 天的徒步行程。因此说，阿尔卑斯环线始于南部。

北部和中段的线路由尚贝里全国大徒步路线委员会代表马克·德·思塞勒（Marc de Seyssel）亲自走过并加以标记。1950 至1952 年间，思塞勒前后三次负责标记 GR5 路线上三处重要通道，从安黛尔诺山口到波瑠姆山口，然后是沙布莱地段，最后是博福坦地区。马克·德·思塞勒出生于萨瓦地区的古老贵族之家，他的祖先亨利·德·思塞勒伯爵和马克伯爵一样，既是博学的历史学家也是冒险徒步者，都走过这条路。1950 年夏，他决定参与到阿尔卑斯山徒步之中。7 月 12 日，他知会了徒步委员会自己工作的进度：

> 尽管气候恶劣，加之新降大雪，法国登山俱乐部和法国尚贝里露营环游俱乐部的同志们还是出色完成了从波瑠姆山口到拉塞涅山口的标记工作。方向标记被固定在指定的地点，在峡谷圣母院（Notre-Dame-de-la-Gorge），标记被钉在一棵树上，在夏皮厄和冰川城，标记则被钻在铁柱上。虽然冰雪未融，我们也完成了分段标记。标记使用的四公斤红色和白色油漆是尚贝里库迪里耶（Coudurier）药品杂货店免费提供的。

思塞勒收到蒙塔吉斯（Montargis）珐琅公司提供的几十个分段标记，他将这些标记都用在重要路段，与自己制作的简陋红白色木头标记轮流使用。在一篇自传式文章中，他重温为 GR5 线路做标识的时光：

> 我们得相信，相信萨瓦山路上徒步拉链会获得成功，上述道路日后将成为所有名副其实的徒步拉链者都会尝试的经典传统线路。我们用刷子涂上红漆白漆来路标，一个登山俱乐部负责人责备我说"这些油漆画的小线条弄脏了大山"……可是这小小线条对异乡徒步者而言是多么重要，这可是他们的阿丽亚娜线团[1]啊！

思塞勒喜欢这双色标识，他常常为之辩护，甚至为它代言。1954 年，在一篇刊登在《露天环游》杂志的文章里，他试图进一步说明双色标识的特别之处：

> 大徒步拉链路线是从现有复杂路径网中挑选出来的主要干道，与范围狭小的散步路线不同，它是一条真正的长路线，可以帮助人们探索这一地区，所以，必须让标识标准化、清晰且易于辨认。标识是一红一白的两条平行线，在明显的变向处会标识两次。另外，在一些特殊的地方，还有金属箭头补充诸如方向和距离的信息。如此一来，徒步拉链者可以不用担心迷失方向，并以运动的方式，参观最原始的旅游胜地。一条白线、一条红线——阿丽亚娜的线团沿着山路蜿蜒，攀升乱石丛生的陡坡，穿越小溪，带领人们走向砖顶灰墙的山间别墅。我们会碰到驮着格里耶（Gruyère）奶酪的

1　出自希腊神话，比喻走出迷宫的线索。——译注

骡队。它们强劲的蹄子不知疲倦地踩在山间小径上,它们是我们最好的先驱!当我们缓缓下山,一条白线、一条红线,我们会想到那些沿五号大徒步路线行走的拉链者,他们懂得在如何在缓缓行进中沉浸于高山的静谧氛围。

这部分北边的路径注定成为阿尔卑斯徒步拉链的经典线路,20 世纪 50 年代至 20 世纪 60 年代期间,专业刊物中记录步行穿越雷蒙湖-夏慕尼的文章层出不穷。

在南边,从布里昂松到盖拉和于拜埃河,需要在上阿尔卑斯省穿行 6,7 天,这段路程由另一位布里昂松当地国家大徒步路线委员会的干事乔治·拉乔伊(Geroges Lajoinie)负责,在菲利普·拉莫尔(Philippe Lamour)的帮助下,他完成了标识五号大徒步路线的工作。后来菲利普成为塞亚克(Ceillac)市长以及穿越阿尔卑斯协会的主席。第一次标识工作开展于 1954 年夏,第二次则开始于 1957 年 2 月的自然灾害发生后,克里斯塔兰(Cristallin)的河底淤泥泛滥冲毁了盖拉的好几个村庄。瓦娜色的标识工作则开展得晚一些,在 1952 年至 1954 年间完成了一部分,然后在 1956 年至 1958 年间完成了另一部分。二战结束后直到 20 世纪 50 年代末,瓦娜色山区冰川覆盖、阴暗、崎岖、传统、封闭,在 1963 年成为国家公园以前,它一直是法国最荒蛮的地方之一。对该地区的标识工作分五次完成,还是由马克·德·思塞勒主管。他从雷蒙湖到莫达纳总共走了 350 多公里。最艰难的路段是"高山"部分,头顶大加斯(La Grande Casse)和大莫特(La Grande Motte)的高山冰川,经过莱斯和瓦娜色山口,然后沿着无尽的荒凉陡坡,攀登 2800 米高的查维埃山口,这是阿尔卑斯山环游和整个法国大徒步路线中海拔最高的地方。直到 1958 年夏天,最后一段路才被标示。就在这个环境恶劣的地方,1958 年 7 月 13 日,人们完成了穿越阿尔卑斯山五号大徒步路线最后标示的工作。

如果没有介绍和点评这段历时一个月路程的指南出版,那么这项从 1949 年持续到 1958 年的历时近 10 年的环阿尔卑斯路线标示工作就不算是完整的。20 世纪 50 年代初,编纂和发行徒步大拉链指南,并在书中详细介绍主要景点或指明路途难易程度、从一地到另一地的距离和行走时间、山间旅社和住所信息以及分段路线地图,势在必行。罗杰·博蒙负责编纂这些最初的指南书籍。他策划、"行走"、撰写、修订,最后出版。在此之前,他已经在专业刊物上发表了很多类似的路程描述文章。1952 年,他出版了第一本《环勃朗峰导游》,这些"大徒步路线导游"的页数在 8 页、16 页或 24 页不等,有着硬纸板封面,价格低廉,将成为徒步拉链者真正的"圣经",以"地形导游"之名而著称。1954 年至 1961 年间,四本地形导游历经过多次重写再版,时至今日依旧没有过时:整个阿尔卑斯山环线从雷蒙湖到勃朗峰、瓦娜色、莫达纳-拉尔克、迪内-维苏彼(Tinée-Vésubie),各路段都被连接在一起。

我们要向五号大徒步路线的两位主要"发明者"致敬:一个是阿尔卑斯山穿越者,另一个是阿尔卑斯徒步故事的讲述者。马克·德·思塞勒在超过一半的路线上添加了红白标记;罗杰·博蒙制作了很大一部分线路图,还添加了类似旅游贴士之类的很多有用信息。这个由一名贵族步行者和一名出生卑微的拉链者构成的二人组合创立了穿越阿尔卑斯山徒步旅游的形式。60 年来,成千上万的徒步拉链者在这条由他们留下的道路上，紧随红白标记从一个山口到另一山口，从一个山谷到另一个山谷，行进着，不断维护着这条道路。

阿尔卑斯之路——阿尔卑斯步行的伟大梦想

1990 年 9 月，当跨越阿尔卑斯山协会在塞亚克庆祝五号大徒步路线创立 40 周年时，他们决定把协会的活动重点与时事接轨：即将于 1992 年 2 月 7 日签署的《马斯特里赫特条约》，欧盟内的国界线即将打开。只在法国境内的阿尔卑斯山区徒步显然不合时宜了。其实，在条约签署之前，各国徒步拉链者就开始互动。早在 1949 年 5 月，全国大徒步拉链路径委员会就用一整页的篇幅在《野外露营》杂志上向"外国步行者"提供了一些"在法国的道路上成功拉链"的建议：

> 法国露营徒步者，翻译本页，并寄给您认识的所有外国友人。外国徒步者，欢迎来法国！不要顾虑，我们等着你们，我们迫不及待想要认识你们。

接着就开启了"欧洲线路"时代，该时代始于 20 世纪 60 年代末至 20 世纪 80 年代中期。一共有 7 条法国大徒步拉链线路越过了法国国界。5 号大徒步路线从尼斯到雷蒙湖穿越阿尔卑斯之后，向北穿过汝拉山脉、孚日山脉、阿登地区，到达卢森堡、比利时与荷兰，最后在鹿特丹结束（2 号欧洲线路）。1 号欧洲线路由 5 号大徒步路线向南延伸到意大利的威尼斯。罗杰·博蒙于

1976 年完成的《步行导游》中，赞扬了路上的团结精神：

> 真是名副其实的国际博爱圆舞曲，许多法国人与比利时人、德国人、英国人、瑞士人、荷兰人、意大利人、斯堪的纳维亚人、美国人与日本人并肩前行，一群来自不同国家的徒步拉链者在欧洲的道路上连日长途跋涉。

1990 年，侧重点发生了变化：虽然还是让欧洲向前进，但这次是穿越阿尔卑斯山。自 1997 年起，阿尔卑斯山穿越的 8 个国家签署了一项有环保意义的条约，GTA 协会因此制定了沿阿尔卑斯山的欧洲路线：意大利、法国、瑞士、奥地利、德国、列支敦士登，脱离前南斯拉夫的斯洛文尼亚，以及摩纳哥公国，这条路线的起点是的里雅斯特，终点在摩纳哥。

GTA 是国际协调组织，以上述国家原有的路线网络为基础，研究地图，调查沿途民宿和旅社的服务质量，在各国联系机构的协助下实地试走，还要协调各种徒步协会这条欧洲路线的中心路段长达 2400 公里、连接两端的里雅斯特和摩纳哥，分为 160 段日行路段，一路上还延伸出 4 条地区环路，分别是斯洛文尼—奥地利—德国环路（66 个路段）、意大利—奥地利—德国环路（40 个路段）、列支敦士登—瑞士环路（13 个路段）、瑞士—意大利—法国环路（61 个路段），总长 6000 公里，共计 340 个日行路段。海拔随海平面（亚德里亚海与地中海）高度起伏，有 3017 米的落差，最高点在意大利和奥地利边境的尼德肖克（Niderjoch）。在穿越这 8 个国家的线路上，会途经 30 个地区，200 多个市镇，9个国家公园，17 个地区公园和 22 个自然保护区。

一个名叫娜塔莉·莫海尔（Nathalie Morelle）的年轻的行走先锋人士用了 4 个月时间，走完了这条线路，把她的观感、徒步中的难点、旅行中的亮点或满足感都反映给为此"背书"的 GTA 协会。协会确定路线后，讨论制定路线名称和路途标注，计划用法语、德语、意大利语和英语四种语言书写通用宣传资料。阿尔卑斯之路就这样诞生了，协会还设计了线路徽章，以灰色三角山形为背景，前有一红一蓝两个翅膀的图案。2000 年，GTA 协会领导、负责该项目的诺埃勒·勒百乐（Noël Lebel）与让-皮埃尔·利亚（Jean-Pierre Lyard）向八个国家有关部门、协会和文宣组织提出这一设计方案。两年后，即 2002 年夏天，经过最终测定，阿尔卑斯之路正式向徒步拉链者开放，官方开幕式于 6 月 21 日在摩纳哥举行，当时的摩纳哥王储阿尔贝王子主持了剪彩礼，相关八国的环境部部长出席仪式。

5

第五章

徒步领域的发明与扩展

徒步有自己的历史吗？我们或许会想到历史上第一位洞穴专家［爱德华-阿尔弗雷德·马尔戴勒（Edouard Alfred Martel）[1]］；或许会历数新生的登山运动中那一连串令人晕眩的知名人物；我们每个人还可以列出一个"美好时代"早期在奥运会上获奖的竞走运动员名单……但谁又是第一个徒步者呢？徒步者们被阿尔卑斯登山运动者与竞走运动员鄙视、排斥，竞走这项自 19 世纪末飞速发展起来的运动已经和自行车一道成为法国最流行的运动，于是，徒步者们也渐渐按捺不住，跃跃欲试。"餐风者"对身体有着不同的理念。

德纳古尔的蓝箭头

徒步实践者选择道路作为象征，他们的任务是在路上行走、做标示、维修途经路线、为道路做导游注解。徒步放弃了征服峰

1　爱德华-阿尔弗雷德·马尔戴勒（1859—1938），现代洞穴学奠基者。——译注

顶的雄心和计时的竞赛成绩，占据了另一些领域，讲述了另一个故事。比如枫丹白露，现代徒步最早始于这里的森林，对拿破仑帝国念念不忘、爱发牢骚的克劳德·弗朗索瓦·德纳古尔（Claude François Denecourt）与现代徒步一路相伴。他在 1810 年梅里达之战中受伤瘸了腿，自 19 世纪 30 年起，他用自己特殊而不懈的步伐踏遍了这 17000 公顷的"行走沙漠"（枫丹白露的森林）。德纳古尔这位领半饷的军官，参加过瓦格拉姆战役和西班牙战役，更是枫丹白露地区军营的前驻守侍卫，他把生命中的最后时光奉献给了对"森林的爱"——对"枫丹白露森林"的爱。"森林之神"在岩石和树木上缀满蓝箭头，在现的路径上做标示，让它们成为一个环路，可以回到出发点，在路上，有几处引人入胜的景点、洞穴、沼泽、观景台、树木、住宅、岩石和建筑。德纳古尔用恣意又具有代表性的想象力为它们命名，这是集浪漫主义、创意、丰富内容为一体的地名志：从"摇晃的岩石"到"单峰驼"，从"好友凉亭"到"少女洞穴"，从"德洛伊教祭司洞"到"魔鬼不倒翁"，还有最后成为他坟碑的"帝王塔"。

狄奥菲勒·戈蒂耶如此描述德纳古尔：

> 他的脸色微绿，两颊上有细小的红色血管末梢，如同秋季来临时的树叶；他的脚像树根一样插在地上，他的手指如同岔开的树干；他的帽子呈树冠的形状，仔细看很快就能感受到他身上的植物性。

这位"树人"受到了浪漫主义作家的仰慕和支持，自 19 世纪

30 年代起，他们经常来枫丹白露的森林。乔治·桑是第一位常客，她在森林中隐匿了自己的爱情，铸就了一段行走的记忆，这一点在 1872 年的《印象和记忆：枫丹白露森林》中略见一斑。司汤达、缪塞、大仲马、拉马丁、波德莱尔、福楼拜、奈瓦尔、雨果、穆杰都参与了行走运动，同时也是为向德纳古尔致敬。德纳古尔出生卑微，自学成才，死后却被冠以"文人"的称号，40多个热诚的文豪聚集在一起出版了《致克劳德·弗朗索瓦·德纳古尔——枫丹白露：风景、传奇、纪念、幻想》一书。

德纳古尔还是一个精明的商人：自 1839 年起，他出版了第一本《枫丹白露森林旅行指南》，注解和命名路径，配有可信的文学、历史信息和插图（自那时起，一些画家就因此前往巴尔比松），这本指南不断重编，添加路径、注解和附录，随着标示工作的进展，150 公里的徒步路线被分成 6 段主要线路，其中第一条环线"弗朗夏尔漫步"于 1842 年完成。1849 年，连通巴黎和枫丹白露的直达火车开通，为德纳古尔的计划带来了游客。德纳古尔自己组织出游，带领游客进行"森林散步"，这种活动为他赢得了一定声望。

另外，这些蓝色箭头还引发了现代徒步史上的第一次论战，在这场论战中，甚至出现了日后关于行走性质的纷争的用词。应该做怎样的标识？箭头朝内还是向外？游客的涌入会不会破坏原始的自然状态？创建徒步小路是否可行？林业和水利部门看到德纳古尔毫不迟疑、大刀阔斧地改变原来的林貌，修建砂浆铸成的路线，挖掘隧道，扩大地洞，整治洞穴和出水口，如同沉迷于人工徒步路线的学徒一样危险，不禁提出质疑：是否可以这样无中生有地开辟徒步的小路？从这个角度看，除了作为在小路徒步的诗人，德纳古尔还是一个徒步事业承包人、标识工作的先驱和徒步路线的开创者。

德纳古尔体现的现代性还在于他为自己创建的事业找到了一个学徒和接班人，这就是道路桥梁学院的工程师查理·克里奈（Charles Colinet），后者为 50 多公里的徒步线路标记了蓝箭头。1905 年他去世后，他的妻子承接了他未完成的工作。后来他的妻子又把这项工作托付给法国环游俱乐部的年轻志愿者，1940 年之后，这项工作又被交给枫丹白露森林之友协会，该协会继续努力，直到建成了 1 号和 11 号大徒步路线——这两条路线被称为"德纳古尔-克里奈路线"，以纪念两位创立者。从 1939 年的《枫丹白露森林旅行指南》到 1955 年出版的 1 号大徒步路线地形导游图，其目的都是为了纪念"森林先驱者"，从此，徒步活动有了完整的记录，并兼有连贯性，自成一体。

其他一些活动也为徒步的建制添砖加瓦。比如，1872 年在萨维尼（Saverne）创立的孚日俱乐部，由理查·斯蒂文（Richard Stieve）集团牵头，自 19 世纪末起，在山脉中探索徒步路径，并在路上做标记，效仿人们在德国黑森林地区的做法——那里的人对这项工作早已习以为常。在那里，除了穿越群山，人们还于 1879 年在 430 公里的线路上做了红色长方记号。之后又花费了 50 年的时间，扩大范围，为近 1000 公里的徒步路线标上了红色、黄色和蓝色的长方形记号，并在俱乐部的年鉴里建立索引、不断更新信息。徒步运动的实践从此可以按图索骥，并对健康、心理、理念有所助益，由于实践者越来越多，这项活动的社会基础也在不断壮大。

行走的集体

徒步没有什么神奇的地方：所有的人或者说差不多所有人都可以醉心其中，不论贫富，都可以负担得起，只要不是为了完成创举也不是体育竞赛，所有地形都适于徒步。正是这种普遍的特性让该活动在 20 世纪最初的 30 多年中脱颖而出。这种不求丰功伟绩、不讲英雄主义的庸常性，从登山运动的贵族式的社会学和观念中解放出来，使之成为绝好的大众活动，然而，它依然需要一定的组织性。毫无疑问，由于很多人都在徒步，这项运动需要强大的机构作为支撑，开发住宿地点、供给、设备，或者来唤起徒步一族的兴趣，启发他们的思想和文化。这就是为什么徒步在法国的兴起依靠的是团体的力量、众人不太了解的陪伴者、路途上的先锋与具有远见的人士，而非通过著名体育运动员或与众不同的冒险家而为。在徒步行程中，群体取代独行，集体优化管理胜于个人英雄主义的奇迹。

为了掩饰个体的缺位，为了填补缺乏壮举的空白，在 20 世纪的前 30 年间，三个机构组织了为数不少的法国年轻人实践行走运动：法国环游俱乐部推崇户外活动；童子军活动追求通过徒步达到教育目的；青年旅舍为疲惫不堪的徒步者提供路线、食宿，帮助他们重整旗鼓。萨瓦徒步先驱马克·德·思塞勒在回忆自己的经历时，表达了对这种徒步的集体精神的心往神驰：

> 这些徒步大军来自于法国环游俱乐部、童子军或住青年旅社的人，即将成为建立大徒步路线的先锋创造者：懂得如

何带领团队的诗人运动员，会利用头脑聪明、意志力坚定的行走者，他们喜爱并描绘风光美景或者田园生活，晚上围着营地的篝火或饭桌边歌唱。这一切都让徒步成为一种生活艺术。

法国环游俱乐部成立于 1890 年，发起者是一些自行车运动员，他们以"借助各种形式推动鼓励旅游发展，调动个人积极性，为大众利益服务"的目的。20 世纪初俱乐部的活动名目繁多，同时会员也不断壮大，成为大众协会（1905 年起，会员数量为 10 万，第二次世界大战前达到 70 万），与法国登山俱乐部最初追求的精英愿望有所出入。1904 年，在法国环游俱乐部内出现了一个专门进行水上娱乐活动的团队，同年，这个团队参与了划艇联合会的成立。1908 年，航空旅游委员会成立，自 1909 年起，该俱乐部一到冬季便会组织几个星期的高山活动，成为推广滑雪运动发展的先锋。

1912 年，露营委员会成立，随后举办了器材展览，并组织了第一次夏令营。"环游"一词源于英语：英国旅游者背着器材和双肩包，走遍了法国，达到行知合一。这些人手上总是拿着地图，时常另法国农民大吃一惊，并将他们当作间谍。英国人很快让这项活动流行起来。在露天环境中，徒步成为露营者最喜欢的活动之一。1890 年，《法国环游俱乐部杂志》与俱乐部同时诞生，自 1907 年起，具有启示意义的姊妹杂志《露营环游》问世，根据最早的一篇"行走纪行"使用的词汇，以改革创新的方式，向人们展示了"徒步教学"在贡比涅森林里飞速发展的情况。很快，在旺代省的圣-吉尔-德-克洛瓦-德-威（Saint-Gilles-de Croixde-Vie）附近进行了第二次"徒步教学"，参与者似乎产生了堪称"粗暴"的意识：在几天的行走中积累经验，晚上则在帐篷里过夜，这使得他们摒弃了"城市的自私"。正如《法国环游俱乐部杂志》三月号中指出的那样，1914 年类似计划数不胜数。这些组织严谨的体育假期活动不仅是为有闲阶层设计的，同样涉及其他各个阶层，大多数早期注册者来自城市中小资产者。度假期间，与露营紧密相连的徒步活动不断发展壮大着。

尽管第一次世界大战迫使这项计划中断，但并没有完全中止法国环游俱乐部的行走活动，按照相同的系统目标（在各地与朋友或与家人一起露营徒步拉链）、相同的身体与精神准则（在野外的苦行要求参与者身体健康、有耐力、保持好心情和坚持乐观主义），徒步运动于 1920 年年中重启，而且参与者越来越多。1936 年，在法国环游俱乐部的支持下，该露营徒步协会创办了《蜗牛》杂志，俱乐部负责该杂志的编辑工作，为徒步者提供更多的实际指导，导游和步行路线的介绍。

从很多方面来看，法国童子军团的发展促进了露营活动。1907 年，英国的贝登堡勋爵（Baden-Powell）[1] 在白浪岛（Brownsea Island）的营地创立了早期童子军营地，并出版了《童军警探》一书。该活动在 1910 至 1911 年间传播到法国，还曾引起一些社团之间的争端。国民教育团法国先锋队、法国先锋队、阿尔卑斯先锋队，圣米歇民兵、玫瑰经勇士、法国团结先锋队、信仰先锋、法国天主教先锋、白色魔鬼这些组织，无论其是否具有宗教性质，都争相在全法，招募孩童。它们的相似之处在于，

1　罗伯特·贝登堡（1857—1941），国际童军运动创始者、艺术家、作家。——编注

都只招募青少年（参加童子军的年龄在 14—18 岁）、由年轻的成年人对他们进行管理、都相信应该寓教育于自然之中。不管他们是信仰上帝还是信仰国家，或两者都信，也不管他们信仰哪个神明，所有的童子军团都要进行军事练习与自然实践。正是这些实践练习让我们感兴趣，因为它们使人们更注重徒步拉链。

实际上，童子军很快就选择了露营和步行这两项活动。1910年，基督联合先锋成立了法国最早的露营俱乐部——法国露营俱乐部（CCF），并建议"每周日在美丽祖国的道路上穿行"。从此以后，"行走露营者"的说法就与这个俱乐部联系在一起，30 年间，这个俱乐部为法国徒步培养了相当数量的先驱者，如让·卢瓦索（Jean Loiseau）与者罗杰·博蒙，他们都在法国露营俱乐部的简报上抒发过自己的热情，为之撰写过文章，《野外露营》杂志由行走露营爱好者、记者兼编辑的让·苏斯于 1923 年创立。这份简报还在 1911 年 10 月份刊登了一份努瓦斯（Vanoise）"露营游历"报告，介绍了几名山地向导带领十几个青年战士巴黎协会的青少年，穿越山脉一周进行徒步拉链。

与法国登山俱乐部于 19 世纪最后 30 年间创立的学生旅行队相比，这些游历没有改变活动的性质却改变了目的。管理依旧存在，但从此，学校把更多的责任留给了年轻人，他们制定路线，扩展徒步范围，强化体育锻炼和耐力训练，探索更原始且鲜有人迹的去处，越来越倾向去山里游历。

20 世纪 20 年代初期，瓦朗谢讷（Valenciennes）高中的校长对童子军活动大加赞誉：

对年轻人来说，旅行、了解我们的国家都是有益的，尤其是这还可以培养他们对徒步旅游的兴趣、步行的习惯，步行是最佳的运动。然而最行之有效且新颖的一点是，把游历作为锻炼意志、提高积极性、培养责任感的一种教育手段。

童子军的出现使"学生旅行队"超越了学校的界限，成为自发年轻徒步者的"自由学生旅行队"。

第一次世界大战后，抱着从废墟中重生、弥补年轻人的共同意愿，童子军得到发展，在1920至1930年间，法国童子军进入一个黄金时期。三个重要的机构逐渐成形：法国先锋者（世俗的）、法国童子军（天主教的）、团结先锋者（新教的）。这些机构重大集会时常常可以汇集2万甚至3000名年轻人，取得了巨大反响。学习看地图、使用指南针与指南、一群人一起行进，连续几天徒步、在自然中生活，他们需要完全依靠自己的力量、不借助工业文明的成果完成这一切。此外，这一切与童子军运动一起，将自由使用双脚行走作为价值核心。

童子军首先是行走者，正如这个时代非常流行的团队徒步形象那样，或在巴黎某些咖啡馆举行的讲座上强调的那样，徒步者借助"照片投影"分享他们的旅行，通过"现场讲解"重塑路线和露营中的生活。

青年旅舍运动则以自己的方式，对法国环游俱乐部和童子军徒步行走的实践及观念做了更激进的补充。旅游的冲动源于德国的"候鸟。20世纪初，年轻的城市居民渴望与自然亲近的生活，一到夏天，他们就上路行走。因此，来自威斯特伐利亚的一位名叫理查德·席尔曼（Richard Schirrmann）的小学教师想到设立一家专门接待这些徒步者的旅社：1909年夏天，他向徒步者开放了阿尔特拉堡（Burg Alterra）小学的一间教室。这项运动以野外活动作为锻炼身心与锻造人格的方式，同时也将宽容与和平作为理想，在第一次世界大战前，德国已经有 200 家民宿，每年有20000 人投宿。一战遏制了其快速发展的势头，但这项运动又于20 世纪 20 年代再次腾飞，首先是捷克斯洛伐克[1]，接着是波兰、奥地利、德国、斯堪的纳维亚半岛国家与荷兰，涉及大部分北欧地区。

在法国，马克·萨尼耶（Marc Sagnier）创立了追求博爱与人性的天主教社会组织"脚印"（Sillon）社团，被野外生活带来的精神和体力的重生所吸引，很快就采纳了这一原则："年轻人不应该困在城市里，他们在这里碰到了太多让人沮丧的事情，身体也无法得到充分舒展"。这些接待住宿点提供物资和精神支持，让年轻人聚在一起，同时也让他们接受教育、训规和启蒙。他写到：

> 旅社就是野外生活，是借助自由的教育方式，是某种自发性，但也在其章程、日记、对话和沟通中，体现一种强烈的参与性。

萨尼耶在法国创立了青年旅社，并借助一种特别的神秘主义将它们联合在一起。他于 1930 年 7 月 24 日在勃艮第的比尔维尔（Bierville），即自己家中，开办了第一家青年旅社，名为"金穗"。四天后，法国青年旅社联盟成立。1933 年，教育联盟、小学教师

1　1993 年 1 月 1 日起成为捷克和斯洛伐克两个独立国家。——编注

工会与左翼联盟总工会（CGT）成立了一个协会，堪称前者的劲敌，即"非天主教青年旅社"。该协会同样具有萨尼耶开放、宽容和社会性的一面。两个协会以博爱的精神共同努力，在1936年与民阵线共同营造有利环境，第一次让成千上万年轻人在假期间参与徒步，并给予资金支持。1939年，900间青旅吸引了60000年轻人。

"青年旅社运动"（ajisme）一词诞生于1936年7月一场名为"青年旅舍呐喊"的竞赛活动，目的在于征集一个简短、鲜明、易发音的词汇，该词首先认同了一种观念：所有人要参与家务劳动，在日常繁琐面前展现自律精神，摒弃个人主义，自行管理旅舍、三餐、体育活动，在"留名册"上记录下每个人住了几晚，唱了些什么歌，甚至记录下他们的想法，与路上活动的简述，这个用语体现了始终团结与集体凝聚力的精神。为了最明确地勾勒出"青年旅社人"（ajiste）的特征，请参考1939年的定义：

> 你可能不常听到这个词。其实"青年旅社人"既不是珍稀动物，也不是神秘邪教的狂热追随者。它们是我们这个时代的青年人，以及未来的年轻人，包括所有的年轻人……A"青年旅社人"有一双用来观察的眼睛，用来走路的双腿，身上还背着背包。

"青年旅舍人"最重要的特征是他的双腿。《青年旅舍》杂志的一位编辑于1937年4月这样写到：

> 感恩上帝创造了如此人间美景，感恩上帝赋予我们双腿

可以行走，双肩可以背包，还给了我们一颗心来爱这个广袤的世界。

创始人理查德·席尔曼已经把行走置于计划的核心："徒步旅游可以熟悉事物的细节，这是我们这个星球上最宝贵的快乐。"萨尼耶也借用了步行的释放的观点："行走让人全身心参与世界的愉悦。这是一门学科，一颗定心丸。"20世纪30年代，该项活动的管理者弗朗斯·哈姆兰（France Hamelin）说：

> 百分之百的"青年旅社人"就是在林间悄声漫步，在需要时攀岩，在林间空地路的转角处发现几座陌生的建筑和静止的水面上残留着虫蛀的木桥。简而言之，这是绝好的探索机会，无论什么样的车辆都无法比拟。

"青年旅舍人"借助诗歌、小说、戏剧、歌曲来赞颂行走，正如下面这首创作于1935年，并由徒步的喜剧演员在青年旅社里演绎的《旅途之歌》，歌词本中有着如下记录：

> 合唱团由6名童子军成员组成，他们排成斜线，第二个人的左肩放在第一个人的右肩后，以此类推。他们模拟行走，他们唱到："前面的道路，右边是稻田，脚下的土地坚固，很好/很好，早上出发，行走，大路在前方/夜里行走，行走，脚下土地坚固，很好，很好/我走在你身后，我走在你身后/我们的步伐交错在一起/每个人都喘着气，像一台冒着蒸汽的机器/自由，年轻，快乐/在路上，在路上，在路上：

我们欢快地前行……"

"青年旅舍人"的运动带有徒步拉链的烙印，一些被称为"旅社老爹"的旅社负责人亲自探路，并且在路上做标记。像吕贝隆（Luberon）的"小径设计师"弗朗索瓦·摩诃纳（François Morenas）在 1936 年开了一家名为"重生"的旅社，并在旅舍方圆 100 公里的小路上都用线、点和蓝箭头进行了标记。从封丹-德-沃克吕斯（Fontaine-de-Vaucluse）到施米雅涅（Simiane），从鲁西永（Roussillon）到莫尼厄（Monieux），然后到萨吕（Salut）地区，有四条标记过的主要路线，分别是"孤独之路""快乐之旅""薰衣草高地（Haut-Pays lavandier）之路"与"色彩之路"（取自科罗拉多大峡谷和普罗旺斯共有的微红色），属于摩诃纳环绕"色彩阿尔卑斯"和"山丘重生小径"建立的步行系统。季奥诺与博斯科（Bosco）[1] 步行穿越普罗旺斯高地，成千上万的徒步拉链者紧随他们身后，这几条路线成为经典，完成路程需 45 分钟到 5 小时不等。

想象中的徒步者

露营者、童子军与"青年旅舍人"都是徒步拉链的信徒，试图离开"被污浊空气摧残的"城市，去呼吸大自然的新鲜空气。即通过自我净化可以获得身体的重生、行动的重生、努力的重生与运动的重生——从字面上来看，就是开始行走——同时也是行

1　亨利·博斯科（1888—1976），法国作家，曾四次获诺贝尔文学奖提名。——编注

走者社会阶层和文化身份的重生。步行逃离社会的同时，徒步者也摆脱了上下级关系、紧张的阶级关系，和精神、物质上的不平等。在容易到达的拯救之路上、在旅途中，人人健康平等。当身体遵循好的卫生习惯，保持慷慨、坚忍、团结和快乐时，只有身体才有发言权。在这里，我们处于行走观念的核心。这正是第一批团体徒步旅行者达成的观念，他们用自己的方式，创造了一种行走的艺术，这种精神状态也是身体状态。

大量文章、记叙与图片把这种行走观念变成了法国式神话的主要表现形式之一。人民的身体从压迫他的城市里解放出来，从破烂的衣服或错乱的身体条件下解放出来，从快节奏的工厂和羞辱人的工作中解放出来，变成"肌肉黝黑"的行走者，在露天里他们"皮肤更干净明亮"，为自己的"雄性"感到骄傲，正如诗人阿拉贡在诗中唱诵的，这"也是一种国家风景的教化"。即便鲜有伟大人物实践过徒步旅行，它依然是一个语言和形象的世界，建造了作家-徒步者的神殿。这种徒步文学有自己的核心部分，几篇文章让行走的实践和热情变得合法，这几篇文章反复发表，被杂志转载，出现在地形导游册的题词里。在某种程度上，它们起到了引导作用，是徒步者的冰镐。在这些传承徒步精神的文章的帮助下，其他徒步者沿着前人的足迹前行。

在徒步者形象的源头，我们总能看到卢梭，他承认自己只能在行走时思考：

　　走路让我看到乡村景色、各种不断变幻的宜人景致，呼吸新鲜空气，拥有好胃口和健康的身体，让我远离所有使我产生依赖情绪的一切，远离所有使我想到自己境况的事物，所有这些使我的灵魂解脱，给我更大的魄力去思考，从某种角度说，让我置身于生命的广袤之中，重新组合，重新选择，毫无畏惧和顾忌，任我摆布。我成为全自然的主人，我的内心，在事物间徘徊，与讨它欢心的事物合二为一，迷人的事物围绕在它的四周，陶醉在细腻的感情里。为了记住这一切，我试着记录下一切，我会用多么浓重的笔墨、多么鲜丽的色彩、多么强劲的语言来表达这一切啊！

在路上行走时，他文思泉涌，语句在行走的动作中产生。在《忏悔录》的第八卷中，他阐明让自己成名的《论人类不平等的起源和基础》源自"一次七或八天的徒步旅行"。对卢梭而言，道路就是他的工作室。徒步就是感受穿越他身体的自然力量，感受力量和幸福，这甚至是沉思的必要条件，城市和社会关系则让他无法思考。在《忏悔录》的第四卷中，卢梭回忆了他年轻时在法国和意大利的徒步，他行走在里昂和日内瓦之间，行走在尚贝里与塔威山谷（Val-de-Travers）。在第 12 卷中，他回忆了 1765 年秋被流放在圣皮埃尔岛上的 6 个星期的时光，他在比尔（Bienne）湖边漫步，行走与探索构成一段美好时光，那里是他的"行走天堂"，10 年后，他在《一个孤独散步者的梦》一书中又做了长篇叙述，该叙述出现在第五次散步中。

1851 年 4 月 23 日，亨利·戴维·梭罗在马萨诸塞的协和中学公开朗诵了《散步》一文，10 年后，该文被发表在《大西洋月报》，其法语译文为《行走——野外生活礼赞》。行走是哲学思考的一部分，为在尚处于原始和自由中的自然提供思想源泉。根据一种哀歌的模式，其实际内容多是美国的自然观念和公民生活，梭罗想要生活在一个原始的、保存完好的、没有被破坏的美洲。在这种理想状态下，人类行走、登山、丈量自己的步伐（梭罗是土地丈量员），歌颂流浪状态获得的身体和精神的愉悦：

> 当我想到那些店员整整一天都待在店里，两腿交叉坐着，似乎两腿的存在就是为了坐着，而非站立与走路。我认为应该使用它们，让它们不会自我毁灭。有时我很晚才出发去散步，比如说在下午 4 点左右，此时，夜的阴影已经混迹于白光，享受白天已经有点晚了，我觉得自己好像犯了罪。

1878 年 9 月 22 日至 30 日，罗伯特·路易·斯蒂文森 (Robert Louis Stevenson) 徒步穿越赛文山脉，与他同行的是他上路时买的一头叫"谦虚"的驴子。一路穿山越岭，露宿在星空下，从莫纳斯捷（Monastier）到位于卡米撒（Camisards）地区中心的圣-让-杜-加尔（Saint-Jean-du-Gard），他在出发前已经详细了解了此地的很多情况。尽管他的旅行"没有明确目的，只为旅行的快乐而旅行"，斯蒂文森知道自己会把这场"奇遇"写下来。他难道不是行走的实践者和理论者吗？ 1876 年 6 月，他在《月报》上发表了《徒步》一文，行走在英国维多利亚时代的一些知识分子、贵族和运动员的圈子里，这是人们非常关注且感兴趣的话题。

斯蒂文森写到："对于那些真正的徒步者而言，旅行不是去寻找风景，而是去寻找某种生机勃勃的灵魂状态：早晨开始行走时的激情和希望，晚上入睡时的安宁和饱满的精神状态。很难说他最享受哪个时刻，究竟是他背上背包的时刻，还是他把包放到地上的时刻。出发的激动与到达的激动相映成趣。他完成的一切不只是为了回馈自身，还有这之后的回报；如此一来，愉悦一个接着一个，无穷无尽。"

斯蒂文森在他的《与驴共行》一书中，用同样的口吻，谈到了这种雄心壮志：这是一本关于行走的专著，类似新闻报道，但良辰美景被讽刺搅碎，对自己的妥协被毫不虚荣的率直打破。斯蒂文森描述了他所有的感受、快乐和痛苦、与自然的关系与他碰到的人，他那只叫谦虚的驴子决定了他的步伐和情绪。这种在行走中袒露最隐秘的生活经验成就了一个能量巨大、无可比拟的生活故事。一个世纪以后，这场 230 公里的徒步线路被后人称为"斯蒂文森之路"，即 70 号大徒步路线。

人民阵线[1]的年代是法国历史上的徒步年代之一，这一时期的作家展现了行走者最积极的形象。大多作家已被人遗忘，像埃尔维·劳维基（Hervé Lauwick），他于 1937 年写就了《露营的年轻人》一文，大赞行走者：

> 行走是最好的运动之一。它让肺和肌肉得到自由锻炼。我真希望看到现在唱着歌上路的年轻人拥有中世纪时前人的炫目名头——真诚前行"。为什么不呢？他们比乌龟的速度快，但是像乌龟一样，他们把家当都背在身上。不需要很多资金就可以获得这种幸福，湖边的早晨与落日下的一股青烟就是幸福的宝藏。要有一双经得起折腾的鞋、一个背包、一把刀、两件衬衣、一个小的相机和一点零钱作为仅有的费

1　法国在第一次世界大战和第二次世界大战之间法国出现的一个左翼政治联盟。——译注

用。这是幸福的日子！自由的日子，无忧无虑!20年后，那些徒步者很可能会认为这曾经是他们生活中最好的时光。加油，年轻人，勇敢向前，打开心扉，睁开双眼，张开胸怀，就像走在生活之路上。你们歌唱。当你们年轻而欢快向前进，向着阳光大步流星，阴影被甩在身后！

一些当时最著名作家赞美行走，比如游记作家阿尔贝特·特塞尔斯蒂文斯（Albert t'Serstevens）。在他的作品里，大胆和勇气似乎来自双腿：

> 我的旅行与在野外的快乐密不可分。这快乐只是不可缺少的部分，从某种角度来看，这就是一种表达。如果我被困在巴黎，定在办公椅上写作，我不会想到行走、游泳、帆船、露营这些活动。我的臀部是扁平的，如果我不留意，那么灵魂也会很快变成这种形状。我的双脚渴望重新上路，我的心如收缩的帆，只求重新在风中扬起。钟声一响，我就要出发去新的目的地。我的朋友们，你们要像我一样出发。我们会重新找回充满活力的腿脚与带着好奇的眼光。怀着耐心上路吧，睁大你们的双眼。

保罗·莫朗（Paul Morand）在一本名为《学习休息》（1937年）时尚小册子里写到：这本小册子配有徒步者的照片，共计40多页。

> 在美好的季节里散步，就像钓鱼，是一项流行的消遣活

动；那些衣冠楚楚的先生们只在狩猎节时走走，但是管乐声嘈杂，马儿小跑，他们体会不到徒步的快乐，没有时间静下心来思考，也没有时间倾听树林里的生命悦动。让我们也享受一下普通人的乐趣吧；在周日出游并随手乱丢垃圾，与寻找象征的诗人这两个极端间，应该存在为接触森林而行走的人，他们纯粹且直接。我们这代人爱惜自己身体与更为广阔的宇宙，徒步对我们而言是一种义务。

1938 年，法兰西岛出版社出版了里尔大学教授、地理学家、"人类地理"系列的创始人、巴塞罗那法国研究院未来的主任皮埃尔·德丰丹（Pierre Deffontaines）的《积极旅游小指南——如何了解一个地方？》。这是一本教科书，但同时又十分微妙，在一种童子军的精神下，发展年轻人的求知欲，并且教授他们观察事物本质的方法。该书多次重印，其影响力也逐渐扩大，书中，德丰丹曾建议行走穿越法国，尤其是因为"人走路的速度最适合尽享风景"。事实上，懂得分析一处风景是地理学家的核心技能：发现一处可以俯瞰全景的高地，学会画草图，当然还有找到能够提供最佳地理实践启蒙知识的路径。

作家柯莱特也喜欢步行，而且在《美好季节》里也有所提及。这本她于晚年发表的小说以日记的口吻讲述往事。这位大作家似乎是自己生活的旁观者，通过写作重现她一生中经历的人与事：假期、高大的杏树、春天的萌芽、不断探索的夏天、动物、葡萄收获季节、挂毯以及战争或和平时期的圣诞节。柯莱特在第二章末尾总结到："让我们敞开记忆吧！"。在这些记忆里，几个年轻的露营徒步者走过她位于沃德塞尔纳（Vaux-de-Cernay）的住所，不停地唱歌、聊天。这段记忆尤其重要，它发生在 20 世纪 30 年代。作家十分懂得如何描绘出"行走者"的激情四溢：

> 温度或季节都无所谓，他们什么时候都能出发。冬季时，徒步者已经行走了 15 公里，他们会在下午 1 点左右到达沃德塞尔纳，有时，我正好在吃午餐。我能听到他们从远处走来，因为他们唱着歌。他们在一处泉水边给军用水壶灌满水——是位于大路和公共洗衣房之间那眼泉水，水是冰凉的，又显得那么欢腾。但是他们不会在上乘的餐馆停留，他们吃自己包里带的食物。其中一个人带来一束用皮带捆住的长棍面包。他们在凸起的岩石上午餐，旁边是因为下雨而发黄的水。他们逗留了几个小时，空气中充满了新鲜面包和苹果的味道，他们的欢声笑语却激起我忧伤的情绪……如果我去问他们中看上去最微不足道的几位，问他们为什么如此快乐，快乐地坐在地上，冻得满脸通红，吃着水果、奶酪和熟肉酱，走得精疲力尽，他们会怎么回答我呢？他们可能会用玩笑话应对，也可能会不太客气地让我得不到任何解释。有可能我要替他们回答说：有些快乐是人类语言无法描述的，诸如在布满白霜的草地上摩踵前行，迎着阳光，在漫长的路上闲逛，这是属于游牧民族的快乐，这种快乐也属于那些用力量和欢愉来驱散冬天炉火冷灰的人们。我会告诉他们出来透透气真好，结交新朋友更好，我会跟他们说行走使人幸福，我会对他们说……

20 世纪 30 年代绝对是徒步的时代。摄影作品、行走文学、徒步歌曲或者养生小论文：例如自然出版社于 1936 年出版的安德烈与加斯东·杜尔维勒（Gaston Durville）所著的《锻炼你的身体》、马尔塞尔·维阿尔（Marcel Viard）的《自控》（1934 年）与《从锻炼身体到心理平衡》（1936 年），这些著作广泛宣传了徒步青年新的理想形象。伴随着人民阵线的获胜，这一形象完全成为传奇，同时随着进行的改革形成一种持续的社会现象，尤其是 1936 年 6 月 7 日至 8 日夜间在总理府签署的给予所有工人 12 天带薪休假的法令。1936 年夏，工人们有了第一次假期，第二年夏天度假的人更多……当露营和青年旅舍的协会对这一改革措施进行总结时，所有机构都发现，用工人数猛增，出游人群也更加多样化，此外，雷欧·拉格朗吉（Léo Lagrange）出任负责管理娱乐的副部长后，徒步旅游获得了不少的诚意投入和最高政治层面的支持。

这一现象还不限于此。电影《上路吧》可谓平民新徒步旅游的赞歌，该影片由让·布瓦耶尔（Jean Boyer）在 1936 年秋拍摄完成，故事主角在影片中唱到："上路吧，我的小伙伴/上路吧，别烦恼/你会痊愈！/巴黎的空气/让你面色晦暗/但野外的空气/让你神清气爽"。画报《视角》于 1937 年 7 月举办了摄影大赛，既面向专业摄影师也面向业余爱好者，大赛主题则是"快乐的徒步"。与此同时，弗朗辛·奥科坡特（Francine Cockenpot）在 1936 年夏天凭借一首歌曲大获成功，"我走在路上/我认得路/我冒雨前行/为它们唱起这首轻快的歌"。

最清晰地意识到这波行走热潮的作家应属西蒙娜·德·波伏瓦（Simone de Beauvoir）。在获得坚实的资产阶级教育的同时，在克莱兹（Corrèze）度过的梦幻般假期中，年轻的波伏瓦也发现了大自然。对于她来说，这些幸福时光是一种神秘的泛神论启示，从此之后，她一直保持着在乡村与山丘上漫步的习惯，暗含她希望全情体验"非同寻常"的生活愿望。1930 年，当"河狸"成为她在马赛高中的绰号时，她也对普罗旺斯进行着探索，一直走到筋疲力尽，足迹遍布圣维科多、加尔达班（Gardaban）、皮隆（Pilon）与卡朗格峡湾（Calanques）等地。在回忆录的第二卷《岁月的力量》中，波伏瓦重新提到在普罗旺斯的大自然中自在闲逛的美好经历，让她"沉浸在青山绿树和蔚蓝色中"。

> 行走时，我激情澎湃，晚上回到家后，我心里只有一个念头：重新开始。这种让我心痒难耐的激情持续了 20 多年，随着年龄的增长，才渐渐平息。这激情把我从那年月的无聊、遗憾及所有的忧郁中解脱出来，让我的放逐变成一场盛宴。起初我只走五六个小时；然后，我会行走九十个小时；我曾经有过走 40 公里的记录。我系统地走遍了这个地区……
>
> 我想要通过更高雅的方式，更为全面地探索普罗旺斯，去其他老练的旅行者没有去过的地方。那时我从未做过什么体育活动，却通过自己的身体获得了很多乐趣，而且尽可能巧妙地运用自身的力量，直到竭尽全力。在大路上，为了节省体力，我会搭乘卡车和小汽车；在山上，我会找捷径，攀爬峭壁，从成堆的坍塌物中往下冲：每次徒步都是一件艺术品。我要把这段令人自豪的记忆永远保存起来，而且在完成徒步的时刻，我会庆祝自己的成功；从中获得的自豪感又让我难以重新开始：如果不成功怎么办？如果出于任性或无动

于衷，放弃一次行程，如果我只对自己说一次："这有什么意思？"，我就会破坏这种将徒步的愉悦感晋升至神圣义务的体系。

徒步露营的先驱　让·卢瓦索

　　这些被柯莱特与波伏瓦颂扬的山路，大多都由一个被遗忘了的人设想并创建出来，他是不为人知的徒步路径先驱。他就是让·卢瓦索，法国中央银行的一个小抄写员，年轻时，他曾受到法国环游俱乐部和童子军的徒步训练。1928 年，32 岁的卢瓦索创立了旅友俱乐部，"13—20 岁的年轻人行走、露营和露天生活的协会"，隶属法国环游俱乐部。周末和假期到来时，卢瓦索摇身一变成为行走培训师、领队和懂得享受生活的人。他同时也是徒步专家，不断改善他的器材，旨在把背包重量控制在 13 公斤以内，既满足了行走的需要，也照顾到他带领的年轻人的露营需求。夏季，他们在巴黎附近、枫丹白露、阿登高地，勃艮第、阿尔卑斯山和中央高地上徒步旅行。他总共走了近 4 万公里，"总是兴致饱满"。

　　卢瓦索为徒步制定了清晰的规则，明确了技术细节，这些内容在他的 24 本著作中有详尽描述。也就是说，他每天以相同的节奏，走 7—8 个小时，脚步快捷却不忙乱，每分钟可以走 170步，即平均每小时 4 公里，每天可以走 30 多公里。这个节奏允许人们停顿休整，停下来拍照、画素描，欣赏风景与废墟，查阅地图。节奏稳定前行，大步流星，上身前倾，头要直，双臂随着行

行走的历史

走的节奏连续摆动,"呼吸与运动完全和谐。"这是他在《露营和徒步旅行》中提出的建议,该书是徒步的经典著作,堪称徒步的"圣经",在 1934 年至 20 世纪 50 年代间重印了多次。

他在书中写到:"徒步露营是旅游中的王中之王;是自然爱好者的主要运动,是全面旅行的好方法。它让人有可能进入到难以到达、与世隔绝的地方;在孤独中生活好几天,享受新鲜又独立的冒险生活带来的魅力。

行走是一项被遗忘已久的古老运动,不再符合现代社会对速度和宏大历程的渴望,也不再符合当代文明人追求的热烈与直言不讳的情感。

然而,结合了露营的行走实乃一项非常好的运动,因为人们可以游遍乡村、森林与高山的隐秘之处,穿越风景最优美的地区:与大路边千篇一律的风景截然不同。

即使不追求难以企及的地点,徒步露营依旧提供了具有重要旅游价值的可能的方式:远离拥挤不堪的公路,徒步露营引领人们走上充满魅力的徒步小径,所经之处特别有趣,细心好奇的人在静谧的旧事物前驻足,每个小角落都召唤人们在帐篷下小憩,那里鲜花自由盛开,不染尘埃。徒步让人们顺随自己的梦幻,引领他们去看老旧的风车,去池塘和湖泊的神秘之滨,到森林的树冠之阴下,或者在阳光普照的山口之上。

所有这些建议都能让人们达到一种徒步哲学的境界——其两个核心分别是对大自然的热爱和对努力的情有独钟。前者是徒步科学与特殊时间概念的基础，它让疯狂的城市世界慢了下来，让人们去感受自然界的点点滴滴：

> 你会有时间去观察，每次休息时，你也许会下意识地思考、比较。你会马上怜悯那些整日不停追逐一个目标的匆忙的游客，他们不会暂停，没有做出努力，不思考，只会生出旅行的幻觉，只因他们行走却不懂珍惜时光中慢慢流逝的欢乐，不懂得停下来侧耳倾听生命之歌。

让你的鞋去接触粗糙、乱石嶙峋的乡村土壤吧，在那里你可以感受到周围的充满生机的生活：天空、生物与土地；让令人诧异的梦幻引导着你：这样活着真好啊，爬爬山坡，踩着摇晃的石块穿越小溪，在绿树丛下踏遍山路，绕过奇形怪状的岩石，空气中充满生活的气息。那些懒洋洋地坐在车里前行的人们不可能享受到这些美好事物，他们不是真正意义上的旅行者。

诚然，徒步露营的速度很慢。但徒步露营的旅途路线都是精品，人们可以从容不迫地走完，还会获得实实在在的内心满足；人们可以逐渐在徒步中获得快乐，也可以简简单单地品味快乐。远离快速、长距离以及走马观花，这样只能获得短暂的记忆，因为人们无法从中真正获得旅行经历。徒步旅行者遵循为人类规定特殊行走速度的自然法则，这让他们可以仔细欣赏和观察大自然间的万物与各种现象。

在所有准备工作中，有一项繁琐的工作特别费时，却很有意思——研究每个季节里的大自然：野生动物、昆虫、植被、菌类、地质等等。懂得观察让行走变得具有吸引力，一段旅程的意义既在于它的体育锻炼与知性价值，每走一步都会激起人们的好奇心；在寂静神秘中呈现的博大无与伦比……而且非常多样。睁大眼睛吧，带上些许博物学家的品性吧，你会收获新的巨大喜悦。"

付出努力造就了徒步者的体格，其最主要的优势就是耐力，还能锻炼体能，形成一种魔鬼般的毅志力。受过锻炼的身体打开了新的世界和获得了无可置疑的乐趣。

行走者追求的另一个品格是付出努力。确实，在你攀登高山时，道路会显得永无止境，你的背包异常沉重，你本人会汗流浃背，可能会产生一种付出的心酸感，让所谓的乐趣显得更令人怀疑！可是，当你回顾走过的路，当你到达那些只有行走者才可企及的荒凉之地，当你感受到清风拂面，这些是多么好的回报啊；当你注视着变得广阔的地平线，你身处的宇宙一隅越来越妙曼，越来越壮观。这就是幸福啊！这不是一潭死水的平静表面，而是各种感官和混乱的行动之间的平衡，是付出努力后的救赎。这幸福充满矛盾，可以买到。你会获得一种强烈的快乐；你又累又渴，露营者的粗茶淡饭顿时成为你的天堂。你在暴风雨、在雪中、在凛冽的寒风中穿越大山，可是当你到达营地，你会拥有何等的快感、何等的成就感，在重新修整后，你又是何等的精力充沛。

虔诚的、有意识的、真实的、心甘情愿的付出就是真正的快乐，露营者可以通过自己的鞋尖、疲惫的身体以及抵御不测天气感受到这种快乐；夜色降临，他搭好帐篷，篝火孤

独地跳跃，此刻他似乎拥有了世界中的全部快乐。你也许已
经明白了我们的体育哲学。

在这种精神的指引下，卢瓦索为法国设计了一个徒步路线
网，他在1938年出版的《行走者之路》中详细描述这一网络。
这些徒步路线"好几百公里长，避开都市，专在森林、河流边、
山脊线与观景点开辟蹊径。"卢瓦索把它们设计成一种"寻宝游
戏"，宣扬那些"风景优美、独具匠心的"徒步小径。有经验的
徒步者知道自己可以依赖在法国随处可见的徒步网络——它们
"大多存在于乡村与高山中"。卢瓦索建议将这些现存的道路连接
起来，用可辨识标记标示这些路径，并对其进行维护。此外，他
打算在这些路上每隔一段就建立一间旅社，还做了一个具体计
划，将现有的青年旅舍也算了进去。其实，他制定了一项具有前
瞻性的创新计划：卢瓦索设想的32条"行走路线"被标定、编
号，连成一个网络，并且被绘制成地图，10年后的1947年，这一
行走路线网络成为大徒步路线（GR）。委员会的志愿者承担其开
辟、用著名的红白标识标定路线的任务，而这些志愿者大多是由
卢瓦索培训而成或遵从他的指示行走的。

大徒步路线委员会

1945年3月5日，在法国环游俱乐部董事弗朗西斯·勒·雷
(Francis Le Bey) 的主持下，在位于伟大军团大街的协会总部，
召开了法国环游俱乐部的城市规划委员会议，"负责设计通达风
景、景点、观景台的交通服务。"让·卢瓦索做了一个关于"徒

步者路途"的报告，将他于 1938 年 7 月制定的计划中的每个细节、每张地图和每种标识都重新展示了一遍。在战后百废待兴的背景下，对这项报告的研究推动了法国环游俱乐部对徒步旅游路线委员会的组建工作。除了作为特邀徒步专家的卢瓦索外，"那些对制定路线以及对撰写让徒步旅游变得更具意义、更安全的资料感兴趣的人"也参与其中。该委员会是名副其实的大徒步路线实验室，卢瓦索根据自己的经验和撰写的徒步文章，提出建议、想法与路线，其他人则试图在行政与制度方面为实现这项壮举发挥作用。

1945 年 10 月，卢瓦索在《野外露营》杂志上发表了一篇名为《步行者的道路——一项全国性的计划》的文章，介绍了他的计划。除地图、32 条国家级路径的命名与建立（1938 年完成的工作）外，徒步者试图具体开展这些先期工作，制定工作计划，并呼吁公共部门行动起来：

> 徒步者的路径已经提上议事日程。一些对野外生活感兴趣的协会与知名人士决定试图效仿比利时的出色做法，在法国建立一个徒步网。那什么是徒步者的路呢？这是一条四通八达的小径，会经过一个地区最优美宜人的地方，并试图把这些地方用合理的方式连接起来，打造成只适用于步行者的路径。这样的计划不仅需要大量的资金投入，而且需要很强大的技术能力才能完成。创建这些路径绝不是小事一桩。必须着手多种操作，并相继进行，完美实现：
>
> 一、建立一个徒步者路径指挥中心，该中心兼具技术、行政与财政功能，以确保工程管控和路径维修。

二、按地区确定路线方案。

三、勘探设计好的路线方案，即实地确认最优路径，获得途经许可，检查徒步者将要选取的线路，开发新路线，建立必要的连接点。

四、由志愿者团队或者专业养路工来完成路径建设。这时候会出现标识和箭头的问题。标识和箭头应该做到全法统一。

五、维修路径：监管、维护路线和旅舍、惩戒破坏活动，维持标志的良好状况。

六、发布路线导游以提升徒步兴趣。

七、设置提供路况的信息服务，便于徒步者查询信息：营地、各类旅舍、补给点，可参观的景点。

这项工作涉及面广，程序需做到连贯，力求完美。我们特别重申，这是涉及全国的重要问题。法国环游俱乐部非常明白这一点，几个月来，特为此设立了徒步者路线特殊委员会。所有年轻人组织、野外活动组织、露营组织、旅游组织、林业水利与桥梁公路部门都受邀派遣代表参与其中。在法国建立一个这样的网路超过了任何一个单或多样旅游协会的力量与财力，无论这个协会有多么强大。政府需要介入其中。我们的俱乐部可以提供所有必要的技术支持与奉献精神。法国人的健康—幸福生活的一个组成部分—取决于我们为娱乐问题提供的解决方法。在经历了这场留下如此之多废墟、让我们神经紧绷并削弱我们活力的战争后，我们应该带给国民一种更人道、更美好、更有意义的生活方式。徒步者路线计划可以为此做出一份贡献。

作为国家级重点工程，大徒步路线计划成为公共健康的载体：一个国家国民身心健康的关键所在。好好行走似乎成为战后国家的重生条件。

卢瓦索和法国环游俱乐部主持下的徒步旅游路径委员会意识到任务的艰巨与资源的匮乏，在 1945 年 11 月 23 号的会议上，听取完莫里斯·柯森（Maurice Cosyn）在阿登山区徒步的独家经验以及他提出的通过比利时、孚日山区、汝拉山区和阿尔卑斯山脉连接荷兰到地中海徒步线路的计划报告后，委员会决定集中力量攻克三条路线，并以此作为"先期实验"：修整从德纳古尔-克里南到枫丹白露的历史遗留路径、建立法兰西岛环行路径（在《行走者的路途》中被分在第 32 号），并在法国露营俱乐部的帮助下，建立一条从卢瓦尔河到旺代省的徒步路线，这条路线早已被卢瓦索命名为卢瓦尔河城堡群路线。

在 1946 年举行的三次会议上，他们又制定了标定路径的通用全国性标记，卢瓦索受到护林员为区分开发林区在树木上做红色印记的启发，在此基础上加上白色印记，"保证夜色降临时标记还能被辨认出来"，受他的影响，著名的红白标记依旧是全国通用性标识。委员会还绘制了全国的徒步路径图，并于 1946 年 6 月在位于巴黎奥斯曼大街上的老佛爷百货公司组织了一次展览，名为"徒步旅游和大徒步路线"，这是第一次在面向大众的活动中使用"大徒步路线"的称呼。

1947 年 4 月，徒步旅游专业杂志《野外露营》，用了一期版面宣传"徒步者路径"。在这期编者语中，让·苏斯已经预见到这项新运动不可比拟的快速发展：

有一天，人们确信可以走上一条对的道路，不会错过最美的全景，可以在最好的条件下参观当地的景点，不会迷路，那样的话，很多畏畏缩缩的人也会迈开徒步的步伐。

此外，他也消除了那些不喜欢墨守成规的徒步爱好者的疑虑：

这些设计完美的路径完全不会妨碍那些喜欢冒险的徒步爱好者——无论他们是否携带指南针——在未被开发的大自然中尽情享受所有的愉悦。"徒步者的路"与景观浑然一体，不会像新开发的公路那样，会破坏森林和峡谷。

在号召志愿者和徒步者的行动起来的方面，他显得有些急促：

因此，我们请大家立刻参加各地的路径修整工作，这项工作由法国环游俱乐部牵头，但实施工作却关系到每一位旅游者。

在这期的《野外露营》上还刊载了一篇由爱好徒步运动的记者让·于罗（Jean Hureau）撰写的满满两页文章，彰显了这项活动的雄心，确定了几个很有辨识度的记号："G. R."诞生了，拥有了属于自己的标志——开头的两个字母"G. R."，即"大徒步路线"，数字表明步行者走在哪条路线上——以及红白两条平行线。这篇文章又一次向徒步者发出庄严号召：为了体现这一想法

　　　　　　　　　　　　　　行走的历史

的合理性，急需志愿者在大徒步路线上行走几公里，并为其做标识；也需要购买材料的资金。法国环游俱乐部为徒步旅游路径委员会进行"公开大集资"：

> 收集来的资金可以让委员会开工，着手进行第一批工程的施工。为保证各团队能在 1946 年春暖花开时开工，现在需要筹措资金订购第一批涂料与工具……所有对法国旅游现状感兴趣的人，或从更广义的角度来看，对年轻人的娱乐和健康感兴趣的人，应马上捐款。

在这场动员中，让·苏斯主编的露营杂志《野外露营》自 1945 年 7 月以来的再度出版，以及法国环游俱乐部主持下、让-劳伦斯·巴勒罗（Jean-Laurent Ballereau）主编的《野外环游》于 1947 年 1 月的诞生至关重要。大量文章对徒步的追捧，赋予了这项运动一段历史，使它的存在名正言顺；此外，还诞生了大量游记，推动了徒步器材的改进，颂扬了一种徒步精神，捍卫了一种健康的生活，甚至引发了全国性的讨论：要不要标注徒步难度，从一级（"初级徒步路径"）到六级（"高难度持久微妙山路"）？

要不要标识大徒步路线？由法国阿尔卑斯山俱乐部的活跃会员、"新浪潮"电影导演的养父罗兰·特吕弗创立的无政府主义"徒步幽默"杂志《蓝色团队》也卷入了这场辩论，并在 1947 年 5 月表示彻底拒绝所有现代经济的介入和对徒步的赞助：

> 当有人向我们建议求助于商业公司，商业公司认为徒步是一种高效且独特的广告，这简直就是丑闻！打住！错误也

有限度：在大自然中，突然看到某个医生推荐的药剂，或者某某先生的吊袜带广告牌！不，绝不能这样做，我们宁愿不要这样的徒步路径，或者说我们更希望它保持现在的样子。一张地图、一个指南针足已，不需要你们这样的"路"来完成一次辉煌的徒步。对那些了解路径的人而言，法国的徒步网络已经非常辉煌。

关于路径辩论在于标识的必要性而非路径本身在法国徒步领域吵得沸沸扬扬。

为了协调所有措施，接受补贴、私人捐赠与大众认捐，大徒步路线国家委员会于 1947 年 8 月 22 日正式成立。受限于 1901 年的法律条款，该协会联合了其他一些协会和会员，如法国露营俱乐部、法国露营联合会、法国阿尔卑斯山俱乐部、法国童子军会、法国童子军联合会、法国环游俱乐部与法国青年旅社联合会。在很长一段时间内，大徒步路线国家委员会只能依存于法国环游俱乐部，办公室也在法国环游俱乐部位于伟大军团大街的总部内，距离凯旋门不远，甚至借调了雇员贝利埃（Bellière）小姐整整 15 年，她负责所有秘书工作，她也是徒步热爱者，真诚地热衷于大徒步路线。

至于让·卢瓦索，在想法被认可、接受后，他就决定退居二线。从法国银行退休后，他住在贡比涅的一家养老院。他把时间都用在博物学爱好上，描写绘制蘑菇、兰花、平原和高山的动植物，详尽描述他最喜欢的地区，例如，枫丹白露与摩尔旺或在他的文章里提到印第安人的露营与路线。

1947 年春，在法国环游俱乐部志愿者的帮助下，在第一批公众募集资金与夏尔·拉克莱（Charles Raclet）公司——该公司专业生产制造帐篷、背包与睡袋，并特别提供了制作箭头和路牌所需的白铁——投资的支持下，第一条大徒步路线得以竣工。1947年8月31日，星期天，奥尔良市长出席了3号大徒步路线的第一段路程的揭幕仪式：沿着卢瓦尔河，将奥尔良、穆恩、薄让西和特拉弗斯连接在一起，绵延28公里。在《野外露营》杂志上，让·于罗是这样总结的：

> 如果我们不站在全国角度看问题的话，8月31日在奥尔良马德莱娜河畔举行的小小仪式没有任何意义。值得重视和庆贺的并非一段将奥尔良与薄让西连接起来的路，而是几个个人与协会的理论探讨终于得以具体实施。从先前的纸上谈兵到现在的具体操作，事实证明协会和全国大徒步委员会的远见并非空想。现在我们可以确定，总有一天可以仅依据大徒步路线的路标走遍全法国。

几个月后，即1948年月初，让·于罗造访了位于巴黎北部的埃尔蒙市（Ermenon）森林里的工地，那里正在修建1号大徒步路线的前几公里路径。在全法大徒步路线委员会的代表加斯东·杜米尔（Gaston Thoumire）的带领下，法国童子军协会与法国环游俱乐部的"年轻徒步者"们在那里开展工作。总共有二十几个男孩与女孩，他们带着柱桩、油漆与钉子，切割箭头与路牌，为路标和树木上漆。于罗提到正在建设中的350公里长的大徒步路线，这些"施工地区"分别位于鲁昂以东、巴黎以北、贝尔福以北的孚日山区、两塞弗尔山区、南特附近、尼佛纳、卢瓦雷地区、萨瓦地区、佩塞-尼佛纳附近、尼斯和巴尔瑟洛内特之间、科西嘉以及卡拉库恰（Calacuccia）和科尔特（Corte）之间。最后，他向年轻人发出号召，鼓励他们投身到这项事业中来：

> 在你散步时，在你露营时睡眼惺忪之际，你可能会把自己姓名的首字母愚蠢地刻在树皮上，可能会把你所属协会的会旗画在白墙上。我们建议你永远不要把自己所属的尊贵组织的信息留在路边的石头上。因为，请记住，在路线起点和终点的路牌上会写明参与创建大徒步路线的协会名称。要避免一切毫无结果的争执、明显的倾向性、刻意维持的恭维和标签。建设一条路径，就是捕捉现实。你将会看到所有的阻隔都会消失，人们会认为与真实的世界、与付出努力、与无动机联系在一起是一件很正常的事情。在愿为此付出努力的人和喜欢享受他们岁月静好的自私者之间只存在一条界限。你站在哪一边？星期天无所事事游荡在外省大路上的年轻人，不知如何打发时间的年轻人，还有你们——露营者——背着双肩包走入附近的林中，相信另一种实质的存在，用最美的词，一言以蔽之，带着热爱，我们建议你们参加徒步路径的创建。那么，是不是很快就可以在所有大徒步路线的工地上看到你们的身影了？

1 号大徒步路线，即距离巴黎进 50 公里的环形线路，其第一段路线的落成式于 1948 年 4 月 24 日在埃尔蒙举办。从埃尔蒙到位于瓦卢瓦中心的桑利斯（Senlis），路线全长 30 多公里，建成则需要 3 个月时间。国家旅游委员会代表在掌声中剪彩时，没有忘记强调人们为这项工程做出的可嘉努力，并提及曾经在这里徒步的重要历史人物，如卢梭和吉拉尔·德·奈瓦尔（Gérard de Nervel）。当受邀的大部分官员都去参加村里的酒会，欣赏法国露营俱乐部年轻徒步者们演奏的口琴音乐会，品尝香槟时，让·卢瓦索脚踏战前流行的钉子鞋，走上征途，身后跟着六七个拥戴者。一位摄影师拍下了这一画面，照片上，这位曾经的"徒步大师"走向一个柱桩，白色柱桩上有个箭头，标记被漆成了红色，上面写着：1 号大徒步路线。当让·卢瓦索用左手碰着箭头时，我们看不出他的心情如何，但法国徒步历史却记录了他激动的情绪。

现代徒步运动

从 20 世纪 50 年代到 20 世纪 70 年代，徒步者越来越多，徒步成为一种社会现象。1978 年，曾经的国家大徒步路径委员会已变成徒步者法国联合会（FFRP）。徒步专业杂志也同样有所发展、改变。《徒步杂志》的前身是《路径信息》，《路径信息》是国家大徒步委员会会刊，在 1978 年底遭遇到《阿尔卑斯运动和徒步》的挑战。"为什么要创建一本新期刊？"《徒步杂志》首期编者按探讨了这一问题。答案是毋庸置疑的：

> 1966 年，国家大徒步路径委员会每年卖出 7000 册地形导游图；1977 年，这个数字又增加了 10 万；同年，40 万徒步者完成了瓦娜色国家公园的大徒步路线，11.7 万名徒步者完成了勃朗峰环游。1978 年，巴黎著名的专业高山器材的商店

"露营行家"卖出了 2.2 万双徒步鞋，而 10 年前，这个数字只有 2500。

从 20 世纪 70 年代至今，这种"徒步现象"打破了人们与路径和行走的关系，让这项运动的普及程度无可比拟。我们根据其他一些现象也可一见端倪。那些以徒步为专业的展览会层出不穷，从 1979 年春第一个名为"雪与山"的展览会，到 1994 年 3 月在巴黎凡尔赛门展览中心举行的"徒步和自然运动"的大型展览会，共计吸引了 5 万参观者。徒步成为一个市场，吸引了不少连锁商店：伴随着大众娱乐市场的发展，诞生于 1986 年的迪卡侬还推出了一系列徒步专柜。

徒步运动也是在环境保护的背景下飞速发展起来的，此后，行走和回归自然便成了不可分割的两个元素。1971 年 1 月 7 日，环境自然保护部建立，部长是罗贝尔·普贾德（Robert Poujade），他对徒步路径的保护政策态度积极，也在徒步的发展中起到了决定作用。国家路径委员会主席贝纳尔·瓦蒙（Bernard Woimant）曾这样写到：

> 保护环境，保护大自然，诚然是政府的一项职责，我们非常欣慰看到专门为此设立一个部门。然而，这也是我们委员会的职责。事实上，徒步路径位于野外，没有对大自然造成污染与破坏，相反，那些公路则只能引来对自然具有毁灭性破坏的汽车。徒步给了我们第二次与自然接触的机会，这是我们本能和性命攸关的需求、被城市文明压抑着而无法满足的需求。这项活动阻止类似集中营的大型器材和旅游商业

型"联合企业"在大自然中制造城市污染，阻止它们对景点造成破坏。一个失去了自然路径的地区就是一个死气沉沉的所在，而且将很难起死回生，因为祖先留下的基础交通道路消失了。这些思考强调了自然路径在环境保护中的作用。

徒步，不仅仅是身体前行，它是需要兼顾身体、社会与意识形态的行走，正如战后那样，它与童子军、露营者以及旅行者融为一体。从那以后，在保护一个地区不受沙漠化侵袭的同时，徒步给予了小径生机，我们一步一步走在小径上，不让大型混凝土旅游设施毁坏大自然。这是用双脚来完成的环境与地域整治，从战前和战后的"健壮小腿"军团，到 20 世纪 70 年代以来这几十万自然爱好者，他们都是典型徒步者的象征。

1976 年 10 月，国家徒步大会在凡尔赛会展中心举行，汇集了数百个国家、地区和省份的代表，为 1977 年的"徒步小径年"做准备。在这个重新发现自然与试图保护自然的时代，环境部门关于生活质量的新承诺，法国总统瓦莱里·吉斯卡尔·德斯坦的个人喜好：他喜欢让人拍摄自己在山路和小树林中行走的照片，所有这些要素都有利于推动徒步和山间小径的发展。大徒步路线也从此获得了崇高的地位。

公务部门并非对徒步浪潮无动于衷，而且，这股浪潮很快与另一个特殊的政治背景凑巧结合在了一起：1981 年 5 月左派上台执政，使得与时俱进的部门和部长们出现在公众面前。1981 年米歇尔·克雷伯（Michel Crépeau）创立休闲娱乐部门，致力于推动群众旅游，而徒步正是其象征活动。1983 年 8 月，人们录制下环境部长于盖特·布查尔多（Huguette Bouchardeau）在瓦娜色国家公园徒步并在旅店过夜的场景。1992 年 5 月，另一位环境部长塞格莱娜·罗雅尔（Ségolène Royal）成为第一批在法国徒步联盟发起的"救救徒步路径"请愿书上签字的人之一。旧有的政见分歧再次显现：与贵族的登山运动相反，徒步是一项大众运动，得到了法国左派政治家的支持和倡导。毫无疑问，这种对行走的兴趣对徒步联合会有利，因此，它成为法国会员最多、资金充足、规模强大的协会之一，徒步节可以为此提供佐证。法国徒步协会于 1987 年 6 月 21 日在巴黎举办了首次徒步节，汇集了全法近 20 万徒步者。在 1993 年 6 月的徒步开放日上，人们揭晓了一个象征性数字：在法国约有 1000 万徒步者，当然，大部分人偶尔徒步，但这个数字在 1960 年大概只有 5 万，就算在 1970 年，也只有 40 万。

《徒步杂志》1986 年 12 月刊的编者按称其为"繁荣"，这种现象极大地改变了法国徒步者的形象。好几项社会学调查关注到这一现象及其发展变化。1972 年春的《路径信息》发布了第一个调查问卷，确定了徒步运动发展初期的情况，80％的行走者为男性，平均年龄为 43 岁，徒步日程 8—10 天。

最重要的调查始于 1983 年，是两位社会学家奥迪尔·考安得·皮内尔（Odile Cointet-Pinell）和费里亚尔·德罗索（Férial Drosso）发起的。法国国营铁路公司对该现象十分感兴趣，为他们提供了财力和交通支持，以便更好地了解处于飞速发展中的徒步旅行前景。于是，他们对 4000 名徒步者样本展开研究。1984 年 6 月，该研究结果由法国文献局发表，反映出的变化深远且快速：徒步者的平均年龄下降到 28 岁，40％是女性，40％的徒步者来自巴黎地区，20％的徒步者来自罗纳阿尔卑斯地区——往往来自大城市；平均行程下降到 3 天，其中一日游占很大一部分（近半数徒步者前往山区）。他们的职业和社会地位的分布显示：50％的教师，20％的自由职业者，20％的中层管理人员和职员，10％的工人和农民参与了这项运动。路线上的民宿生意火爆：20 世纪 70 年代，住宿费每年增加三分之一。最后，根据报告显示，徒步运动的区域正在扩大，它在全国遍地开花，这既与大徒步路线网络的发展密切相关，也离不开法国的小范围徒步路线网络的完善。

　　1950 年，徒步只属于个别先驱者，是成熟男人的活动，几个朋友经常在山间集体行走。但 30 年后，这项活动成为家庭活动，妇女和年轻人也参与其中，但是最多的参与者还是退休人员，甚至 70 岁以上的老人也行走在徒步小径上。1950 年，"真正的徒步者"也是露营者；他带着防身器具，背着大包出发，行走两个星期或一个月。1980 年，徒步者只徒步旅行几天，往往根据住宿的舒适程度和旅游价值决定全法境内的行程。30 年前，徒步者是一些有修养的中产阶级，不过，前童子军或参与过青年旅社的建设的人员也可以享受带薪假期，进行徒步。1980 年，徒步者多是教师、公司中高层管理人员，他们是"意识形态转变时期的代表，他们质疑经济增长的迫切需要，关心环境问题与生活氛围。"1950年，徒步者上路，1980 年，徒步者归隐。对此，社会学家会有如下典型的评论："行走是急需的，人们急不可耐地离开去往别处"。

　　1950 年，只有长于行走的人才会徒步，他们常常行走，经验丰富。30 年后，很多人投身徒步运动，有时候"他们并没有意识到风险或草率应对风险"。关于身体的观念也在改变：冒险家、先驱、通过荒芜小径探索法国的人，他们借助地图和指南针，探索法国阿尔卑斯山脉、比利牛斯山脉、孚日山脉等高地与奥弗涅，常常是协会的积极参与者。但这些人现在被消费者代替，他们购买地形导游图，行走在有标记的路径上，有时甚至是报名参加旅行社。

徒步者一直在发展。1997 年，法国徒步者联合会在庆祝其成立 50 周年之际，进行了一次调查，以便更好地了解旗下会员的身份，并出版了《法国人与行走》一书。调查显示有四大类的徒步者：散步类徒步者（47%）——每月行走一到三次，每次行走两小时；活跃类徒步者（39%）——一星期行走好几次，每次行走两小时；高频率类徒步者（12%）——每月行走一到三次，每次行走一整天；以及巡回类徒步者（2%）——每年徒步好几次，每次会背着背包行走好几天。每位徒步者都可能根据年份或生活中的不同阶段，从一种类型转变为另一种类型。所有这些类型代表了法国的 1100 万徒步者，如果我们把一年中至少徒步一次的人也算上，这个数字会暴增到 3100 万。

1997 年的这项调查还包括一个有趣的采访。大多数人回答说："与其说徒步是一项运动，不如说是一种心态，没有体力上的创举，也没有表演性质。"在大多数情况下，徒步者不是"冒险者：因此他会控制风险而非冒险"。大多数徒步者"从不强调竞争观念"。最后，这项活动更像"更新模式"的体验："逃避世俗""重整旗鼓""回归自然"。然而，最近一些数据似乎显示出一种新的变化，符合 2005 年至 2010 年的情况，徒步运动实践人数呈下降趋势，特别是在年轻人当中，尤其是 15 岁到 18 岁和 18 岁到 25 岁这两个年龄层。前往瓦娜色国家公园的人数从 1996 年的 822000 人下降到 2006 年的 720000 人。同样，在 2001 年至

2006 年间，户外运动中心国家联盟协会组织的"年轻人的徒步旅行"减少了 35％。此外，47％的徒步者的年龄在 30 到 40 岁之间，而 25 岁以下的徒步者只占总人数的 16％，60 岁以上的徒步者占 21％，因此，徒步者的平均年龄上升到 38 岁，证实了年轻人对徒步热情的减退。

最佳徒步方式

1985 年，作家兼徒步运动者雅克・朗兹曼（Jacques Lanzmann）在《登山运动和徒步》杂志上开设了一个名为"踢一脚"的专栏。他根据自己的徒步经验，以幽默的口吻，嘲讽那些被认可的组织、协会、导游以及其他"老露营者"强迫人们接受的约定俗成的"实用建议"。

在开始徒步前，朗兹曼给出几个保持身材的秘诀：晚饭不用控制饭量，大胆吃，特别是在耗尽体力之后。在食物方面，可以来者不拒：马铃薯、米饭、意面。至于肉类，不用担心，肉量太少，你都感觉不到它的存在。无论在地球上的哪个地方，动物下水都可以算作盛宴。

然而，我不建议你们吃香肠：

吃冷餐充饥，这样可不好！

至于腌牛肉罐头：

冬天，罐头会结冻成一团；夏天则可怕至极，罐头会变成液状，变成普罗旺斯杂烩菜。如果在零下10℃或零上35℃时打开腌牛肉罐头，你不会再想品尝这种食物。

在次月的专栏里出现了《徒步、鞋子、背包》，接着又出现一篇名为《啊！把自己当作超人！》的文章，文中，朗兹曼自诩可以让失业者重整旗鼓，让胖子变瘦，拯救胆小怕累的人。甚至他还写了一篇《我对手杖过敏》的文章，猛烈攻击这种工具的出现，不过这种工具却成为许多徒步者不可缺少的装备，朗兹曼则维护他那摇摇晃晃、有点沉重的步伐。

因为徒步者属于一个团体。而且往往是为了他的团体，或反对这个团体而行走。从现代徒步发展初期开始，人们就对这种团体冒险有诸多评论。这些冒险代表了徒步文学的顶峰，特别受徒步专业人士与从事行走行业技术规范的公司、导游、顾问、体育用品和营养食品供应商的欢迎。自二战后的光荣三十年以来，徒步也已成为一个市场：出现了专门的徒步器械，价格十分昂贵，但制作精良，并且不断更新迭代。至于徒步者身上穿的或者背包里放的用品，人们都会考虑其质量、必要性、互补性，以及同样关键的重量问题。

自20世纪70年代起，这种徒步开始发生天翻地覆的改变：徒步器械闻所未闻的改进伴随着这项运动快速发展。首先，从外观上看，尼龙制品和绚丽的色彩系列改变了徒步者的形象。20世纪80年代末，在道路拐弯处，人们可以看到最糟糕的景象，扎眼的杂色经常令人生畏——以荧光粉、淡紫色、黄色为主，有点像滑稽演员的着装，而此时成衣界各种品牌正处于竞争激烈的时期。自20世纪90年代末，颜色和款式又回归复古：褐色、米色、栗色和绿色。

另一个重要的发展是，器材变得轻巧。这要归因于新材料的使用，如尼龙、塑料质材、活性炭、玻璃纤维、硬质布料与不锈钢。30 年间，一个背包、一双鞋、一件衣服或者一顶帐篷的重量减少了差不多 30%。衣服的透气性也同样很重要，20 世纪 80 年代起，市场上出现了一系列技术革新，可以生产出适合徒步者的吸汗材料，既避免内衣在领口处被汗液浸湿，又能保温、防雨。徒步行走者的某些特殊之处得到生产厂商的重视，被应用于徒步运动衣的生产，还出现了专门为妇女和儿童设计的鞋子和背包。徒步者不止有男性，还有女性，既然女性和男性的体征有别，人们就不应该再穿男女不分的统一型号。

材料的更新换代也变得重要。在 20 世纪 70 年代与 80 年代的转折期，背包也发生了变化：软质骨架，紧贴着后背，底部有粗腰带可以作为主要的重量支撑，另外还有不太显眼的胸带。与过去的圆形背包不同，更扁窄长的背包形状成为一种标准，这样可以更好地分散重量。

20 世纪 70 年代末，徒步鞋出现了"轻便"的样式，鞋帮较高可以保护脚踝，与鞋子粘在一起的鞋垫采用了更轻的塑料，在结扣易损处加垫了皮质材料。20 世纪 90 年代，一些大众品牌开始占据徒步鞋市场，徒步鞋越发快速地向更加轻便的方向更新迭代。从此，一双徒步鞋只能穿一两个季节，远不如过去的徒步鞋，因为在过去一双徒步鞋可以陪伴主人一生。

徒步者的着装也发生了改变。20 世纪 70 年代末，然后在 20 世纪 80 年代中期，由美国设备供应商研制的两种纺织纤维，戈尔特斯防水透气性布料，然后是抓毛绒或聚烯烃，让徒步衣装经历了一场变革。首先是上衣或轻便夹克衫代替了羽绒服，接着羊毛衫和羊毛内衣也不再受徒步者的青睐。这些新式纤维绝缘、防水、保温，透气性好，也被用于裤装制作，即使在严寒雨雪或炎热天气下，徒步者也可以轻松舒适地行走。当代徒步者追求舒适，除了背在身上的包不能超过 1 公斤，他们还引导了轻装革命。

一根拐杖帮助行走，这不是个新观点。1985 年，徒步拐杖重新面市，由瑞士制造商埃默里（Emery）负责销售，20 世纪 80 年代后期开始流行，然后普及，在 20 世纪 90 年代间被称为"望远镜式"助步拐杖。越野滑雪是这项发明的原型：设计者称，手持一根拐杖并正确使用可以在一场艰难的竞赛或快速行走中节省20% 的身体力量。最近，依托于有效使用这种拐杖的北欧徒步在徒步界深受欢迎。

徒步者在这些助力——如轻装上路、服用维生素、优化装备——的帮助下下，会走得更快吗？在查阅了几个世纪以来每 10 年的登山时间记录表后，我们很难得出明确的结论。比较数据后，会发现，在大多数情况下，行走时间并没有显著提高，或者只是极个别现象。然而，徒步者的"走法"大相径庭，行走条件肯定越来越舒适。近来一种现象变得越来越普遍：走姿与行走的方法变得多种多样。启蒙与竞赛先后更新了徒步的术语：阿富汗式行走、北欧式行走、轻松漫游、历史徒步、文化徒步，城市徒步、定向越野、分组拉力赛，甚至山径越野赛与超极山径越野赛——其参加者绕勃朗峰一周，约需 20 个小时就能完成这项历时一周的传统徒步活动。

法国徒步联合会现任主席克洛德·余厄对徒步协会的近期目

标进行了概括："我们的宏大计划是将行程数字化。"这项计划旨在提供可下载的徒步资料与可在网上查阅的地形导游图，并在当地志愿者的帮助下及时更新网络信息，提供路况、途中民宿与宾馆的资讯，以及路线追踪信息，后者要归功于沿途有规律设置的GPS信标。徒步先驱让·卢瓦索于1982年去世，他是否能够看得懂这样的山径？红白线标志进入了另一个文明。然而，尽管徒步者拥有一套GPS导航系统，背着背包，脚上穿着鞋，从一个标识走到下一个标识，他依旧气喘吁吁，只为获得自己的圣杯：完成旅途。

6

第六章

闲逛及其他形式的城市漫步

在城市里散步是一种定义了特别行走方式的艺术。这有关风度、节奏、对城市景观漫无目的的观赏、见到的人、路上经过的建筑以及步行者自己的身体。城市开启了一片特殊的空间，通常是公共空间，但行路人最隐秘的思想也穿行其中。城市散步意味着某种懒散，知识运动，在这之中，什么都可能发生——一种随意的休闲，在 19 世纪，这种"闲逛"的爱好被提升到艺术的高度。散步涉及某种文化形态，一种与艺术、诗歌、收藏、欣赏路上美景有关的闲逛文明，尤其是最隐蔽的美景，平庸的眼光无法发现它们。

在城里行走的人与城市融为一体。兰波在 1871 年 8 月 28 号给保罗·德梅尼（Paul Demeny）的信中写到"我只是一个路人，仅此而已"——这是一场完全的、带有感情的、感官的、身体的、智力的、文化的体验。它与城市的视觉和音响布景交织在一起，通过闲逛拆开并重新缝合布景，记录柏油路的起伏与温度，在与空间或物品接触时做出反应，穿过飘浮在空气中的各种气味或者感觉，在截然不同的氛围里走动，面对街角、车水马龙、可能阻碍前进的路障，在其中迷失或恰恰相反，这会促成偶然或有目的的相遇与交汇。都市不再是穿行者的身外之物，像是被人的感官、渴望、情绪与幻想在流动中重新勾画一样，成为城市和建筑的延伸，同时又规定了路人行走的形式，这种形式具有物质性、现实性，有时还具有不可对抗性。城市步行是一场永恒的谈判，一次非法捕猎，拥有一切权力的个人着魔似地面对人类文明发明的石砌的、混凝土、路砖和柏油怪物。人类无疑只有投身城市步行时才成为真正的人，而且，同样地，面对城市怪物[1]的无所不能时，人类会受到失控威胁，这时，人不再是真正的人。

每个城市居民都有他的行走路径，甚至他自己偏爱的线路，安德烈·布勒东如此说道：

> 人们肯定可以在巴黎碰到我，不超过三天，总能在傍晚时分看到我在好消息大街和斯特拉斯堡大街走来走去。不知道为什么，我总会不由自主地去那里，几乎毫无明确目的，也没有比这种含混不清更重要的因素，我只知在那里一切都会发生。

每个人都会经历迷路，了解自己，琢磨方向，或其他。什么都不去掌控，只是游逛，偏移，就像 20 世纪 50 年代至 20 世纪 60 年代间情景主义者试图实践甚至将其理论化一样，把"迷失"定义为"仓促穿行于不同气氛的技术"。瓦尔特·本雅明（Walter Benjamin）[2] 也

1　原为《旧约》中记载的一种怪兽。——译注

2　瓦尔特·本雅明（1892—1940），德国哲学家、文化评论者、折中主义思想家。——译注

提到过出现在 19 世纪世界之都巴黎街头的漫步者，他们自然是"踏遍沥青路"去猎奇，享受街头故事与不期而遇的惊喜。无论事先是否安排好，闲逛者都会凭借自己的直觉、执念、感情、期待在城里游走，与万花筒般的城市地貌融为一体。所见所闻都被即时的场景和气氛、无拘无束、行走者的注意力集中程度过滤，在步行者的身体和意念中不断重组身处的城市。都市是闲逛者的内心投射，本雅明如此精妙地借助一种难以忘怀的意象来解释：都市就像行路人的公寓。他在《十九世纪世界之都巴黎》中写到：

> 道路是闲逛者的公寓，他家四壁就是道路楼房的外墙，与中产阶级的家一样，他们住在四面是墙的公寓里。闲逛者对写着公司名称的发光陶瓷路牌的重视，跟中产阶级对摆放在自己沙龙中的油画的重视程度一样。路上的墙面是他放置笔记本的托书架，报亭是他的书房，而咖啡馆露台则是他的落地窗，他可以在结束工作后，站在窗边审视自己的内心。

弗兰兹·海斯（Franz Hesse）将自己于 1930 年前后发表在《巴黎日报》的专栏文章汇集在《散步的艺术》一书中，他在书中对他朋友本雅明理论化的"闲逛文学"大加赞扬：

> 亲爱的、打算投身当代散步的人们，去看看你们的城市吧，逛逛你们居住的街区，在工作、尽义务、习以为常的地方闲逛一下吧。重新感受某些路段的历史。看看生活是怎么在此浇灌或茹毛饮血的，怎么让这些地方沉寂或者热闹，高

雅或者贫苦，拥挤或者四散的，怎么会让某些古老的花园宛如世外桃源，而另一些花园又在围墙内凋零衰败。去感受何时路上喧嚣蒸腾，何时又空无一人，何处交通拥堵，乱作一团，何处人群又熙熙攘攘，喜庆欢闹。学着辨认那些越来越安静的所在，因为那里鲜有陌生人踏足。那里如同昏睡的看门老妇，已经习惯每天从此掠过的那些熟悉的脚步声……现在我要说明一件对漫步者而言很重要的事情：他无需进门，无需和谁聊天，橱窗和进进出出的场景足以让他感到满足。当他抬起眼睛，转过身去，陌生路人的面庞在瞬间让他了解了很多事情。散步那不可比拟的魅力在于让你们从多少有点不幸的私生活中解脱出来，因为你们与完全不相干的事情和命运连结在一起，进行沟通。当他在理想的漫步城市意外遇到认识的人，感觉自己突然变回可视为相同的普通人时，真正的散步者会意识到一种可怕的感觉。

因此，真正的城市散步者如同一位读者：马路是打开在他面前的书，他的阅读只是出于乐趣。他随着脚步的节奏，念得不徐也不急。

最初的城市散步或行人视角的发明

自 17 世纪起，如果我们去凡尔赛宫的高度文明的"法式"花园散步，也是为了读懂世界、历史和国王的荣耀，对于步行者而言，所有的象征物就在眼前，近在咫尺。然而，18 世纪中叶，城市散步空间在巴黎建立起来。从此，法国通过修建特殊的"散步"空间完成城市美化，按照杜伊勒利花园和香榭丽舍大街的模样，在城市里修建宽阔的大道，主要为了拓展憋闷的城市空间，创造舒畅的公共交通环境，借助空气流动提供更好的卫生条件。这些散步大道被纳入重建绿色城市的进程中，通过城市新美学的必备设施，保证便捷和公共卫生的职能，同时也是为了加强城市的物质性与在此居住活动的人之间的联系。因此，散步大道就是人们来回走动的空间，他们走过此地是为了观景，同时也是为了被人看见。

小克劳德·克雷比翁（Claude Crébillon fils）[1] 在《情感和思想的迷失》（1738 年）一书中近乎完美地道出了城市新散步大道的这种社会功能。作为放荡主义小说大师，无论是描写女性还是男性，他都非常善于捕捉和描绘他们的情窦初开与各种情感纠葛，他的小说栩栩如生，形象呼之欲出。外与内、灵与肉、公共空间与封闭处所之间不断形成鲜明的对比。他的作品里就有散步。小说中所有活动中的人物都出现在杜伊勒利花园中，出现在观察、打量与评价他们的"观众"的眼前。小说中关于走动的描写固然不多，但十分明确，完全决定了所有情境、对话与"迷失"……当众人在花园的"大道"上散步时，他们同时也挣扎在引诱、屈辱、愤怒、注意、献媚或迷情的路途上。

> 当我们进入杜伊勒利公园时，花园里和大道上全是人。德·塞南格太太很高兴，她把我带到这里就是为了让大家看到我，她的一言一行很难不让人认为我不是她的情人。我无

1　小克劳德·克雷比翁（1707—1777），法国作家。——译注

力反对她的计划，却又不愿迎合她，既不知道怎么面对她的殷勤，也不知如何拒绝她。另一位与我们同路的德·梦婕娜太太让我着实讨厌；她的面容没有任何特点，看上去不讨人喜欢，再加上尽力讨好的姿态显得她更丑陋了。她太胖，身材臃肿，却试图表现得轻盈一些。她想努力做出自在的姿态，却着实表现得厚颜无耻，除非与她想法一致，否则一定觉得可气。只要在人少的地方，她就不屑于同我说话，但一走近大道，我发现她的表情发生了变化。她开始变得活跃，不停地同我说话，如果她没有什么意图，第一次见面绝对不会表现出如此不得体的亲近。德·塞南格太太不一定看出了德·梦婕娜太太的新想法，她本应警惕起来：我想她认为如果自己不能讨我欢心，也至少要让大家都相信我喜欢她。而德·梦婕娜太太的举动直接妨碍了她的目的，于是，她一脸严肃不悦。德·梦婕娜太太也回以更多的不悦之色。我在出道之始，就有了让两个我不在意的女人争风吃醋的荣耀。

　　我们并没有只走在大道上，在众目睽睽下招摇过市。两位与我一起散步的夫人显然是这里的常客，于是我成了大家注意的焦点和猎奇的对象。大家对她俩太了解了，不可能认为我不是其中一个的相好，而且，她俩都对我献殷勤，妨碍了大家猜到我究竟是哪一个的情人。这种模棱两可让德·塞南格太太失去耐心，她尽其所能让局面对她有利：每次她的情敌看向我时，她就立刻打开扇子，挡住她的目光，让她无法得逞：然后，她极尽曾经助她成功的娇柔作态，向我低语，一脸温柔，含情脉脉，又如此幽怨，凭着这些熟练掌握的恬不知耻之伎俩，围观的人是绝对会相信她要大家相信的事。

随着社交生活在公众场合的出现，尤其是在巴黎的散步大道上，合理举止教科书、礼貌手册、城市修养细则这类新作品得到发展，受人们青睐。有意思的是，这些书注重外表、仪态、步履、漫步的正确速度、位置，还有走路时手、脚、腿、手臂的位置，简直成为人们过度的执念。人们恐惧他人的眼光，近乎病态地害怕被人视为笨拙、不可一世、可笑或疯癫的。这样一个透明的场合可以决定一切，散步的正确方式意味着在社会上和文化上取得成功，也成为掌握完美市民"习惯"的标志——首先是巴黎贵族，然后是巴黎的中产阶级。《得体年鉴》（1804 年）的作者就指出：

> 我在此不以礼仪老师的身份自居。我不会像舞蹈大师那样说：走外八字，手臂成优雅曲线。不，但我会说：不要走内八字，你会看上去像只鸭子；不要在路上摇摇晃晃地行走，像个盛装的贩票商那样不自然。不要放声大笑，人们会以为你是从疯人院里逃出来的病人；手臂动作不要太大；不要把帽子戴到耳朵上；千万不要把两手插在口袋里，否则，如果你被石子绊倒就会摔断鼻梁；不要把雨伞或拐杖水平夹在腋下，你会戳瞎走在你后面的个子矮小的人的眼睛，在人行道上转身时，你会打碎商铺的墙砖；如果在街上遇到一个朋友，不要在人流经过处驻足；不要拉扯朋友衣服上的纽扣，你可能会将纽扣扯下来，甚至还会扯掉连着的那块布料。不要把烟吐到别人脸上，你会让太太们咳嗽，她们会把你当作乡巴佬，而且你可能会挨男人们的拳头，他们可不把这当作笑话。

我也不要求你一脸谦卑，低眉顺眼，像个贞洁少女；男人不应该显得笨拙；而是要挺胸抬头，自信地走，自然地走；如果你了解自己的能力，你会知道自己跟别人是一样的。啊！千万不要染上自命不凡之徒的做派。尤其在散步时，你会碰到各色人等，可笑的怪人，身着寄宿服、打扮俏丽的老妇；走在前面，大白天打扮成狮子般威武的旧贵族；你还要小心千万不要模仿他们的走姿和缺点。

点缀着散步大道的城市无疑为人们在城市中的行走和公众围观提供了练习场所，哲学家、饱学之士卡尔·戈特洛布·谢勒（Karl Gottlob Schelle）[1] 在 1800 年前后完成了作品《散步的艺术》。他生活在莱比锡，却想象同一时期在欧洲很多大大小小的城市中出现了一种相同的艺术。此外，在这座被称之为"小巴黎"的文化都市中，萨克森君主留下了光鲜华丽的杰作，一切都召唤他行动：大小道路、易北河上的桥梁、宫殿、散步大道、英式花园。谢勒写的短小的文章是这些新近出现的建筑的使用说明：如何好好散步呢？任务如下："把一个物理现象（行走）上升到认知层面的高度"，成为城市新文明的象征：

散步不仅仅是把所有思想活动都排除在外的身体运动。如果把散步者想象成一台简单的处于运动状态的机器，身体运动时思想在休息，那就真的没有丝毫魅力可言。一个没有思想的普通人不会有这种需求，而且他也很难在散步时思

---

[1]　卡尔·戈特洛布·谢勒（1777—?），德国作家。——译注

考。道理很简单。想要感受到散步的魅力并且感受到思索的需要，就要有一定的文化水准，拥有并非所有人都有的知识素养；所以，一个单纯的短工当然无法体会到散步的愉悦。我们还可以把所有那些冷漠的人归于此类，他们从不会被触动与震撼，对他们而言，散步纯粹就是机械运动，而在有学问的人那里，散步会产生认知的需求。那在散步中，与自然契合的思想起到了什么作用？散步适合哪方面的思想？回答如下：将智力活动和身体运动结合起来，把一个物理现象（行走）提升到认知层面的高度。但是仅此还不够。身体运动对思想而言应该是一种放松，对身体本身则是有益于健康。所有劳心过度的智力活动都不能达到这两个目的。这就是为什么所有严谨、有条理的思考都不适合散步。对思想而言，这不是休息，而是新的付出，同样，这种思考在体力和大脑双重运作下，没有让人强健体魄，反而透支了身体。另外还有一点，思想在散步过程中要寻找到自发的思考对象与素材。只有在这种条件下，散步才能进入思想和文化领域。

同时启动身体和思想的散步可以做到产生"启动软能量"，然后接连产生好奇，生出许多主意、一连串语言与一大堆评论，还会引发对城市的特殊思考。所有散步的共同点是，走路可以让人稍微想一些其他事情。这既不是"形而上的空想"，也不是要解决什么问题，思考工作中的事情，它是对貌似理性、洞察力初见端倪的微妙、有品位思想的开放态度。所有这些是十分有益的，既有益于身体健康，又消除了思想疲劳。身体和思想，两者都实现了"有分寸的锻炼"，既是城市新文明的标志，也是慢生

　　　　　　　　　　　　行走的历史

活的标志。

步行的巴黎：行走礼仪的诞生

自 18 世纪末期至 20 世纪初期，巴黎是最杰出的城市，也是行走文化最兴盛的地方。路易·塞帕西蒂安·麦尔希尔（Louis-Sébastien Mercier）[1] 创作的 12 卷《巴黎画格》，由几千帧描绘首都生活场景的小故事组成，淋漓尽致地展现了旧制度时代末期贵族、中产阶级和平民大众的生活。他还记录下了城市散步，公共场合下的社会现象以及人与人之间互相打量的风气：

> 巴黎人从来不是在走路，他们奔跑，他们行色匆匆。在某些时段，某一天，最美丽的公园里空无一人，因为这一天，人们按惯例去其他地方聚集。这种不成文的约定俗成真实存在，但没有人知道为什么会有这种排他性的偏好；在选定的街区，人潮涌入，大家互相拥吻，摩肩接踵，人群的闹腾劲比起看戏的观众毫不逊色。一会儿有人的剑柄插入盛装的缝隙，还扯下一块衣角；一会儿又有人的剑鞘一端碰到了配饰上的针脚，扯断衣服上的线圈。还有人只忙于向女人行鞠躬礼，却没有顾及到女人短斗篷的薄花边细线被衣服扣子给勾出来了，而这些女人则被人群推着往前走。这些人中，年迈的贵妇人强装顽童，12 岁的小女孩却假装成熟故作深思，以致无论是在社会上还是在戏剧舞台上，巴黎的芳华岁月不

---

1 路易·塞巴斯蒂安·麦尔希尔（1740—1814），法国启蒙运动时期作家。——译注

再招人待见。女子们无不掩饰自己的年龄。这后面隐藏了多少去除皱纹的保养秘诀！然而，愚蠢模仿小舌音发音浑浊的人却无法掩饰自己的年纪。那些被包养的女人则使出浑身解数表现得得体，如果她们坚持不懈，那就必须真正认识她们才不至于把她们与诚实的中产阶级妇女混淆。在这些城市散步道上，女性更需要审视别人和被别人看见。

麦尔希尔的父亲是经营抛光生意的商人，他出生并成长在新桥和卢浮宫一带。他承认正因为走路，才发现了自己的写作天赋。他说，"天才是行走者。"他靠"他的双腿"走遍了巴黎，双腿不仅让他在路上疾驰，也助他写作，因为"只能写好在行走中看到的事物。"

我为了创作《巴黎画格》走了很多路，可以说是全凭双腿，所以我也学会在首都街道上轻快敏捷地行走。这也是想要将所有尽收眼底的秘密。

作者借助敏锐的洞察力，一边行走，一边观察，把所闻所见倾注笔端，《巴黎画格》就是这样一幅行走的城市肖像，成为一座永远处于运动中的巨大城市之风俗的绝佳见证。另外，麦尔希尔给《巴黎画格》添上了最优美的小标题："让我们散步吧！"

尼古拉·埃德蒙·海斯蒂夫·德·拉·布拉东（Nicolas Edme Restif de La Bretonne）也是一位热衷写作且与麦尔希尔风格接近的作家，他留下了 8 卷的《巴黎之夜》，记录了 20 多年间的 1001 个夜晚里，从圣路易岛途经塞纳河到达巴黎皇家宫殿的夜游闲逛。一大早，他才不得不回到比埃弗尔路的出租房中。"猫头鹰-观众"是他自封的绰号，他身着深蓝色大衣，备着手杖和手枪，在夜里散步。一半像警察，一半像间谍，既是专栏作家又是告密者，只为观察路上的一切又免于引起他人的注意。在这种好奇的散步过程中，他会倚在桥栏上，坐在台阶上，靠在石头矮墙边记笔记，然后，从 1786 年 12 月起，他把这些笔记整理润色成短小的记叙文章，每夜一篇。在这本书里，猫头鹰的目光既敏锐又狂放，他的文笔既令人诧异又生动别致。然而细心的读者会在字里行间发现一个城市夜游者的形象、语言、动作和习惯：

> 猫头鹰！在夜晚的幽暗中，多少次你那地狱般的啼声让我震颤！如你般忧伤孤独，我独自游荡在黑暗中，在这座硕大的城市里：路灯划过阴影，阴影没有消失，反而愈发显眼：正是大画家的光影！我一个人游荡，只为了解"人"……我是猫头鹰-观众，趁着夜色行走在首都的街道上。你可以看见我头上飞着猫头鹰。当所有人都合眼休息时，路上却有那么多可以观察的事物！岁月静好的公民们！我为你们守夜，我为你们独自在夜间奔走！为了你们，我进入罪恶的洞穴。但我又是罪恶的奸细，我要向你们出卖它的秘密……为了你们，在深夜里我不断窥探守望，只有当晨曦降临，赶走黑夜与挑唆者时，我才离开……为了你们，为了你们的孩子，我装扮成猫头鹰！严寒雨雪都不能阻挡我；我要看到一切，我也……几乎看到了一切：因为，我不可能无处不在……让别人描写白天发生的事，而我，则要写出黑夜的罪恶……没有人见到过我的所见。我的帝国始于夕阳坠落

之时，而终止于曙光揭开白天帷幕之际。

闲逛：读懂城市的躯体

　　不久之后，城市给最好的步行者提供了新的行走空间，它诞生于巴黎这座现代化城市典范正在酝酿中的变革：一小部分出色的专家、业余爱好者、热爱城市者与闲逛者。维克多·雨果在《悲惨世界》中宣称："游荡是人的天性，漫步则是巴黎人的属性"。这种想法已于 1832 年被一位匿名作者在《巴黎的漫步者》一文中提出："任何地方都会出现闲逛者，但他只能生活在巴黎。"1867 年，作家夏尔·维特迈尔（Charles Vitremaire）也附和到："观察者们总是想写一些与巴黎有关的文章。在这偌大的环城中，人们不会厌倦行走。来来去去，四处溜达，总会有新的发现。这是一个取之不尽的宝藏。"

　　闲逛者定义了一种巴黎人，就像巴黎街头的顽童与巴黎小妇人。这个词是怎么来的？洛朗·图尔科（Laurent Turcot）指出这与 19 世纪的巴黎密不可分。任何旧制度下的法国大辞典都不曾提到过这个词。当然，在 19 世纪的词典里，闲逛者一词最早与诺曼底方言有关，语出 16 世纪斯堪的纳维亚语词 flana，意为"跑来跑去"。最早在法语中提及该词的应属大卫·费朗（David Ferrand），他于 1638 年将此单词用于《诺曼底缪斯》中："因此，我才对你说不要再闲逛了，永别了，懒家伙，你赶紧走吧"——该词有"懒惰"或者"浪费时间"的意思。埃米利·利特（Emile Littré）在《法语字典》（1872 年）中的"闲逛者"词条下写到：

"没有目的地随意散步，没有功利意图地花时间"，然后提到该词不是很确定的词源，"词源不详，不过，可以建议参考爱尔兰语中的 flanni（道德腐化者），与诺曼底方言中的 flanné（懒惰）"。

然而有一件事可以肯定：人们在 1808 年开始了解这个词。在《俗语词典或民众用语》中，"闲逛"一词的解释是："没有动机地四处逛游；游手好闲；过一种游荡和流浪的生活"，而"闲逛者"一词的解释如下："一个非常会闲逛的人，一个非常懒惰的人；懒汉；懒人，让人难以忍受的游手好闲之辈，一个不知如何排遣自己寂寞和纠结的人。"在这之前的 10 年间，人们似乎已经使用过这一词汇。洛朗·图尔科在法国国家图书馆的法国历史类书籍中找到了最早使用闲逛一词的作品，即 1790 年《隆尚散步者的评判性观察》，接着，该词又出现在 1806 年的《沙龙里的闲逛者或好好先生》以及 1819 年埃蒂安·弗朗索瓦·巴左（Etienne-François Bazot）所著的《巴黎的咖啡馆、政治杂志、一个公认的闲逛者的世纪风俗文学和评论》中，其意义与"在"的意义相同。此外，该词还出现在阿玛博勒·德·圣-伊莱尔（Amable de Saint-Hilaire）[1] 于 1812 年完成的传奇作品《闲逛者吉约姆的戏剧小传、国都戏剧……男女演员剪影》中。一些剧作也使用这个慢慢开始流行的词语，如亨利和于勒·杜龙（1825年）的滑稽剧《闲逛者》以及杜马桑（Dumersan）、布拉杰（Brazier）与加布里埃尔（Gabriel）（1827 年）所著的《一个闲逛者的一天》。

在 19 世纪初叶，该词不一定让人联想到行走美学，更多情况

---

[1]　阿玛博乐·德·圣-伊莱尔（1795—1865），法国剧作家。——译注

下与游手好闲有关。要等到文人步行者联合会，该联合会把闲逛者定义成流动者，才将闲逛者与城市行走艺术联系起来，更有甚者还将其与一边穿越巴黎一边内省的人联系起来。

1835 年，"生理学"的成功普及了巴黎的行走身份。该现象源于 1835 年 9 月的一系列法律，迫使专栏作者和插图画家从漫画讽刺式的作品转向政治性、讽刺性弱的创作。巴黎廉价文学由此发展起来。（社会）生理学宣传典型形象的城市身份：巴黎顽童、大学生、抽烟者、士兵、医生、律师、记者、轻佻的女子、妓女、军人、中产阶级、搔首弄姿的女人、诗人，这些形象集合在一起组成了巴黎博物馆。此外还有婚姻生理学、舞会生理学、戏剧生理学、感官生理学，以及布里亚·萨瓦兰（Brillat-Savarin）的著名作品《品味生理学》。闲逛者也受到了特别的关注。记者路易·瓦特（Louis Huart）写下了著名的《闲逛者生理学》，奥诺雷·多米埃（Honoré Daumier）为该书绘制了典型人物雕版插图。

1841 年，瓦特写到，有些人直接宣称人是没有羽毛的两足动物，锡诺帕的第欧根尼已经严正批评过这一观点，认为这种说法将人类与被残忍烧烤者拔完毛的公鸡相等同。如果是这样，柏拉图应该对人的定义进行补充：人是没有羽毛的两足动物，不是被用来烤串食用的，可是与世隔绝的海上野蛮人却不能归入这种具有哲学意味和美食概念的定义。博马舍通过费加罗之口宣称，我们讨论的这个两足动物与其他动物的区别只在于他能吃饱喝足，还能随时做爱。

这种定义更接近真实，但还不能完全令人满意；因为还有一大批人并不符合博马舍对人的定义——还有好多可怜的穷人食不果腹。

尽管博马舍很有思想，但我们认为，人之所以能傲立于众多动物，唯一原因在于他会闲逛。我们甚至可以断言这就是他的社会优越性。我们认为，人与野兽的主要区别或人之所以成为创新之王，在于他可以在各种气候与所有可能的季节里，挥霍他的时间和青春。

去研究一下你所熟悉的所有动物的习性，你就会称赞这种说法的精准。在饱食之后：猴子跳跃，狗四处乱窜，狗熊原地打转转，牛反刍，其他各种多少为我们的地球增色的生物也是如此。而只有人类，在晚饭后，会用四个苏买一支劣质烟，然后去闲逛。

所以，你一定同意我们完全有理由来如此定义人类："两足动物，没有羽毛，穿外套，抽烟也闲逛。"

1833 年，埃默里·杜瓦勒（Amaury Duval）提出另一个闲逛的完美定义，精确诠释了行走艺术：

> 在我看来，闲逛者是现代文明的最高表现。请看我的闲逛者，他夹着一把伞，两手交叉在身后；他在人群中自由向前，身处中心位置却不自知。

多才多艺的埃默里·杜瓦勒是巴黎历史学家、外交家、考古学家，更是持共和派立场的多产文人。他著述甚多，主要描写首都巴黎的建筑、雕塑、街道、人行道、灯光与鬼魅，为发起巴黎古迹鉴赏的博学传统做出了贡献。因为巴黎永远处于运动之中，所以要用写作留下她的痕迹。他的文字以出奇的缜密历述城市的细节及各种景象。埃默里·杜瓦勒最喜欢的就是在巴黎的街道上散步,特别是宽阔的玛德莱娜大街、林荫大道,还有塞纳河畔。他日夜散步,用心捕捉各种场景和人物,记下对话和城市里的噪音。因此,闲逛这个词,与游手好闲的行走一样,与行走的美学联系在一起,更与行走美学引发的内省有关。以至于本雅明在他描写法国首都的文章中,如此微妙地把城市的视角、行走的方式和文字记述这三者结合在一起,定义为西方文明的象征。

巴黎是一本摊开的书,一本关于城市行走的巨著。因为“尽管闲逛者像你我一样行走,但他一路走得特别慢,观察得特别细”,另一位文学家奥古斯特·德·拉·克洛瓦(Auguste de Lacroix)如是说。1841 年,他完成了《法国人自画像》中《闲逛者》一章。维克多·福尔奈尔(Victor Fournel)在《闲逛艺术》中完全肯定了他的说法,这篇内涵丰富的文章选自 1858 年出版的《我们在巴黎街头的见闻》:

> 闲逛是一种多么美好的活动,正如职业看客那样充满魅力和诱惑!无论什么人,有幸尝试过一次,都不会就此满足,他会再去不断地闲逛,如同人们对初恋流连忘返一般。一本正经的人会说这是懒汉的生活。懒汉!去你的!我无意对谁爆粗口;可是我知道你们说这话是因为你们从未闲逛过,先生们,而且你们也没有能力去闲逛;因为像那个精妙绝伦的诺迪埃(Jean Charles Emmanuel Nodier)[1] ——世界上第一个看客——那样,既像天真汉又带着一肚子学问地闲逛,

---

1　夏尔·诺迪埃(1780—1844),法国小说家、诗人、浪漫主义文学代表人物之一。——译注

不是什么人都可以做到的。恰恰相反，这种闲逛对理解与实践它的人而言，是最鲜活、最硕果累累的生活：一个聪明而认真的看客会小心翼翼完成任务，即观察一切，记住一切，他们是艺术国度最重要的人物。

正是因为在巴黎闲逛，巴尔扎克才有了那么多宝贵的发现，听到那么多词汇，挖掘了那么多典型人物。克里斯多弗·哥伦布也是因为在海上闲逛，才发现了美洲新大陆。用自己的方式，在巴黎这座汪洋中探索未被开垦的处女地，一定还会发现很多"新大陆"。

你们从未思考过闲逛这个词的意涵吗？这个被诗人和幽默家崇尚的、充满魅力的词汇？穿越马路和散步大道做永无止境的探索：游荡在冷风中，两手插在口袋里，雨伞夹在腋下，这副行装跟有一颗赤子之心之人是多么般配；一直往前走，随性出发，没有什么特别的目的地，也不着急，就像拉封丹出发去法兰西学术院那样；在每家店铺的门口停下来看看橱窗，在每条路的转角驻足念一念海报，在每个书摊前逗留，触摸一下书籍；看着一群人围观动物杂耍，也加入其中，着迷、兴高采烈、忘却人们的尊重，全身心投入地观看演出；听听这里肥皂商贩的自卖自夸，听听那里廉价手表小贩吹嘘自己的货物，还有更远处不明来历的江湖医生的自吹自擂；如有需要，也会沿着河岸倾听军乐队吹着喇叭经过，或者虔诚地洗耳恭听莫雷尔（Morel）咖啡馆里第一女高音的低声吟唱；欣赏手摇管风琴的悠扬乐曲；加入露天平衡、杂耍演员和动物磁气疗法师的行列；满怀倾慕观察采石工；看到别人奔跑他也奔跑，想停下就停下，想坐下就坐下，我的天呐，这是何等的享受！这就是一个旁观者的生活！可怜的批评家，您还知道有什么可以与这种生活媲美的吗？

这些文章告诉我们什么？他们是如何评价闲逛者的？怎么设想城市生活的？首先闲逛者不同于看客，因为看客只看事物的表象，他走路是为了走路，他不能摆脱躯体，这躯体限制和阻碍了他全身心投入一场灵魂和肉体合二为一的锻炼。而根据洛朗·图尔科的说法，闲逛者的形象则由里至外都脱离了表面，进入了对世界的深层认知，进而达到描写世界、把体验转换成文字的境界。正如维克多·福尔奈尔提到巴尔扎克时所说的，他既用双脚行走，也是用眼睛观察，还用羽毛笔记录。巴尔扎克确实在《人间喜剧》里创造了很多行走者的形象。1834 年，他在《费拉古斯》中无疑把巴黎现代性的精华，双脚和双眼，展现得淋漓尽致：

> 有一些业余爱好者，一直都在用心在行走，他们品味着他们的巴黎，他们对巴黎的面貌如此了解，以至于可以看到它的一颗痣、一颗痘痘、一块红斑。对其他人来说，巴黎就是巨大的怪兽，将各种运动、机械与思想合为一体的惊人组合，是世界的领袖，带着万千故事。但是，对用心走路的人来说，巴黎或忧或喜，或丑或俊，或生或死；对于他们而言，巴黎是一个女人；每个人和每栋房子都是这个高大交际花身上的一部分生理组织，而他们则对她的头脑、思想和异想天开的习惯了如指掌。因此，他们就是巴黎的情人。这些有学问、有思想、懂得风花雪月的男人知道在城市闲逛时，如何随时随地采摘飘浮在城墙间林林总总的欢娱。

维克多·福尔奈尔与巴尔扎克的想法相近，同时他还说明闲逛者为什么是现代都会的一种隐迹纸本[1]：

他是充满热情的达格雷照片，保存了所有痕迹，然后通过不同手法，对行走、城市的跃动、大众精神百态、人群的信仰、憎恶与仰慕进行再创作。

闲逛者旨在阅读他踏足的这本"城市之书"，他的观察缓慢却带有骚动与激情。福尔奈尔进而指出：

如同念商店招牌那样，闲逛者阅读日常生活、各种职业，读出多多少少反映在每个人脸上、走姿和说话语调中的家庭情况和隐私，探索某种活动或容貌所表现的特征。

而儒勒·瓦勒斯（Jules Vallès）则从自己的角度指出：

闲逛者要描绘出城市本来的样貌，借助它的凹凸不平对它进行塑造，对荣耀与低俗一视同仁，……这样，我们既可以看到浪漫且爱说笑的巴黎，也可以看到名流与底层的巴黎，而我们则面带微笑，满怀着热忱地散步。

如果在闲逛者流动和关注的眼光下，巴黎是一部书的话，那巴黎的街道就是书里的句子，指引闲逛者，向这些懂得欣赏其难

1　擦掉旧字写上新字的羊皮纸稿本，但可用化学方法使原迹复现。——译注

以察觉的微妙之处的闲逛"阅读者"，施展它们所有的魅力。如果巴黎是一座剧院，那这些闲逛者的夜晚仿佛是黑暗赐予的一个"巨大剧场"，他们凭着脚劲提供的能量替他们在"剧场"里赢得一席之地，以便观看。

坐在书本前或剧场里，闲逛者融汇观察以及对巴黎标志的理解。凭借自己的感觉，他比谁都了解这座城市的所有感受。因此闲逛者拥有了自己特有的姿势：作为城市人，他创造了身体和城市的联系，这是一种既互相依赖又互相合作的关系。

《巴黎闲逛者》的作者断言："这是一株在暖房里会死去的植物，却能迎风茁壮成长。当他接触街道地面，呼吸大路上的灰尘或塞纳河的薄雾，他开始跃动，我们为这种时刻所征服。"

闲逛者是感性生物：

瓦尔特·本雅明写到："没有什么可以逃过他探究的眼光，……他对一切都充满兴趣，无论什么都是他的观察文本。他的姿势体现了他内心的狂热。因为他的步履缓慢，因为他走回头路，所以只有他驻足，其他人只是路过而已。"

他们爱走在热闹的街道上而非安静悠闲的公园里。作为城市入门的仪式象征，闲逛者可以从街道上感受到都市的主要气息。因此，诗人可以在路上感受城市，更重要的是可以感受自己。漫步与自己内心相结合，建立了新的世界。在城市里散步也是在自己的灵魂中漫游，波德莱尔比谁都深谙闲逛者的内省意义。他自己就是诗人-闲逛者，正如巴尔扎克是小说家-闲逛者一样，他漫步是试图了解、欣赏、关注行走中的见闻、印象和感受，最后在纸上用诗句将它们写出来。

林荫大道——巴黎闲逛之地

闲逛者讲述巴黎的故事和巴黎的城市演变。他也是行走理论家和实践者。闲逛者首先揭示的是林荫大道的意义，那里也是他们真正的领地，是"城市人"活动的理想场所。在《十九世纪通用大辞典》里，皮埃尔·拉鲁斯（Pierre Larousse）如此定义林荫大道：

> 林荫大道：从玛德莱娜（La Madeleine）[1] 一直到巴士底，延伸至整个巴黎的宽阔壮美之交通要道。

林荫大道指修建在塞纳河右岸防御工事旧址上的散步大道，大道两边种满了树。这些大道的修建始于 18 世纪 80 年代。1840 年，林荫大道部门划入路政部门管理，该部门修建了两条 6 米宽的大路，一条靠近城市，另一条靠近"城乡接合部"。不久后，塞纳-兰比托（Seine Rambuteau）大区在路上铺了沥青，在中间 8 米长的土堤上种了树。两条人行道长 3 米，两侧盖满了楼房。于是，林荫大道成为 30 多米宽的好地方，越来越多的巴黎人在此

1　巴黎地名。——译注

漫步，或步行或坐马车，与友结伴一起闲逛"透透气"。起先是在白天，19世纪30年代照明条件普遍改善后，他们也会在夜里出来散步，于是出现了许多夜间活动场所：咖啡馆、小酒馆、戏院、杂技场、月光下的夏季音乐会、妓院和青楼、晚间开放的奢侈品商店、上流社会的住宅和酒店。

林荫大道的早期变化使得乡间小道变为城市漫步大道，这种变化首先主要集中在巴黎东部：神殿大街是旧制度末、大革命期间直至复辟时代的廉价娱乐的兴盛地，以最喧闹愉悦著称，是巴黎找乐子的地方，正如这条街的绰号"犯罪大街"所传达的意义，此处并非没有危险之地。第二个演变则是在路易十六执政时期，神殿大街周围开始变成剧院街，之后从拿破仑第一帝国至复辟时期，在圣马丁门和圣德尼门之间，剧院如雨后春笋般越来越多，甚至演变成完整的商业区，间杂各种娱乐活动场所。"美好时代"是这些大道的鼎盛时期。从七月王朝[1]到20世纪初，不计其数的看客日夜在此消费、娱乐，喝杯咖啡，喝杯茶，去看戏，看各种游乐表演，在树荫下聊天与休憩。至于闲逛者，则如记者和连载小说家路易·卢林（Louis Lurine）在1844年完成的《巴黎的街道》中所说的那样，"偶然从中走过"：

> 在这热闹的地方，一个人，即使他是王侯将相，也会身不由己；在这里，众多令人艳羡的大饭店物资丰富，可以满足所有要求、欲望与任性。咖啡馆、餐馆、图书馆、豪华的公共浴池、服饰、珠宝、鲜花、各种可以想到的演出、漂亮

---

[1] 1830—1848年统治法国的君主立宪制王朝，始于1830年"七月革命"，1848年"二月革命"后被法兰西第二共和国取代。——译注

224   行走的历史

的女人、马车、所有的惬意、所有的欢娱和异想天开的乐趣让白天和黑夜充满生气。对偶然走过的闲逛者，没有向导也没有朋友同行，大街像在光影中盘旋的炫目镜子。这是一束耀眼的光芒，人们要像雏鹰正对阳光那样，人们要习惯正面凝视这道光芒。

巴黎的林荫大道体现了巴黎的现代性，也正因如此，它让世界为之着迷。那个时代，没有一个作家做出错误判断。对巴尔扎克来说，它代表了"亲爱的城市的维纳斯的腰带"；对埃米尔·德·拉·贝多利埃（Emile de la Bédollière）来说，它是"流动的圆圈，会移动的迷宫，激荡的湍流"；对司汤达来说，它是"巴黎所有跃动和光芒的交汇处"；对缪塞来说，它是"地球上少有的欢场聚集之地。"，而海因里希·海涅则总结说："当上帝想要消遣一会儿时，他会打开天宫的窗户，看看巴黎的林荫大道。"这些大道成为 19 世纪巴黎的重要场所，与过去的城邦截然不同，迎来城市新面貌，开启对城市时空前所未有的新解读，贝尔纳·瓦拉德（Bernard Valade）称之为，"充斥着模棱两可、反常、矛盾、困难与再造的一种感情经验，只有用一个新词才能表达：现代性"。

也就是说，一切都迅速又出其不意地交织在一起，永远在改变，不断演进，游戏与商业，新与旧，表演与艺术，运动与视角，社会阶层与娱乐，匆忙与悠闲，筋疲力尽与勃勃生机。如果说大道是现代的，那是因为它是交融万象，过路人就是公认的象征，如本雅明在《巴黎，十九世纪的世界之都》这本成为经典、书名富有诗意的著作中所理解和描写的那样：巴黎人在大街上看到了他们万花筒式的城市与生活，以及社会百态下新都市的绚烂多姿。

正是在大道上边走边看，并仔细观察着这个处于运动中的城市整体，巴尔扎克凭借对社会生活与上流社会习俗的观察，积累了大量素材，1833年根据笔记写下了《步履理论》，这篇50多页的文章收录在《病态社会生活》里。巴尔扎克坐在根特大道上的一家咖啡馆中，以苛刻的眼光定义了"城市步行者规则"，其参照系是夏多布里昂的"高雅"，而与之对立的应是末世的"左右摇晃"的波旁家族式走姿，巴黎中产阶级"愚蠢的敦厚"或路易-菲利普那"衰退"的侍从的走姿。行走在城市里成为意识形态、政治、哲学的标志，它属于城市新体制，同时也建构了自己的体制。它既支配着思想和意志，也是思想意志的外在表现。它是上流社会和其他阶层的生理学，这种生理学由步履、节奏、路人的特征所决定。巴尔扎克完成了一篇关于走姿和其效应的完整论文，即外表的瑕疵或优美、虚伪或道德。他庄严地宣布：

> 这就是我对步履人体解剖式的研究结果。所有的活动都是一种特别的表达，出自灵魂深处。伪装的姿态主要与天性有关，笨拙的姿态来源于习惯。只知道论述何为敏捷的孟德斯鸠笑着定义优雅："正确地支配人们拥有的力量"。动物的姿态优美，它们只调动必要的力量以达到目的。它们既不虚假也不笨拙，天真地表达自己的想法。你们从不会搞错一只猫的行为：你们很清楚它是想玩，想逃还是想跳。

所以，要好好走路，人就应该挺直但不僵硬，致力于走直线，不明显偏左也不偏右，全身都不露痕迹地参与行走，身体稍微晃动，可以掩饰走姿透露出的个人隐秘，低头，停下来时，手臂的姿态从不重复。

对年轻人来说，如果不讨人喜爱，思想也无趣，那么用于身姿、说话的口音和体态上的修饰都毫无用途。然而，老年人则要非常注意极力运用自己的活动能力，因为只有对世界有所用处才能被它接纳。年轻时，人们关注你，年老了，你只能让别人关注你：这很残酷，但这就是现实。

轻柔的步履就像简洁的衣装。正常状态下，动物轻缓行事。因此，没有什么比大幅度的动作、不规则的颤动、急匆匆的屈膝礼更可笑滑稽。一个动作非常多的人也会被人认为是个只说不做的华而不实之辈：人们会避而远之。外表的多动不适合任何人。只有做母亲的能忍受自己孩子的躁动。

人的动作就是他的风度：需要大量纠正才能变得简洁。在行为和思想方面，人总是从复杂到简单。好的教育就是让孩子保留自然天性，阻止他们模仿大人的夸张举动。

在活动中，要达到和谐，法则不变且具体。好好思考这些法则，并对其进行运用，就可以讨人欢心。为什么呢？没人知晓。总而言之，美只可意会不可言传。

步履优雅，行事柔缓总能吸引他人的注意，并让平庸之人在上层认识面前遥遥领先，胜出一筹。可能幸福只是一个大傻瓜！才华里总有令人不悦的极端做法，也含有决定特别人生的惊人智力。社会永远的创伤是透支体力或用脑过度，引起身体的古怪与偏移，让我们耻笑不止。但是，土耳其横跨博斯普鲁斯海峡，土耳其人慵懒地坐着抽烟，也许正是一种大智慧。才华横溢、活力四射的天才丰特奈尔发现亚洲人的动作幅度较小，是步行中的顺势疗法。他说：'只要很小的空间，无需变换位置就能获得幸福。'因此，思想是腐蚀我们行动的强大力量，它扭曲我们的身体，在强有力的努力之下让身体分崩离析，思想使人类软弱无力。"

　　埃德加·艾伦·坡也是一位城市步行者，他总结出一套别出心裁的理论：他在城市行走者身上看到了"人群中的人"的最佳诠释，即现代"行走者"。1840 年秋，他坐在伦敦闹市的一家咖啡馆里，度过人生中众多病后恢复期之一。当然，与巴黎的行走者相比，他不是那么太典型，但透过咖啡馆的玻璃窗观看街上的人群，让他成为典型的巴尔扎克式的观察者，用现代的眼光审视城市的现代性。在他眼里，在他笔下，出现了一个精彩的万花筒，跃动、攒动、行动、走动，汇集其中。路人为他敏锐的洞察力提供了市民社会的群像，有对比，有凹凸，有色彩，有表情，让他可以非常精确地对其阶级、等级、生活条件，以及通过步态观察到的所有信息进行分类。突然，他注意到一个有着独一无二表情的老年人，像是魔鬼的化身。坡在人群中跟随他。他以错乱的步伐，分开人群，一瘸一拐，但坚定且积极地跟随着这个老人。一整晚，作家都跟着他，发现人越少，老头的举止越是诡异，不安，像缺氧一般，他不断地重新走进人群拥挤的地方：剧院出口、酒馆门口，好似重新获得氧气，呼吸顺畅，重新获得生机和力量，然后离开人群开始行走，行走在城市的街道上。大清早时，坡终于明白了：他跟随的是一个人群中的人，"深重罪孽的天才，拒绝独自一人。"他是新城市永远流动的化身，城市永不疲倦，永远在出发。

坡将自己的文章翻译成法语，1869 年，像是对坡的回应一般，波德莱尔《巴黎的忧郁》中写到：

> 并不是每个人都能涌入人群：享受人潮是一种艺术。……
> 诗人享有这项不可比拟的特权，他可以任意成为他自己或其他人。……孤独的散步沉思者在这种普遍的融洽中也享受着一种独特的醉意。很容易适应人群的人懂得狂欢，对把自己关闭得像保险箱一样的自私者，以及像软体动物那样把自己封闭起来的懒人来说，他们永远不会获得这样的享受。散步者融入看到的所有职业、所有欢乐和所有悲伤中。

这种观点让潜在的人群之人——诗人——拥有一个重要身份：他最善于捕捉城市现代性的迹象，因为他在城市里行走，记录下城市的变化，了解城市这个系统。这样一来，作家—行走者就成为城市的隐迹纸本。可以观察和阅读"城市这本大书"的行走者也是瓦尔特·本雅明的观点，他接过了波德莱尔手中的火炬：

> 没有一座城市像巴黎这样与书本密不可分。因此，达到最高境界的闲逛也是最幸福的体验，将之引向书本，带入书里。因为巴黎是塞纳河穿越过的图书馆里的一座巨大阅览室。

巴黎游荡的乡愁

当权者关注城市大道时，城市公共设施、适度和流动性都不断提高。路边的高级商铺越来越多，比如最著名的全景廊街，披着现代城市的亮丽夜色，从证交所一直延伸到蒙马特大街；街头表演出现了，越来越豪华的房子建起来了，许多小路和断头小巷也融入了巴黎的街景。第二帝国期间，奥斯曼的城建工程又拓宽并延展了大道的两端：东端的伏尔泰大街，西端歌剧院广场和歌剧院大街。此外，警察加强了监管与分区治理，结束了神殿大街的罪恶旧时代——这曾是一条被中产阶级抵触的不安全的大街。此时，一些热爱旧日巴黎的文人开始怀旧。闲逛者越来越成为城市改建的旁观者，因而随即陷入感时伤怀。他远距离观察城市，不介入其中；他不再如先前那样活跃在城市中，他在街上边走边观察，却不再参与城市的改造，相反，会更为满怀忧郁之情地欣赏旧时的巴黎。19 世纪 30 年代后，渐渐地，讨厌白天的现代城市，并以秉烛夜游为荣的人，让"闲逛者"这个词变成夜猫子的代名词，如同一身黑衣的吸血鬼，只在夜幕降临后出现。通过行走、游荡、在黑暗中迷失，闲逛者融入夜色中的城市，晦暗遮住了新城市，让他得以重温旧日的街道。夜游作家如克劳维斯·米绍（Clovis Michaux）、朱利安·勒麦尔（Julien Lemer）、阿尔弗雷德·德勒沃（Alfred Delvau）、古斯塔夫·克劳狄（Gustave Glaudi）、保罗·费瓦勒（Paul Féval）以及他们中最疯狂的吉拉尔·德·奈瓦尔（Gérard de Nerval）还有他的《十月之夜》。据波德莱尔说，这位夜游殉道者于 1855 年 1 月的一个晚上在一根栅栏上吊死了，"在他能找到的一条最幽暗的街道上，让灵魂解脱"，这反映了对即将逝去的巴黎的记忆，是暗夜的巴黎，而非新生的巴黎，是被享乐照耀的巴黎之夜。因此，这种记忆不可能没有纷争、没有撕裂。阿尔弗雷德·德尔沃以旧日夜游闲逛者之名，揭露"夜游狂欢者"在声色犬马的夜生活中，再也无法感受到夜的诗意，因为他们不再在城市里行走。他们是光影的生命，如同被火焰催眠的不顾一切扑火的飞蛾，如同"长明灯"，如同寄生虫——德尔沃反对这些伪装者，说"他们是抹布，是海蜇，是巴黎海洋中的荨麻"，——他们不是头脑清醒且行走的夜游作家。

旧日的巴黎不断承受现代化城市建设的重创，彻底改头换面，从奥斯曼男爵的大工程到 1900 年世博会的大兴土木，期间还修建了下水道与地铁。城市行走直面这些城市改造，积极呼应。如何在这座城市里行走，这里有着气派大街，河岸清除了障碍物，道路宽敞没有迷宫般的布局，广场干净整洁即将通车？独具一格的巴黎步行者既是行走者又是时尚人士，毫无疑问他们早就做出了选择：耍耍聪明，要以行走本身抵抗变化，创新城市行走的形式。

加布里埃尔·哈诺多（Gabriel Hanotaux）在 1899 年完成的《塞纳河及其河岸——一个书迷的散步》中如此写到，巴黎行走者面对为 1900 年世博会而打造的新巴黎，面对环形或直行机械化地铁以及快速的城市节奏变迁，成为反闲逛的最好例证：

> 他们剥夺了我们无辜的享乐，一而再，再而三。我们看到塞纳河边的书摊搬迁至河岸的另一边；然后，他们又拆了

河堤，河岸拥挤不堪。……脚底下，大地在颤动；人们听见低沉的巨响。有人在挖路、前行，像极了哈姆雷特的阴魂。然后，我们看到了那些圈起世博会场地的难看极了的绿色隔板；接着，就像《麦克白》中的描述，路边的树木开始行走。一边直立行走，一边在空中挥舞绝望的残枝。似乎在威胁什么人……。无论如何，这些都日渐消失，而我们这些巴黎步行者们也一个接着一个离开。

那里有国家审计局的废墟：壮美或丑陋，我不知道；我们已经习惯。一片原始森林在石缝中生长。植被如此繁茂多样，可以为之大书特书。动物在废墟里安居。巴黎的麻雀、斑尾林鸽与乌鸦在那里筑巢，以此为家。几个月后，白昼来临，成千上万的鸟儿从夕阳西下的方向，从海边涌来，猛扑到石灰墙上。它们在墙上休憩，把头放在翅膀下，但在此之前它们会叽叽喳喳一番，如同国会里议员的争吵。春回大地，当它们再回来时，这些小鸟会倍感震惊。它们曾经筑巢的地方成为未来奥尔良火车站的工地。

哎呀！他们把我们视为小鸟，视为废墟；他们将我们驱赶。我们只能远离，低着头，逃离光秃秃的白色河岸，在阳光和尘埃中，河岸显得阴郁，没有树荫遮蔽。我们则怀念着长期以来各种热闹的与平和的演出，但是我们的侄子们再也看不到了。

从此，巴黎行走写作者进入一种抵抗状态。例如，代表"无产者文学"的欧仁·达比（Eugène Dabit）、保罗·莱奥托（Paul Léautaud）、赛琳娜（Céline）和普雷维尔（Prévert），自学成才，绝不屈服，无视权威，从巴黎大众阶层获得生活的训诫与恒久的启示：在固有的散步大道之外行走，在行将消失的怀古巴黎的那些幸存下来的小巷里行走，在美丽城（Belleville）[1]、梅尼蒙当（Menilmontant）[2]、圣马丁运河边，以及鹌鹑之丘（La Butte-aux-Cailles）[3] 行走，美丽城的街道与漫步者的言说是大众行走风格中最珍贵的部分。随着旧巴黎的持续拆毁和消失（二战后的 20 世纪 50 年代至 70 年代，大多数平民旧居住区都经过改造，并建有"配备卫生设施"），怀古伤怀之情愈演愈烈，这种传统也被一脉相承的巴黎行走作家延续下去，莱昂-保罗·法尔格（Léon-Paul Fargue）及其作品《巴黎行人》与今人艾里克·哈赞（Eric Hazan）的《巴黎发明》都高度体现了这一点。

超现实主义者也实践着城市行走，以此抵抗巴黎加速的一体化和城市建设。布勒东在《娜嘉》（Nadja）和《疯狂的爱情》中，以及阿拉贡在《巴黎农夫》中都反映了这种超现实主义城市游荡，犹如一种生存和学习方式，超现实主义的城市游荡是一条迷失之路：这场彻底的、不可预测的、偶然的行走之旅是一场追寻被城市无意识封存的偶遇，寻觅难以应对的诗意和爱情。如同自动写作一样，城市行走为了找到行走现象，而规避合理事实（现代城市规划），布勒东将其具体称之为"失误现象"或"边渊现象"——在真实世界里涌现出来的意想不到的情况，反映了城市原始、隐秘、深藏、难以进入、晦暗和迷宫般的一面，是迷失的反城市。

1　巴黎地名。——译注

2　同上。——译注

3　同上。——译注

这种行走的反抗在 20 世纪 20 年代充满狂欢夜生活的巴黎发起了试验,巴黎成为散步、讨论、诉求和宣言的所在。这种一小部分人的创新常常带有政治性,正如阿拉贡在一篇无意识的梦呓短文《巴黎之夜》(1924 年)中表明的那样,他意在回答"你怎么看待享乐?"他瘫倒在酒吧桌边,早晨被侍应生唤醒:"嗨,先生,您睡够了吗? ……您的魔鬼? 先生,他走了,还带走了您的身体。"——诗人幻想与他的"享乐伙伴",行走小集团,在一起过夜。他自己装扮成安慰者玛丽亚,最开心的事就是通过地下通道到达国会与共和国宫,"投入革命的黑夜里",用"枪口"对准法国政客的太阳穴。在艺术家、行走作家和一些坏男孩的联盟里,我们看到了从前的浪漫主义闲逛者发展的一种旧有的对立关系,这种对立存在于白天忙碌的中产阶级社群与在夜里游荡、跳舞、喝酒吆喝的人群之间,如同勤于建筑社会秩序的蜜蜂与解构秩序的虎头蜂之间的对立。但这种对立又被一小部分狂热分子政治化了。超现实主义者们的这场实验做得够深够广,以不断更新的能量,跟随女性、仙女、女神、缪斯与启蒙者,趁"中产阶级睡觉时",穿越隐蔽的城市,飘向神秘的夜之迷宫的深处。不曾预期的相遇,自找的偶然事件,行走流浪,酒精和其他食物的诡异,寻花问柳的经历,殚精竭力和重获元气,探索新的视角和催眠,这就是阿拉贡、布勒东、苏波(《最后的巴黎之夜》,1928 年)与德斯诺斯(《暗夜》,1927 年)的花都巴黎,他们仿佛找到一条通往另一个世界的可行之道,属于真正的诗意、艺术和情欲生活的世界。

在戴高乐派掌权的黄金 30 年间,城市经历了一场剧烈变革,让·凯罗尔(Jean Cayrol)在 1968 年出版的《人类空间》中对此做了相应的描绘。这位具有人类学敏感性的作家记录了"悲伤都市"的蜕变。闲逛者笔下的旧巴黎不复存在了，在过去行走者攀爬过的地方，一座新城市矗立起来。这位人类学家—散步者眼看着原来的城市悄无声息地消失，没有发出一声呐喊，在20世纪50年代到20世纪70年代的现代化出现之前，原来的城市生活尚存一息，却被市建大格局所替代。一个世界在另一个世界的废墟上建造起来，人行道变窄了，咖啡馆变样了，外墙重新粉刷，新的绿地出现了，还有现代建筑、当代信号装置与流浪汉，这些有时略显粗暴的新城市化空间体系符号确立起来，与旧有的不同，有时甚至不便于行走。凯罗尔指出：被他称为"人类空间"的"人与人的城市"从城市中消失，要靠他这样的行走作家通过比较、思想共存与逐渐调节让记忆重现。

同样，取消人行道成为路人为争取在险恶城市空间中生存的艰难斗争：

> 人行道日渐减少，平行侧道也遭此命运。它不再具有散步功能，不再是令人愉悦惬意的道路，它通常由水泥或石板筑成，比车行道高一些。尽管车辆川流不息，人行道还是让行人感觉与速度、拥挤及危险还稍有距离。它沿橱窗前行，在十字路口转弯，像顺着大楼打开的饰带，将拐弯与直角连接在一起。我们沿着它行进，无需小心翼翼。可以停下来，可以往回走，遇到熟人，掉头行进。人行道让行走披上了游手好闲的色彩。人行道相当宽广，尤其是宽大马路上的人行道，沿街全是房屋与流动摊位，免于遭受永无止境的汽车流动的影响，留存欢快与热闹的一面，而且还有固定的界限。

此外，由树木、公共卫生间与标识柱为街道做标隔。因此，在高耸的建筑物和来来往往、乱作一团的吓人车辆之间，人行道成了屏障。

我们的"行走"路线位于人行道上，只有碰到红绿灯时，才会走到路中间，正如穿越红海时，行人会一起无忧无虑地穿越危险地带。我们有自己的标志，可以无意识且安然地改变行程。但是路的拥堵程度与汽车道的拓宽不仅蚕食了人行道，还让其变得拥挤不堪。如今巴黎变成一座露天停车场，人行道被停在路边的车团团围住：如同一堵城墙，堵住了行人的去路，如同一条专门标示人行道的分界线，前车和后车的保险杠几乎贴在一起，以致行人不得不在两辆汽车之间找到突围的弹性路径，危险由此增加，因为行人必须注意不让一辆马上启动的车辆堵住去路。每天的工作结束后，他自由行事、思考，或简而言之，他的社会自主性受到侵犯，他就特别易怒。他的走姿丧失了风度，他必须关注自己的动作，他走的回头路让他越发恼羞成怒，散步更像遭受压迫……当附近居民被称为沿河居民时，人行道不再是马路的沿岸。

城市行走的另一种方式

自 20 世纪 50 年代起，居伊·德波（Guy Debord）与情境主义者们就对城市化问题感兴趣，他们的立场是批判的，甚至是讽刺和反传统的。

德波在 1967 年的重要著作《景观社会》中破译并揭示西方

城市是社会制度的核心。城市建设规范化和不能跳出条条框框的建筑限制了身体运动，注定会带来麻烦。早前德波宣扬另一种城市功能，即反功用，尤其是强制改变城市、车道、人行道、步行区与机动车道。但是，他在城市里不断切换的游荡开启了新体验，他拒绝每天走同样的路程，引发激荡，这是一种在前所未有的行走中产生的感动，让人们从新的角度查看城市轮廓。他关于迷失与随机性的有趣观念，旨在让城市摆脱行走或流动网络与基建的传统模式。

从此观点来看，在城市里行走，首先意味着通过打破惯例、规范、受限的路途、约定俗成的日程来调动情感。如要换一种方式行走，需要通过两脚来感受城市。这就是行走者宣称的"偏离理论"，被居伊·德波定义为"穿越各式氛围的仓促技术"。这对20世纪60年代中期开始实行的城建计划而言是一副强心剂，特别是由高级官员保罗·德鲁维耶（Paul Delouvrier）所推动的"新城市"计划。德波于1950年在《光唇》上发表了《偏离理论》：

> 可以一个人偏离，但最有成效的当属好几个由两三人组成的小组，这些人有着共识，不同小组记录的印象汇总可以达成客观的结论。最好每次偏离方式改变就重新组合分组……
>
> 每次偏离的平均时长为一个白昼，正是两次睡眠之间的时间。出发和到达的时间可以与日照时间不同，但须注意夜间最后几小时通常不利于偏离。……气候变化对偏离会造成一些真实的影响，但只有在阴雨连绵的天气会对其产生深远影响。如果是暴风雨天或其他类似的骤雨，反而有利于偏离。

根据研究目的究竟是某个地方，还是偏离情绪效果，而决定偏离空间具体与否。不应忽视的是偏离的上述两个方面有着众多交叉点，不可能将两者完全分离。不过，以乘坐出租车为例，我们可以看到两者明显的界线：如果在一次偏离行动中，我们乘坐出租车，要么为了前往具体的地点，要么为了向西行驶20分钟，总之，都是为了寻找个人的新奇感。如果我们执意要直接探索某个领域，那就在那之前进行地理心理城建研究。……假定探索一个固定空间范围需建立基点，并进行进入方向的计算。此时需要研究地图，对其进行日常、生态或地理心理层面的修改与改进。是否需要指出对从未涉足的地点一无所知也不会影响偏离？这已点无足轻重，除此以外，这也是主观层面的问题，并且不会持续很久。该标准从未使用过，只有在系统排除所有惯常层面，且需要寻找一个地区地理心理的出路的情况下，才偶尔涉及。因此，我们可以远离经常走的地区。

1968年"五月风暴"时，很多游行大学生实践着这种城市行走，但有时候他们并不知道它的渊源。城市游击要经过行走游击的阶段：示威，在城市中秘密穿行，在防暴警察前聚集或溃散，与罢工者、工人、农民相会，在物质繁荣和中产阶级资本主义狂热消费主义的象征——小汽车——不能运行时，靠双脚行走。大学生对情境主义的颠覆行动、艺术家的偶然行为艺术和激浪派[1]的贡献进行了创新，自10年前起，他们就希冀巴黎行走的另一

1　1960—1970年间活跃的一个激进文艺流派，以反商业和反艺术为己任。——译注

种功能，正如 1967 年新情境主义宣言指出的那样：

> 在地铁运营结束后，夜间开放地铁站，有助于城市偏离。
> 在灯光间歇的走廊和铁道上行走。在需要的地点修建紧急扶
> 梯与通道，开放巴黎屋顶用于夜间散步。夜间开放街心花
> 园，但无需照明。所有路灯都配有开关，由路人决定是否需
> 要照明……

1968 年的革命者，在夜晚解构白昼的巴黎，与 19 世纪的浪
漫派作家建立了一种反常的联系，这些作家们多么喜欢夜间在行
将消失的巴黎游荡。

米歇尔·德·塞尔托（Michel de Certeau）是最活跃的现代城
市人类学家之一，梦想自己也可以有选择地实践城市行走。在
《日常发明》中，他用创新社会学中抵抗体制、权力、社会文化
既有规范的策略，即用违法、反向同化、抄小道来抵抗，并对在
最庸常、最规律的日常进行创新。在描写这些做法的艺术章节
里，德·塞尔托详细讨论了行走，更确切地说是"行人声明"或
行路人在城市里怎样通过钻规则和惯例的空子反制城市道路与行
走。德·塞尔托提出自由抄小路，因为人们可以通过抄小路最好
地调动行走能量，成为打破城市规范但存在于现代都市地形与演
变框架内的路人。行走成为路人的语言，是私人的秘语，行走者
可以使用这种语言直接在城市上书写他对现代城市区域性建设、
布局与规定路径的抵抗。行走是一种政治语言，可以超越城市共
同规则。换言之，怎样在城市里换一种方法来走？

德·塞尔托写到:"行走这个举动之于城市系统,正如陈述之于语言或大声发表的话轮。在最基本的层面上,它实际上有三种"表述"功能:是一种行走者适应地形系统的过程(就像说话者掌握语言,并为自己的语言负责一样);是空间转移的一种实现(就像话语是语言的音响实现);最后,它也是各种不同位置之间的联系,即运动的实用"契约"。行走似乎有了第一个定义,类似空间表述。

按这种逻辑,行人表述有三个与空间体系完全不同的特征:现在时、非连续性与"问候性"。

首先,如果空间排序提供了一整套可能性(可以行走的地方)与阻碍(一堵挡住了去路的墙),行走者会根据情况做出调整。这样,行走者让道路不仅是一种表面的呈现。而且,他还改变道路,创造其他路径,因为捷径、偏移和即兴行走会选择、改变或放弃一些空间元素。正因如此,查理·卓别林的玩笑才层出不穷:他把一物用作它途,超越了物品本来的定义和用途。同理,徒步者改变了每一个能指空间。而且,如果一方面他只按照既定秩序(他只去这里不去那里)实现了一部分可能性,另一方面,他又增加了另外的可能(比如,开辟一条捷径或绕道),和禁忌(比如他不走合法或必须的道路)。因此,他做出选择。城市的使用者截取表述中的几个片段悄悄尝试。他就此创立了非连续性,要么在"空间语言"的能指里做出选择,要么通过应用而转换它的功能。他认为某些地方是没有生气或必须消失的,而且他创作了"稀有""偶然"或者不合法的空间"词汇组合"。这分明已经是行走的修辞学了。

步人前尘又后有来者的行走创造一种环境的流动有机系统……

　　　　　　　　　　　　　　行走的历史

从制定地图中发展出来的行人表述，我们可以分析一下情态，即通过表达真实（必须的情态、不可能的情态、可能性的情态或偶然性的情态），表达认知（确定情态、排除情态、合理情态或可质疑情态），最后还有表达必须的义务（强制情态、禁止情态，允许或选项情态）的方式呈现行走与路程的关系。行走自我肯定、怀疑、撞大运、超越并尊重自己"说"的路程。所有的情态都参与其中，每走一步就会变换，根据不同时刻、不同路线与不同徒步者，强度、比例和连续性都不一样，是这些表述行为无法定义的多样性。

步行城市的希望

1969 年，汽车在市中心行驶已达到顶峰，对于步行街人们还一无所知或知之甚少，城市步行政策尚处于起步阶段。罗杰·拉贝尔（Roger Lapeyre）创立和主持了一个行人权利协会，10 年前这个协会就维护被法律漠视的城市徒步者，根据人权宣言的模式，在以传单的形式分发了好几万宣言，在今天看来，其宣扬的权利只是简单的常识：

> 在专给行人的道路上放心地走。
> 在大城市中，那些既可以行车又供人行走的道路，行人享有优先权；在任何情况下，司机都要给行人让路。
> 车辆不能停在人行道上；也不能停在一条妨碍行人的路上；有些落后的市镇厅滥用保留权。要抗议和揭露他们。
> 在留给行人的道路上，要推着自行车和摩托车行走。

行人在人道线上有优先权，所有机动车司机都要让路。

禁止机动车司机在行人专用道路上超车。

如果红灯下面有一个绿色箭头表示可以右转，驾驶员必须尊重行人的优先权，减速转弯。

机动车在任何情况下都不能停在行人专用道上。

为了表达诚挚意愿，协会很聪明地加入了"行人义务"这一条，成为道路交通教育的基本内容，特别针对小学阶段的学生。

他们的努力有了成效，1969 年起，第一条措施开始实施，尽管是象征性的，但效果却实实在在：城市机动车限速每小时 60 公里。1990 年，又变为每小时 50 公里；2008 年颁布了道路法典，涵盖了 40 年前提出的大多数权利与义务。最近，巴黎很多街区又限速每小时 30 公里。但是，交通事故数据仍然高居不下：2010 年，535 个行人在法国丧生，13358 人受伤。他们在城市步行者的荣耀战场上倒下了。行人权益协会另一诉求是希望创建一个"人性的城市"，即主要的行人区。公务部门对此也很用心，自 20 世纪 80 年代起，在现代城建系统下，保留某些街区用作步行，禁止汽车与摩托车进入，特别是还在巴黎修建了一些步行区域（如，蒙特吉尔路、罗奇耶路、穆费塔路、圣-爱美隆小巷、达盖尔路、帕西路、勒维斯路与共和广场部分区域……）[1]。行人空间的持续性与可见度、拓宽人行道、宜人的环境、既舒适又安全的路面、让人安心的路标、城建设施的便捷，以及充足的采光都是行人捍卫者提出的标准，30 年来，巴黎市政厅对此也给予支持。

1　均为巴黎有名的步行街区。——译注

是不是现在的首都比以前更适合步行呢？行人的优先印象是能够拥有某些空间，但还未形成一个整体的步行政策。城市步行仍然是边缘化行为，具有确定性、偶然性、矛盾性与混杂性，现代步行人中"最好"的代表——无家可归者——可以作证：他们走着乞讨，因为地铁票价昂贵，线路布局复杂，他们要躲过查票员，要找到吃的，要去见朋友，有时也没有一个明确的目的地，因为行走可以发泄，减少焦虑，消磨时光。人种学家、精神分析师帕特里克·德格莱克（Patrick Declerck）在《沉船遇难者——跟巴黎的流浪汉在一起》中解释说：

> 有三件事无需花费：睡眠，行走和自慰。它们是一样的，因为它们都是释放压力的方法。劳累后，身体不再敏感，特别是下体，最可怜的人行走时非常痛苦，尤其是双脚经常处于一种非常糟糕的状态，会遇到无法治愈的皮肤问题，然而，他们看上去已经超越了这种痛楚；他们没有肉身的概念。他们可以默默记下一些路径，但对整个空间的概念没有认知。他们晕头转向。在他们的行走习惯里有着对城市的徒步探索、对违规的恐惧，以及面对城市的许可和禁忌的巨大无奈，以至于人们常常可以看到他们绕着一点转圈，如振荡行走一般。这是反行走与反闲逛，但是这又是可行的：这是脆弱的零敲碎打。这就解释了为什么他们经常在地铁里游荡，因为地铁是不变的，这让他们有安全感。

他们才是当代城市不确定性的行走代表，是城市中最后的行走者。

7

行走者的承诺：生存和示威

当攀岩者必须冒险攀爬，且稍有不慎就有生命危险时，如果高山本就险恶，让他恐惧，如果崖壁的难度和长度以及岩石上的抓手处质量欠佳，就会让他失去平静心态，我们便会称这条攀岩的路径为"献身之路"。相反，对于徒步者而言，即使他长时间行路，穿越困难重重与险恶的自然环境或阿尔卑斯山上的狭窄台地，也很少面临这种境地。徒步者很少遇到生命危险，但是攀登高山的运动员则每时每刻都在冒险。

"没有其他动物会这样做"

然而，有时在某些特殊境况下，行走是一条求生之路，是摆脱窘境的唯一方法，是投入一项事业或活动的最好途经。此时，即使行走者落单，他也是在为大家前行，他的双脚为集体行走，让他与社会，与兄弟同志相连：难道他不是在模仿整个人类的迁徙，模仿前进着的文明吗？1930 年 6 月 13 日航空运邮飞机失事后，亨利·纪尧梅（Henri Guillaumet）迷失在安第斯山脉中，他说"拯救我的，是向前走一步，再走一步，不断向前走一步。我发誓，我所做的，没有任何其他动物会这样做."他身上只穿了一件飞行服，在山里向东走了五天四夜，穿越了 3 个山口。他好几次想要放弃，但想到妻子和朋友，他坚持了下来。如果找不到尸首，保险公司要等到他失踪 4 年后才支付保险金。在他求生的行走中，他所有的努力是为了让他的尸体更容易被人发现。但是一星期后，纪尧梅来到了阿根廷圣卡洛斯地区的一个村庄。当地山谷里的居民称他的路途是"难以完成的"，这段路途成就了纪尧梅的幸存传奇。

行走者凭借一股内心力量的支撑战胜困难，让他向内寻找不容置疑、不可想象的能量，让他在历史中生存下来，这是他个人的历史，也是他所处的时代的历史，然而，他又是如此弱小、微不足道、昙花一现，会被历史裹挟抹去。尽管如此，行走让他挺住、站直、化成行动力量的意志占了上风。

有时，行走的核心就是抵抗，在近乎机械且不断替换的脚步的引领下，近乎衰竭但意志坚决的行走者，要么走向死亡—在路上留下骨瘦如柴的尸体，没有葬身之地，要么走在希望的路上。在如此考验中生存下来，这就是创始者的举动，而抵抗死亡或走向死亡的行走则属于启示经历，铸就了英雄的性格—多少是真实的，这些故事在真实经历和宣传臆想之间摇摆。这些"伟大的"或"漫长的"行走开启了一段历史，在大地上留下一段传奇，在记忆中留下一个民族、一个政权、一个英雄人物的起源。行走是人们开创文明与神话的壮举之一。

如此，为摆脱国民党军队对江西的围剿，中国共产党于 1934 年 10 月开始长征，此时红军正处于危难之际。13 万军队突破国民党军队的防线，向中国西部挺进。后有追兵，面临疾病、严寒气候、潮湿与高山的侵扰，战士们行走了12000公里，一年后，抵达陕西。只有3万名士兵活了下来了，10万将士牺牲。长征及其英雄主义、牺牲与幸存的特征将这场挫折变为创立新国度的胜利。

　　求生之路与其精神和体力象征相混淆，经常开启通往权力的道路。汉尼拔走向罗马帝国的道路，拉美西斯二世[1]走向赫梯帝国的道路，凯撒走向高卢的道路，拿破仑军队走向耶拿的道路，墨索里尼于1922年10月重新走向罗马的道路……这些行走少有和平，受到征服欲的驱动，预示着夺取最高权力的野心。这些走上征服之路的人成为英雄，发动群众，志在重建新的国民。行走的选择具有决定意义：他们既没有乘坐火车，也没有乘坐双轮大车，而是依靠双脚行走。好像行走的考验在成为彻头彻尾的传奇时可以重新定义伟大功勋的重要性。作为大众之首，领袖指引军队与人民向前行进。在这样的情况下，行走服从于一种权威，因为那些自称领袖的人要指引大众踏上一条正确的道路：确信自己的道路是唯一可行的，尽管这条道路蜿蜒曲折，鲜少直短，徒步者会在最后找回尊严。他们在路上逃亡，经常被追击，身体虚弱，成为受害者，然而他们意志坚决，行走支撑着他们，在首领的指引下，他们怀着无限崇敬冲破难关。道路也向来不易，尽头总有很多困苦，死神出没，但这些险阻正是获得能量的主要途经。道路之险应该难于上青天，但道路因为幸存者而金光四射：这些长征英雄的成功不仅是人性的，也具有象征性意义。安德

1　古埃及第十九王朝法老。——译注

烈·罗什（André Rauch）在《行走，生命——落单或团结，创始之举》中的话说就是：“行走让他们不朽。”

死之行走，生之行走

行走也可以是一场经历死亡的极端体验，不停与死亡擦肩而过，并试图驱除它。另外，在大多数情况下，死亡就在路的尽头，只有幸存者可以佐证。这种“强制行走”存在于历史上各个最黑暗的时期，强制行走转换成生存的本能，无论如何，只管向前走。自1915年4月起，由君士坦丁堡策划的对土耳其的亚美尼亚人的种族清洗，就主要以强制行走的形式组织进行。每个地区的负责人召集治下的亚美尼亚人，然后奥斯曼土耳其的战士和宪兵押解他们进行“死亡行走”直至沙漠，再对他们进行屠杀或任凭武装强盗对他们施暴。

1944年底至1945年初，在盟军逼近集中营时，党卫军安排了“死亡行走”，撤离包括奥斯维辛集中营在内的集中营，强迫囚犯在极其恶劣的条件下疲惫不堪地向德国进发，无视他们的生命，没有执行死刑却将他们置于死亡的境地。这些“死亡行走”导致几万人受害。幸存者两次死里逃生，一次是在集中营里，另一次是在行走中。奥斯维辛集中营女囚犯扎哈里亚·阿瑟奥（Zaharia Asseo）做了如下记录：

> 我们整夜整日地行走，路已经被走在前面的纵队踩出了一条印迹，地上全是死尸和铺盖卷。脚步声在发硬的雪地上发出回响，我们难以承受铺盖的重量，行走让我们浑身上下

温暖起来。我们扔掉铺盖，又在前面捡起僵硬的黄色尸体上的铺盖。我背的包里有一包顺手从厨房偷来的人造奶油，我实在有点背不动了。我甚至不能忍受玛丽拉着我的胳膊，她反复地说"不要呻吟!"我回答："丢下我往前走吧，我不行了。"走到原定坐火车的地方，他们说火车已经开走了，我们还要行走 18 公里。这怎么可能？我们都快不行了。天早就黑了，我们却重新启程。莉莉腿疼，我就给她背诵诗歌。我看到有个人的身形变得越来越灰暗，慢慢陷下去，她一定在想等着她的孩子和丈夫。她一定要挺住，可是这又是那么难。我没有跟她说话，但我们的眼神足以交流。路边满是横尸。是走不动的人的尸体，只需一颗子弹打中太阳穴，问题就解决了。弗朗索瓦兹也非常疲劳、非常伤心。我们个个面带异色，都像疯了一样。艾里卡对我说，"我开始觉得焚烧炉反而更人道了。"这是真的，我们都走得快累死了。道路没有尽头。雪、尸体、卷铺盖、尸体旁的面包屑……我们什么都不在意。玛丽和我几乎走在最后，因为有一些犯人头目和华沙来的波兰女人跟我们走在一起。这些女人强壮丰满。而瘦到皮包骨还驼着背的我们眼神惊慌失措……我们应该已经没有人形了。

行走既是活下去的条件——走不动的女人被一枪毙命，打在太阳穴或头颈上——也会置人于死地，"一直走到死"是在集中营制度走向绝境、崩溃时的双重淘汰机制：走不动而死和走到死。这种通过自然选择处死的方法结束了近一半的囚犯的生命。在 20 世纪初期的人种灭绝中，这种方法早已在德国军官的监视下实施过，比如 1904 年被德意志皇家军队屠杀的纳米比亚赫雷罗土著人（Hereros）。另一个奥斯威辛的囚犯让·萨米埃尔（Jean Samuel）也可以作证：

> 我们被视为身体健全、对第三帝国还有用的人，可以去兵工厂工作或挖地下洞穴安置飞行爆弹。点过最后一次名后，我们被赶着上路，由党卫军和犯人头目押解上路。身上只穿着囚犯的单薄睡衣，厚木底高帮鞋磨得脚疼。天气很冷很冷，零下 20℃ 到零下 25℃。雪积得很厚，刺骨的寒风凛冽。我们五人一列，6 万个行走的尸体排成长队，参差不齐地前行，我们互相搀扶着，互相支撑，推着那些走不动的人前行。在夜的沉寂里，回响着党卫军的枪声，他们用一颗打在颈项上的子弹结束了那些跟不上队伍的人的性命：我们中不能有人被苏联人活捉，没有目击者可以生还。他们催着我们一步，一步，一步，再一步地走，用超过常人能忍受的行走将我们慢慢置于死地。谁能想象我们是凭着怎样的奇迹般的意志力活了下来呢？人的潜力是不可估量的，只要有一丝希望尚存就可以发出力量。在行进了 67 公里以后，我们到达格莱维茨（Glewitz）。就是 67 公里：最后一段路程真的太恐怖了。

一种是无力再往前，另一种是濒死往前走，从这两种死亡行走中诞生了生命，苦海余生。因为正是在无论如何都要再往前走的这种精神里潜藏着"生的希望，不管这希望多么微弱"。生命的最后意志体现在一步、半步，也可能是最后的一步里，而其实这只是前面的一步，后面还有新的一步，又有一步，再有一步，直到在两天里走完 67 公里路程。

抵抗运动分子布里吉特·弗里昂（Brigitte Friang）是另一位集中营幸存者，她被流放到拉文斯布吕克集中营，她在《尽力走》中也阐明了这种幸存行走的机制：

> 行走开始了，一步，又一步，再来一步，然后又是一步。所有的脚步都是艰苦的付出，行走，每一步都蕴含着我的意志，我求生的意志。否则，就是死亡，在陌生的路边死去……

最终，行走也是救赎。从死到幸存，从幸存到新生：行走是拯救，是重生。它意味着身体复活，重获能量，愉悦与感觉。1945 年春，普里默·莱维（Primo Lévi）在《休战》中描写的奥斯维辛集中营转移及之后的死亡行走完美地诠释了上述观点：

> 我在早晨清新的空气里走了好几个小时，呼吸新鲜空气就像服下直入我衰退肺部的一剂药。我的脚步确实不太稳，但我热切地想通过行走重新感觉自己的身体，重新与之建立联系，我与自然几乎已隔绝了两年时间，在这期间我看不见树木、青草与褐色的大地——那里充满生机，劲风吹走冷杉的花粉，一阵又一阵。一个星期以来，我在卡托维兹（Katowice）周围探索。我病后初愈，尚且虚弱，身体中也流淌着大量胰岛素。我要求医生给我开胰岛素，找到它们，并买回家，再注射进体内。当我行走时，胰岛素默默完成它的

光荣职责：它出发去血液里寻找糖分，认真勤奋地参与新陈代谢和转化能量的任务。但是，它找到的糖份量不大：总是几乎在同一时间，突然所有的储备都被悲剧地消耗殆尽：我的双腿软下来，昏天黑地，我不得不停下来，就地坐下，被巨大的饥饿击倒。我从口袋里拿出一包葡萄糖，大口吞下。几分钟后，云开日现，阳光和暖，我可以重新上路了。

行走让胰岛素在体内穿行，寻找糖分，让生命重获活力，它是身体生理运作的条件，如同自然形态的内燃机。很少有人会像普里默·莱维一样，如此精妙地把病后恢复期比作"行走进程"，通过行走重生，尽管在行走中总是面临能量的快速衰竭。

从行走到游行示威

行走是证明一个男人或一个女人的生命还能重启的最后可能。它深掘这几乎原始的动作，即转移求生的意志。但是，在这场微小行动中，整个社会是随着孤立的个体运动的。尽管奥斯维辛的幸存者出于求生本能能够步行几十公里，但仅有这种本能还不够。他们还以别人的名义行走——那些走不动的人、死了的人、不知情的人，甚至灭绝他们的刽子手们——替全人类在走。行走是一种政治手段。行走的人是以所有人的名义站立着行进。

因此，行走者是最好的示威者，他们是以别人的名义，以所有人的名义，反对不公平的人，他们奋起斗争、反抗和诉求。因此，克鲁泡特金（Kropotkine）在 1888 年 3 月 30 日的《革命》里把革命比喻为行走：

社会革命就像一条要走的路，在路上停滞不前就是向后退。他只有在完成了他的行程和达到征服目的时才能停下：在人类自由里实现个人自由。

　　要行走的人得站立起来——根据圣马太的基督教寓言，"站起来，走！"——不屈从、不气馁、不献媚可以赋予行走者愤怒的行动与诉求的力量。亨利·戴维·梭罗就是这样怒对国家机器及其关闭路段和私人领地，阻碍人行走自由的倾向的。他的反抗是步行者的反抗：

　　　　目前，大多数地方并非私产，没有人把风景据为己有，因此，徒步者享有相对的自由。然而，可能有一天有些地方会被分割成所谓的娱乐地带，只有一小部分人可以在此享受有限和专属的快乐，我们看到很多地方安装了禁止人通过的栅栏与陷阱，以及其他将人们限制在公众领域的事物，此时，在上帝创造的土地上，行走成为禁止人们非法进入一些上等人领地的活动。独享一物往往让人们不能真正享受该物的快乐。在这该死的一天到来之前，尽情享受我们现在拥有的自由。

　　在《行走的艺术》（2001）中，美国人瑞贝卡·索尼特（Rebecca Solnit）所表达的对游行抗议的偏好也反映了这种步行者的反抗。她在居住的旧金山附近长期规律地徒步，为反对美国核试验，又提出去沙漠里行走，正是这种激进示威让她开始把步行当作斗争，甚至是斗争艺术。为了躲避工业、军事等反常自然环境，并获得在自然中散步的权力，她还与谢菲尔德的工人走到了一起。这场行走具有明显的政治特征：1850 年前后，作为工业大生产的机器零件之一的英国工人大量运用"创新行走"的形式，把自己还原成真正的人，成为社会阶级斗争的重要筹码。行走让他们揭露了损害他们健康的工作条件、限制他们散步的工作时间，以及以私人财产之名被大业主强行关闭的某些领地。20 世纪 30 年代，这导致了一场名为"强行通过"的散步者运动的出现，还引发了多起冲突、逮捕、起诉事件，其中最有名的是金德·司库特（Kinder Scout）案件。这项运动最终取得成功：工人们重新获得通行权，并在地图上被标明。瑞贝卡·索尼特在这场政治的、有诉求的、超越法律界限的行走传统中，发展了公民们的不服从理念：

> 是核武器把我引向行走和行走的历史。在 80 年代，我积极参与反核运动，还参加了人们于春天在内华达核试验基地组织的游行活动。基地直属能源部，位于内华达南部，自 1951 年起，美国政府在那里引爆了 1000 多枚原子弹。大规模杀伤武器曾在这片寸草不生的地方爆炸。我们就在周边集合，驻扎了一到两个星期。通过行走、露营、就地生活与游行示威，我们讨论了所有相关的问题——我们是指不修边幅、反文化运动的美国人，也有广岛和长崎原子弹爆炸的幸存者，有沙弥、方济各会教士和一些其他教徒，有宣扬和平的前战士，有反核的物理学家，有生活在核弹威胁下的哈萨克斯坦人、德国人和波利尼西亚人，还有住在内华达的印第安

肖肖尼族人。除了讨论抽象的问题，他们还环顾四周的全景，真实感受这里的存在，进行徒步，欣赏沙漠壮丽的光影，感受它的无边无际带来的自由之感，以及与自己有相同信念的人聚集在一起的感动，我们的信念就是不能以核武器来书写世界历史。我们聚集在一起以肉身证明决心，见证沙漠的壮美以及几米之外正在酝酿着的世界末日。我们行走示威：从法律允许的角度说，我们如同一列隆重的仪仗队，从法律不允许的角度来说，我们的行为有可能会渐渐演变成侵犯私人领地的违法行为，会被逮捕起来。我们如此开展了一场不服从或抗命的公民活动，其规模至今还没有其他运动可以企及，然而，美国人在传统上认为，梭罗是第一个将此理论化的人。

从散步到示威，只有一步之遥，因为两者都是行走运动，然而又有一步之差：即将行走与超越、抗命、反抗与拒绝相关联的承诺，等同于诉求。反抗的行走构建了团结的基础，反映了被调动起来的群众力量：一群人踩着马路前行，这个行进的集体被众人授予行动、意志和申讨的权力。在谈判和巧辩的阶段结束后，游行就开始了。人们必须行动起来。游行示威让人向前。1880 年的展会上，展出了阿尔弗雷德·罗勒（Alfred Roll）的画作《矿工的罢工》，1899 年展出了儒勒·阿德勒（Jules Adler）的画作《罢工》，1885 年左拉发表了展现劳资矛盾的小说《萌芽》，这三部作品中都含有通过游行拒绝贫困和非正义的表达。行走是呼吁最后被聆听的唯一解决办法：工人们手拉手，肩并肩，坚定地向前走。

　　　　　　　　　　　　　　　　　　行走的历史

一种仪式从此建立，愤怒的人群聚集，挥舞着横幅和标语，喊着口号，唱着歌曲，队伍向前行进。犹如演出一般，游行的人群走出工厂，走向厂外真正的生活；身体和声音都得到释放，共同的步伐唤起其他工友的凝聚，以行走为例发动大家开始行动。行走旨在让共同的运动转化为一种诉求。左拉在《萌芽》里写到：

> 矿工们从四面八方涌出……女人们穿过田地，四散开来，没有人引领，没有武器，像溢出的水顺着斜坡自然流淌。没有秩序，在路上成为激流，然后，以更汹涌的姿态，穿过甜菜地。

最后一共汇集了3000多人，运动持续，没什么组织性：

> 孩子和女人走在前头，在破衣烂衫下，大步向前走，像战士出征一样。而男人们则跟在后面，走在混乱的队伍里，演变成了一场扩大的战争，铁杠在空中升起……人们没有戴帽子，头发蓬乱。人们只能听到鞋子的声音，在让兰（Jeanlin）急促的钟声中，像脱了缰的牲口。

米歇尔·佩罗（Michelle Perrot）把这种行走示威记录在19世纪末工人运动史中，这种行走示威首先是动物性的，在左拉笔下还具有原始性：例如，巴黎公社运动、蒙索矿工罢工（1878年）、昂赞矿工罢工（1884年）、德卡泽维尔（Decazeville）矿工罢工（1886年）、克鲁索特矿工罢工（1887年）。这段历史疏导组织了工人运动，确立了日程与目标，规定了游行路线和集会场所，要求工人游行表现一定的尊严。最后，当游行成为常规的示威行为并直指当局时，1886 年 5 月 1 日芝加哥工人大罢工的行走与游行模式被制度化。芝这场游行示威最终被警察粗暴镇压了。

"是 5 月 1 日让红色成为旗标，也是 5 月 1 日让游行成为工人的团结运动。法国的第一个劳动节出现在 1890 年，从此，小规模的罢工队伍变成了仪式性行走。"佩罗写到。

从这种模式出发，一旦时局不佳，有非正义的事情出现，人们就会走上街头：游行就是通过非常行动，超越平庸的日常行为来发泄满满的挫败感与受辱感，但又有组织有纪律。这是一场缓慢、严谨、自信、自豪且负责的行动，因为它已经成为无可辩驳的积极参与。它在两座暗礁中走出了自己的路——被动无为以及不受控制的混乱，且可能转向危险暴力的鲁莽行动。它也是当局的麻烦。游行已走向反抗，这会使当局不安：叛逆的游牧主义对抗定居的制度。但游行也是一种疏导反抗的方法，因为闹事者到处乱跑，他们不走路。这就是为什么当局在面对游行抗议时感到棘手：当局被点名、被指责、被揭露；当局被质疑，但是当局的本质没有被否认：游行者只不过用他们平静的力量对抗一个突然变得不平静的政权。这也就出现了面对游行抗议时所有政权会遇到无解难题：如何平息游行？镇压说明政权的暴虐性质；任其发展则暴露了政府的懦弱。

甘地与马丁·路德·金的和平游行

甘地与马丁·路德·金是两个最著名的和平游行者，甘地的食盐长征和与马丁·路德·金和平抗议很快获得了令人惊叹的且具有榜样作用的威力。它们是反对当局的示威活动，而且揭示了非暴力运动的力量。

从 1930 年 3 月 12 日到 4 月 6 日，莫罕达斯·甘地的食盐长征走过了 390 公里。60 岁的矮小律师甘地自己带领着游行队伍，该队伍由挑选出来的印度国大党精英——"真理捍卫者（satyagrahis）"组成——他们的任务就是凭双脚斗争。78 名"真理捍卫者"像朴素的农民一样，缠着及膝的白色腰布，头上戴着犯人的白帽子，手持徒步者的手杖——也是朝圣者的手杖与牧羊人的手杖。这个形象很快成为神话：印度报纸把食盐长征比作从罗摩走向斯里兰卡的传奇长征——在印度与锡兰岛之间的 30 多公里路上，罗摩国王在猴子哈努曼的帮助下，沿着自己修建的桥向前；也把食盐长征比作摩西出埃及记，或者向恒河源头的朝圣。行走者拥有不可撼动的意志：他们穿越甘地的故乡古吉拉特邦，沿着圣河萨巴耳马蒂一直前行，直到被捕。但是，面对这种形式的非暴力运动，英国当局方寸大乱，索性听之任之。

每天 6 点晨祷后，甘地和他的同伴们向前赶路，他们很快就会穿过聚拢在他们身边摇着旗帜、向地上抛撒叶与花的人海。他们每天行走 15 公里左右，每个星期一他们会休息一天，因为星期一是莫罕达斯·甘地的斋戒日和静修日。在其他的几天中，甘地行走，在大庭广众之下向群众与记者讲话，号召大家抵抗压迫印度人的政治经济制度。因为，行走也是穷人给大腹便便的富人上的一堂经济课。

甘地申明："我们以神的名义行走。我们以食不果腹的人、衣不蔽体的人和没有工作的人之名义行动……在一个贫穷的国家过奢侈的生活，就是偷盗……只有以人民的方式生活，我才能完成抗争。如果可以走，就不要坐车，这是规则。"

1930 年 4 月 1 日，徒步者抵达苏拉特，这是他们途经的第一座大城市，受到 8 万民众的夹道欢迎。4 月 6 日到达丹地后，甘地捡起一把盐攥在手心里。盐是最普通、最通行的产品，而甘地反抗英国强加在印度人身上的垄断制度——英国盐税，印度人只有交了这项赋税才能去采盐。因此，他的这个动作与他们徒步经过的道路都具有象征性。殖民当局最终放弃了赋税，这是帝国妥协的第一个迹象，是这场为了印度独立的非暴力征途中的第一个重要时刻。

长途行走从开始的经济要求很快转变为政治诉求，加速甚至推进了印度当代历史进程。因为历时四个星期的行走是具有教育意义的一课，诉诸想象，以令人叹为观止的和平决心，动员了大量印度民众。甘地提出的隐喻性口号"独立徒步"首先体现在这 24 天的实际行走中：正如让-吕克·拉辛（Jean-Luc Racine）所言，这次长途行走以具体的方式，身体力行，象征性地触动"压迫的殖民制度核心，即冲击国家垄断"。

至于马丁·路德·金，他曾多次组织游行，使这种行动模式永远留在了美国黑人民权运动的历史上。浸礼宗牧师金显然受到甘地的启发，实施游行示威策略，旨在结束公众场合与美国南部学校中越来越严重的种族隔离，并保证黑人可以实行宪法赋予的选举权。这些游行首先在阿拉巴马州进行，要求废除公共汽车上的种族隔离，接着又蔓延至美国南部的很多州府，要求废除一切形式的种族隔离（尤其是学校里的种族隔离）。这些游行又被1963年8月28日的华盛顿万人大集会推向了高潮，在这场集会上，马丁·路德·金发表了著名的演讲《我有一个梦想》，从此他的口才举世闻名，几个月后，他获得了诺贝尔和平奖。演讲本身也充满行路的隐喻，为他的行走行动增添了诗意与预言性：

> 我们来到这个神圣的地方也是为了向美国重申我们现在所处的紧急状态。我们已经不能在被动中奢望、等待，也不能满足于只采取治标不治本的措施。现在是实现民主承诺的时刻了。是时候走出种族隔离的昏暗深渊，走上种族平等的康庄大道了。是时候让我们的国家摆脱种族不平等的泥潭，让博爱成为国家崛起的坚实基础。是时候对所有上帝的孩子都实现正义了。……最近与我们黑人社团发生摩擦的激进分子不应让我们对所有白人都采取怀疑态度。我们的很多白人兄弟明白他们的命运和我们的命运息息相关，他们中的一些人今天也在场就证明了这一点。他们明白他们的自由与我们的自由是紧密相连的。我们不能独自行走斗争，我们要团结在一起为同一理想进军。今天的游行也让我们决心继续一起向前。我们不能转身，走回头路。

从游行抗争之初，金就请求游行者尽量不要去挑衅路边的人，"从各种非暴力的指令直至建议避免堵塞大路，把游行限制在人行道和路边"（米歇尔·佩罗）。他们的游行是非暴力的，缓慢的、无声的、和平的，沿途祈祷，带有狂热的宗教特征。游行尽可能平和，意在吸引大多数人，并避免来自对方阵营的攻击——经常是受仇恨和种族主义煽动的警察与白人武装分子（三K党的炸弹袭击、警察暴力、刺杀黑人民运积极分子、聚众私刑、砸毁蒙哥马利教堂造成 4 名在上基督教教理课的黑人女童的死亡……），也为了避免支持黑人事业的组织对其的攻击，如黑豹党的攻击，他们对这种和平抗议手段极尽嘲弄之能事。"这是一场战争，你们必须武装起来！"，这是黑人骄傲组织的准军事化运动激进分子的言论，他们诉诸游击暴力行动。但是对金来说正相反，他认为应该继续和平抗争下去，不挑衅……"我们不是在示威，我们是在行走"，金牧师习惯这样说，以便与美国极端分子用激进手段进行诉求有所区别。正因为如此，行走获得了成功：行走抗议越来越多，参加的人也越来越多，有尊严的非暴力虔诚达到令人惊叹的程度。然而，这种成功背后却隐藏着痛苦、不理解、分离与镇压。

　　除了甘地的食盐长征作为先例以外，和平游行方法的成功并不是轻而易举的，这缘于它的双重象征意义。金组织的游行一方面带有明显的《圣经》精神理念，正如他自己所言："不要害怕死亡。我们一起走向自由的希望之乡。"[1] 另一方面，他组织的游行也类似公民的不服从模式，其源头植根于美国和平抗争的历史，尤其是梭罗的身体与自然抵抗。这种参照非常重要，因为这让 2000 万黑人的斗争成为全美国的抗争，金也成为美国人道主义的创建者之一。

　　在 1849 年发表的《公民不服从论》中，梭罗解释说他拒绝

1　　这句话源自《圣经》。——译注

付税，因为他抗议还保有蓄奴制度的州府，抗议对墨西哥发动非正义战争的美国，因此他被投入牢狱关了一夜，但也因此开辟了一种面对美国某一"非正义"州府的非暴力反抗传统和思想，直接启迪了一个世纪后的民权斗争。另一种对城市的反叛致使梭罗在瓦尔登湖畔森林里建造了一间小房子，并在那里过着独居生活。这次由徒步为主要活动的隐居始于 1845 年 7 月 4 日，历时26 个月，期间有过几次徒步旅行，也会有些朋友定时来此散步，并与隐士梭罗探讨人生。城市是具有毁灭性的"文明"世界，隐居乡间则是一种解放，同时也让他全身心投入最原始、最真实的大自然中，成为美国"原野"概念的滥觞。梭罗还为此撰写了《瓦尔登湖》（1854 年），成为在自然状态中重获幸福的宣言，保护全美国不因发展而改变自然，成为一首至今在美国思想和公民社会里尚有影响的政治挽歌。在《圣经》故事中、在梭罗的挽歌里、在马丁路德金身上，身体的运动——徒步——可以消除历史、社会、政治和司法上强大的非正义与歧视。

金牧师和平斗争的重要时刻就是行走，阿娃·杜威内（Ava DuVernay）的《塞尔玛》——一部讲马丁·路德·金的电影——刚刚大获成功，奥巴马总统也于 2015 年 3 月纪念该游行五十周年之际来到塞尔玛市，并发表了一篇震撼人心的演说。从塞尔玛市前往位于蒙哥马利的阿拉巴马州议会大厦的线路从此闻名，这场游行诉求是让黑人拥有注册选举权的自由。那时，蒙哥马利的白人郡长经常粗暴拖延，不让黑人民运分子在法院进行选举注册。他们中的不少人因为想要行使一项一年前由美国国会通过的宪法权利，被逮捕，甚至被投入监狱。

为了把这种不公平和对民权的不尊重公之于众，在阿梅利亚·博因顿·罗宾逊（Amelia Boynton Robinson）及其丈夫呼吁为享有选举权而行动的号召下，金牧师在塞尔玛市组织了一场穿越阿拉巴马州、终点为蒙哥马利、长约 80 多公里的游行。1965 年 3 月 7 日游行队伍离开塞尔玛，向阿拉巴马河上的埃德蒙德·佩特斯桥挺进时，被一队骑警拦截，他们用催泪瓦斯、警棍和刺牛针，粗暴地堵住了队伍的去路。600 名黑人游行者遭到了挥着南部联军旗帜的白人民众的谩骂，在瓦斯弥漫的空气中，遭到警察毒打，这个场景的录影震惊了全美，以至于后来这天被称为"血腥星期天"（Bloody Sunday）。一位黑人民运积极分子吉米·李·杰克森（Jimmie Lee Jackson）和另一位年轻的白人牧师——受人尊敬的吉姆斯·里德（Jeems Reed）在暴力时刻加入游行，被警察打到伤痕累累，并因此而付出生命。因这场种族暴力而惊惶不安的民主党总统林顿·约翰逊（Lyndon Johnson）请求马丁·路德·金平息事态。两天后，第二次塞尔玛游行又在埃德蒙德·佩特斯桥上遭遇警察同样的阻击，游行因此被停止：游行者跪下祈祷，然后转头不再前进，以规避一场浴血惨案。因此，因其放弃硬闯过关的行为，金牧遭到自己阵营中的激进分子的强烈谴责。

在 1965 年 3 月 21 日开始的第三次游行中，为了阻止警察的暴力行为，约翰逊总统有意派遣调度阿拉巴马联邦军队保护游行队伍。在金牧师的指挥下，3200 人离开塞尔玛，在向蒙哥马利行进的 4 天中，又有数以千计的人加入队伍，总人数达到 25000 人左右。一些黑人知名人士——如歌手哈利·贝拉方特（Harry Belafonte）、演员小萨米·戴维斯（Sammy Davis Jr）、作家詹姆斯·鲍德温（James Baldwin），以及好几百白人，通常是左翼知识分子与艺人——也加入了行进队列。3 月 24 日，他们抵达阿拉巴马议会大厦，马丁·路德·金和上万游行者要求拥有在选举名单上注册的自由。《费加罗报》的通讯员雷欧·索瓦日（Léo Sauvage）也来到示威现场，对抵达蒙哥马利的游行队伍做了如下报道：

> 从塞尔玛到蒙哥马利的历史性游行表明，这是美国争取种族平等的长期斗争中的一个决定性转折点，昨天在阿拉巴马议会大厦前结束的大型集会史无前例，当地政府也有 3 万工作人员参与游行，其中有 1 万白人。

这天又以一桩新的命案结束，底特律教师白人妇女维奥拉·格里戈·鲁伊左（Viola Gregg Luizo）在开车送塞尔玛黑人示威者回家途中，被种族歧视激进分子一枪命中头部。4 个月后，国会与林顿·约翰逊总统通过了《投票法案》，强制美国南部各州接受联邦督察员，确保美国非洲裔选民的注册选举权。

一场自发的游荡：为了平等和反对种族主义的大游行

在当代法国，从 1983 年"马格里布裔二代"（beur）[1] 游行到 2005 年的妇女游行，以及各种骄傲游行——如同志游行与各种反歧视的努力，继续通过行走来抗争。正如米歇尔·皮杰内（Michel Pigenet）和达尼埃尔·塔尔塔科夫斯基（Danielle Tartakowsky）在《社会运动》这篇文章里所指出的，"法国 19

1　父母移民法国后的第二代马格里布裔青年。——译注

世纪和 20 世纪的游行：集体呈现的反复与转化"，以往 30 年间反歧视示威是"美好时代"工人和社会运动的延续。随着长期的游行反抗，诸如"SOS 种族歧视""非淫荡非传统"等协会组织就在人们行走在巴黎街头和移民聚居城区的步伐中诞生了。

争取平等反对歧视的徒步出现在 1983 年 10 月至 12 月间。这项运动的背景对理解该运动的产生至关重要。这年夏天，在曼格特区（Minguettes）与里昂郊区贫民窟的维尼西厄（Vénissieux），警察和当地年轻人发生了激烈冲突。徒步游行起因于一项城建计划危机，该危机意味着共和国在郊区整治方案的失败。在冲突中，"SOS 曼格特前途"协会的年轻会长图米·加加（Toumi Djaïdja）被警察打成重伤。烧毁汽车、毁坏城建设施、与警察的追逃战被录成影像，并引发了新闻界的广泛评论。自 1982 年起，图米·加加被指控参与抢劫圣埃蒂安的一家超市，而他否认犯了该罪行。

在法国，据与种族歧视斗争的机构称，在 1983 年有二十多起针对马格里布的种族主义命案。而且，当时的政治背景是国民阵线[1]第一次在选举中获得突破，特别是在被媒体大肆渲染的图欧（Dreux）市的选举中，曾经在选举中一直处于边缘状态的让-玛丽·勒庞的政党，在第一轮的选举中大获成功，得到 16.72% 的选票，这是该政党候选人让·皮埃尔·斯蒂博瓦（Jean-Pierre Stirbois）于一年半前在区议会选举时获得 10% 后取得的又一次突

1　法国极右翼政党，让-玛丽·勒庞为其创始人。——译注

破。在第二轮市镇选举中，国民阵线和保卫共和联盟政党[1]联合，击败左派，获得胜利。在右派阵营里，只有贝尔纳·斯达斯（Bernard Stasi）与西蒙娜·韦伊（Simone Veil）批判了这次联盟，而保卫共和联盟首领雅克·希拉克则宣称："我应该不会因为在第二轮把选票投给保卫共和联盟和国民阵线的共同候选名单，而觉得有什么不妥。"同时他还用了一个行走方面的隐喻来极力降低与极右派联盟的权宜之计在道义上的损失，因为"图欧只有4个可怜的国民阵线朝圣者"。第二年，国民阵线就在欧洲议会选举中获得了10个席位。

在维尼西厄，克里斯蒂安·德洛姆（Christian Delorme）神甫认为图米·加加蒙冤，希望为他辩护，指导了蒙莫绍（Monmosseau）地区的10名年轻人进行绝食抗议。他与让·科斯蒂耶（Jean Costil）牧师，都是西马德（Cimade）协会的成员，该组织旨在为移民、避难者与被庇护者提供普遍帮助。他们建议曼格特年轻的马格里布人出发完成"穿越法国的徒步拉链"。很明显，这是受到了甘地和马丁·路德·金的启发。德洛姆去医院看图米·加加时说："我们要去完成在看完甘地的电影后谈到的徒步！就是现在，不能拖延。"然后，他还在回忆录里写到：

> 在我脑海中出现了20年前，25万黑人和白人聚集在华盛顿的场景，那是1963年8月28日。在我心里曾抱有，现在依然抱有——马丁·路德·金对美国怀有希冀。

1　法国右翼政党，持戴高乐主义和保守主义，2002年改组与其他政党结合成为另一新的右派政党：人民运动联盟。

尽管徒步游行者没有明确提出，但两项诉求浮出水面：获得十年长居证以及外国人的投票权。

德洛姆解释道："在此后的几个星期中，我们开始进行规划。年轻人们想立刻出发，但成功的创举需要细致的准备。如果没有让·科斯蒂耶的协作，徒步拉链计划可能无法实施。是他先想到组织安排与供给方面的问题，事先确定每天的路程，提前找到每晚能够接待我们的热心人。西马德协会分区办公室的一些有良知的志愿者与我们一起完成了这项公民行动。里昂的活动积极分子另辟蹊径，在甘地和马丁·路德·金的精神指引下，进行非暴力运动，并热心地帮助了我们，他们的协助非常珍贵。"

1983年8月中旬，准备工作期间，弗朗索瓦·密特朗在主管家庭、人口与移民工作的国务秘书乔治娜·杜夫瓦（Georgina Dufoix）的陪同下，悄悄来到曼格特巡视，德洛姆神甫和"SOS曼格特前途"协会接待了他们一行。共和国总统最后对他们承诺道："如果你们走到巴黎，我会接待你们。"这为他们的准备工作提供了帮助。

徒步者于1983年10月15日从马赛的卡约勒（Cayolle）区出发，这里刚发生了一起种族歧视命案，一名13岁的孩子惨遭杀害。由十几个徒步者组成的出发虽然显得有些相对冷清，却颇具战略象征意义，而且准备充足：50天的徒步，经过60个城市，他们会参观一些反对种族歧视运动的重要地点，特别是法国马格里布人曾经遭受歧视与暴力的地方。

德洛姆在《徒步——真实的历史》一书中自问："要采取哪条徒步路线？我们经过商讨决定从马赛出发，因为当时大部分马格里布移民都是坐船穿越地中海，经过马赛进入法国的。然后，向罗讷河谷挺进，经过莫尔旺（Morvan），一直徒步到巴黎地区。在全法国的西马德协会中，许多人热心于我们的活动。在萨瓦、蒙贝利亚尔（Montbéliard）地区、阿尔萨斯、法国北部的协会成员都要求我们将他们所在的地区纳入徒步路线！我们与法国所有大区都建立了联系。如果从东向西的路线不大可能实现，我们反而可以计划沿着 19 世纪以来建成的马赛—巴黎铁路线逐步北上的途中，在法国东部策划多次短途徒步。"

9 名徒步者来自曼格特区，在让·科斯蒂耶牧师、天主教神甫克里斯蒂安·德洛姆和勒内·贝勒蒂耶（René Pelletier）、反种族歧视积极倡导者塞西尔·杜朗（Cécile Durand）、法蒂玛·梅哈雷尔（Fatima Mehallel）、玛丽-劳尔·马艾（Marie-Laure Mahé）、迪迪耶·普拉东（Didier Platon）以及记者伊丽莎白·达尼埃尔（Elisabeth Danière）的陪同下出发。他们撰写了一份公告：

> 徒步拉练的目的是为了表明在法国有很多人希望不同种族的人民能够在和平与公正下生活在一起，希望每个人都获得幸福。徒步穿越法国旨在找到那些与我们一样希望权利和机会平等战胜种族隔离，希望友谊战胜种族主义，希望团结让 22 口径长步枪弹不再发射的人。

开头有些艰难，与图米·加加的记忆相符：

第一站马赛路段完成得相当艰难。天气不好，风又大。在我们出发时刮起了密史脱拉风[1]。但是，我们一出发就对自己说不能回头，要行动起来。不过，一开始我们的热情就受到了重创：天公不作美，而且人也不多。

　　随行队伍一天天壮大。各地来夹道欢迎的人数也不尽相同，从普罗旺斯地区萨隆（Salon-de-Provence）的一个人到里昂的一千多人。在徒步拉链队伍里的人也背景迥异，有来自贫民窟的对政治不闻不问的年轻人，他们通常没什么文凭；也有很关心政治的人，他们中有人来自积极捍卫阿尔及利亚民族独立或工会运动的家庭，这些人通常住在巴黎或里昂。

　　德洛姆神甫具体描绘了徒步者日常的生活：

　　我们几乎每天都会完成 30 多公里的徒步，有时还会更多。我们沿着国道行走，经常一个接一个排成一行。如果没有宪兵或警察的警车或摩托开道，那么西马德协会的灰色小卡车就会在前方开道。通常是让·科斯蒂耶开车，帕特里克·亨利（Patrick Henry）坐在他旁边。帕特里克非常幽默，很会自嘲，特别健谈，他负责被大家称为老式电台的工作。小卡车上配备了一台卡式录音机和一个扬声器。帕特里克挑选音乐，经常是勒诺（Renaud）与鲍勃·马利（Bob Marley）的歌，然后还一面做评论，因此我们多少会跟着节拍行进。

1　法国南部及地中海上干寒而强烈的西北风或北风。——编注

尤其是这首瑞格[1]歌曲《Get up, Stand up》，翻译过来是《起来，站起来，捍卫你的权利，继续斗争，未来大有希望，但不要忘了过去》。他也会给我们念报纸，尤其是对我们的活动进行报道的地区报纸。当我们觉得疲劳或双脚开始疼痛的时候，这一切给了我们继续下去的勇气。……随着活动的继续，一些朋友会来陪我们前行，一起走上两三个小时或一天，有时会更长。周末，有时会有几百人来陪我们前行。当我们走到要停歇的城市时，当地的支援委员经常在我们要穿越的城区外几公里的地方迎接我们。各地的接待都非常热情，充满人情味与忠诚。很多基督徒，也有很多穆斯林妇女招待了我们。在大多数城市里，社会福利中心都动员起来。这种氛围有利于很多有孩子的母亲与我们一起"上路"，在种族歧视暴力的社会背景下，她们害怕自己的孩子会成为受害者，觉得我们的运动与她们息息相关。我们有时会夜宿体育场馆，有时会在当地教堂休息，在某些路段，我们还会在年轻工人的宿舍或当地居民家里过夜。……在路上，与在城市里一样，我们很少喊口号，除了这句"藏起来，我们来了!"。这已经成为我们召唤同盟、大胆警示杀害阿拉伯人之徒的方式。在这次徒步游行中，有一天我们举起了一块标语牌，上面写着："法国就是一辆轻便摩托车：需要混合燃油才能向前"。

对于大多数生活在郊区的年轻马格里布人来说，这场徒步首

1　一种源自西印度群岛的通俗音乐。——编注

先打开了他们的视野，让他们发现了一个自己不了解的法国，从某种形式上来看，这次徒步是对法国及其风景、各种民风，与不同的关注点的启蒙。图米·加加证实了这一观点：

> 对于我们中的许多人而言，这是我们第一次看到这样的法国——小城市与村庄。一切都是新的：以前我们只在电视上或课本上看到过这些，而现在我们亲眼目睹了这一切。我们离开了灰色混凝土的郊区，看到了不同的世界，尤其是颜色：对比令人震惊。一种强烈的自由感油然而生：我们打破了画地为牢的界限，我们走出来了，仅仅是徒步带来的自由，走出我们的日常圈子，就已经是非常之举。

因为媒体的渲染，这次徒步取得了出人意外的社会反响。《自由报》戏称队列为"马格里布后裔的徒步"，用词让人印象深刻，以至于第二年该词汇被收入词典。1983 年 11 月 20 日，在斯特拉斯堡站，徒步活动蔚为壮观，自此，这项活动流行起来，成为新闻焦点，这种变化唤醒了人们关于法国种族歧视问题的良知。

徒步队列于 1983 年 11 月底至 12 月初到达巴黎，在行进了1500 公里，走了一个半月以后，40 多个年轻人佩戴上了"持续徒步者"胸牌。与此同时，一起新的种族谋杀案向这场运动投来一道冷峻的光，在一列正行驶着的从波尔多开往文蒂米利亚[1](Vintimille) 的火车上，三个外籍兵团候选人把奥比布·格里米

1　距法国南部地中海最近的意大利城市。——译注

兹（Habib Grimizi）扔出了窗外。徒步游行者和整个法国群情激愤，左派政党与协会，以及反对种族主义组织行动起来并号召积极分子与徒步者一起游行。

1983 年 12 月 3 日星期六，在巴黎灿烂的阳光下，十多万民众汇集在一起，从传统的游行地点巴士底广场出发，簇拥着徒步者走完最后一站。终点在蒙帕纳斯，到达后举行了非常简单的发言会，发言却非常感人，气氛也很好，图米·加加走上讲台，举起麦克风说："你好，各种肤色的法国"。媒体纷纷对此进行报道，比如《自由报》及其著名的文章《马格里布后裔在巴黎》。他们派出了代表去见密特朗，在会谈中，密特朗保证给他们发放 10 年有效期工作居留，通过种族歧视犯罪法，并计划在地区选举中给以外国籍公民选举权，但最后一条从未成为法国选举法的一部分，反映了法国社会对游行者诉求的接受底线。

的确，1983 年的这场徒步运动没有引发具有说服力的政治力量的出现，在运动中产生的一些社团很快就分化了。没有出现任何可以领导运动的带头人。最有名气的徒步者图米·加加，在到达蒙帕纳斯后发表讲话，之后又被密特朗接见，在爱丽舍宫的台阶上发表过演说，1984 年，他因 1982 年的持械抢劫被判刑，但他始终否认这一罪行，尽管他后来被密特朗赦免。被判刑后，他停止了一切斗争活动。用他自己的话来说，这"折断了他的双腿"。这位徒步者的命运着实可悲。

迁移者或行走的真谛

2015 年 10 月 20 日，路透社摄影师斯尔詹·齐乌洛维奇

(Srdjan Zivulovic) 在斯洛文尼亚与克罗地亚接壤的多波瓦 (Dobova) 附近拍摄到一队逃难者，他们正穿越一条位于农田中的柏油路。成百的人列队向前行进，男人、女人、孩子互相簇拥着，有些裹着被单，有些背着小包袱。一队戴头盔的警察在前面开路，前面几米处还有一个骑着马的警察，走在这列浩浩荡荡的人群前，队列的宽度刚好占据了小路，但没有走到路外边，没有任何惊慌，人们的诉求非常清楚。所有的人都在行走，安静、筋疲力尽、面色肃然，仿佛他们被自己的行动净化提升。人们称他们为"迁移者"，在行走的时刻，这个称呼简单而直接，名副其实。

因为他们来自叙利亚、利比亚、伊拉克、乍得、苏丹这些国际争端与内战肆虐的国家，他们通常也是宗教原旨教主义的受害者，最好称他们为"难民"。因为他们要寻找避难所。他们经常要在一个分裂的欧洲绝望地寻找这个避难所，有几个国家会收留他们中的一些人，另一些国家只会有选择地收留极少数人，还有一些国家拒绝他们入境，向他们关闭国门。他们用尽所有合法和非法的通行的手段，行走对他们来说是必须的，也是最经济的、最必要的、最有效的。

洛朗·高岱（Laurent Gaudé）在发表于 2015 年 9 月的诗作《看他们》中也抓住了这群行走者的悲惨和尊严：

> 看，这些行走着的男人和女人，
> 他们走成一列，走在这条耗尽他们生命的路上。
> 他们躬着身体，因为害怕被发现。
> 而在他们的脑海中，

一直残留着战火中祖国的嘈杂声音。

他们还没有在恐怖和自己之间拉开足够的距离，

看看他们，

这支由男人和女人组成的脆弱的队伍，

一边窥探着一边向前走，

他们知道一切都很危险。

时间飞逝，可是道路又远又长。

一小时长如一天，一天犹长一个星期。

……

他们命运悲惨，衣衫褴褛，

挂在大人手臂上的小孩，默不作声，

老人放缓速度，

把他们的语言和词汇丢在身后，

他们从此不得不忘记自己的语言。

尽管如此，

他们坚持前行，

因为他们是顽固执拗。

终有一天，

他们出现在一座火车站中，

出现在一片海滩上，

出现在我们国家的一条路上。

　　这种徒步流浪是受限的，有时甚至是非法的，没有任何规则可循，或是像照片上那样被严格管控，如今迁徙地图上的线路借助了几个世纪以来的经济交流、军事交流、移牧交流，甚至是宗教交流的各种路线。随着 19 世纪后期的纷争，为了逃避战乱，大量难民进行迁移。自法国大革命与和拿破仑时代的战争起，这些将随身物件放在拖车上或背在身上的难民大军就已经出现在法国和欧洲。随后，现代纷争使普通民众受到越来越严重的侵扰，这种情况变得越来越普遍：在 1870 年的分裂战争中，犹太难民逃离俄国的大屠杀，并在 1881—1882 年间逃离亚历山大三世的歧视政策，接着又在一战前夕继续逃离俄国。在 1937—1938 年的西班牙内战期间，大量逃难人口第一次引起舆论的不安，成为卫生、外交、政治"问题"，经由国际组织跟踪与记者报道后，大众们臆想出了难民的行走的悲惨形象。欧内斯特·海明威曾在 1938 年 4 月的一篇报道中生动地描述了加泰罗尼亚塔拉戈纳附近的难民。他称这"被碾碎的红尘人潮"为"难民逃生"。被抛弃在大路上的人们驾着骡子车，手握缰绳，依次观察天和地平线，天上会突然出现敌机，而他们则向着眼前的地平线在沉默中进发。他们的物品、衣服、家具、锅碗瓢盆、食物都堆在拖车上。老人、孩子、女人都吃力地跟着行进，有时他们也会挤在有篷两轮小推车上：

　　庄严的人流持续不断，涌满并溢出大路，普通民众与夹杂其中的士兵占据了所有旧时用来放牧的道路。

作家兼记者的海明威，被这种凝重庄严所震撼，又写到：

　　人们完全没有惊慌失措，只在规律地移动。大多逃难者面色凝重，但有些看起来面色安详，甚至还带着微笑。可能因为是在白天。天气那么晴朗，死亡显得有些格格不入。

然而，正如海明威所用的反衬手法，死亡在游荡，与迁徙者的身躯擦肩而过。1940 年 6 月，这种徒步大迁徙又发生在了法国，第二次大战后期与战后，在中欧还出现了多次这样的大迁徙，参与人数众多。从 1994 年为逃避种族残杀而背井离乡的卢旺达人，直到新近的迁徙流民，死亡的影子和威胁长久以来都是逃亡的背景。然而，谁也无法引导这些逃离恐怖、战乱与贫困的人群。逃亡引向和平及获得更好生活的希望——自然，怎么有另一种可能性呢——与离开被摧毁的家乡，为自己、亲人找到生存与工作的途经，获得教育机会，以及某一天可以衣锦还乡的愿望结合。行走正是在两种压力之下发生的：它为了逃避死亡而与死亡擦肩而过，试着打开希望之门而让希望成为可能。

两个乍得人努斯哈（Nousra）和南姆（Naim）乘坐火车，在火车经过意大利边境文蒂米利亚时被法国警察查到两次，最后决定徒步穿越阿尔卑斯山。2015 年 6 月 14 与 15 日，他们从巴多内基亚（Bardonnecchia）走到莫达纳，一共走了 20 个小时，几个星期后，他们把这段经历告诉了传媒（Médiapart）网站的一个记者：

> 我们肩并肩按照自己做的地图向前走，地图是根据人们给我们的路线信息手绘出来的。我们很擅长行走，也习惯走路，为离开乍得前往利比亚，我们曾经徒步穿越了部分撒哈拉沙漠。我们首先在一片茂密的森林里攀爬了 2 个小时。然后，顺着一条路走了 3 个小时，到达到一个 2300 米的山口。

积雪越来越多，但那时已经入夜了，我们看到下方公路上的车灯，然后躲藏起来。夜真漫长，但是我们得向前。天很冷，我们停下来休息了几次，但次数不太多。早上5点左右，天气越来越冷。在经历了第一处大下坡后，我们看到用法语写的指示牌，这鼓舞了我们的士气。我们喝了些湍流里的水，还把捡来的玻璃瓶子装满水。我们碰到好几拨牛群和羊群。第二天，在法国，我们碰到了一些徒步拉链者，他们很清楚我们是谁。我们无法掩饰自己的身份。但是，他们都特别善良。他们把我们当作普通徒步者，向我们打招呼"祝你们有愉快的一天！"。我们还要翻越另一个大山口，我们的休息时间越来越长，可是走完最后一段让人筋疲力尽的下坡路后，我们来到了法国。在法国的第一个城市莫达纳，我们去了一家阿尔及利亚人开的酒吧，有人事先向我们提到过这个酒吧。在那里，在前往里昂的火车时，我们终于睡了一小会儿。

两个移民的路途如下，他们先攀登了边境线上的高高的鲁山（Roue）山口，然后沿传统徒步路线行进，通过狭窄山谷从内瓦什（Névache）来到莫达纳，在塔柏山（Thabor）下，借道5号大徒步路线。所有行走者的步伐都交汇、重叠在一起，因为这里也曾经是流动商贩、走私犯与畜牧业夏季移牧的通道，既是牛群与羊群的通道，也是朝圣者经常走的道路，是通往在塔柏山上的七宗苦难圣母院（Notre-Dame-des-Sept-Douleurs）的道路。

但是这两个乍得移民用自己的方式穿越了山谷。行走，对他们而言就像最后的救赎，或是重回原始行走状态，没有任何现代辅助手段。他们既没有装备，也没有做准备工作，就算他们的身体非常习惯于这样的运动。他们没有徒步拐杖，也没有最新款的徒步登山鞋，更没有法国国家地理林业信息研究所编制的地图与地形导游手册。身体自己调整重拾原始功能：当困难重重，只剩下身体作为最后的自救手段时，它是移动工具。在一个不再行走的世界，或在一个只为了乐趣、健康、消遣，徒步变得无实际用途的世界中，这仿佛重归一个已经消失的梦幻且神秘的原始自然世界，移民和难民们的必要行走则在突然间重新充满生机，让身体重生，还原到零，重新找回行走能量中的原始力量——来自于自然的力量，来自于绝望和生存的力量。

移民的行走是手无寸铁的抵抗。他们什么也没有，没有保护装备，处于原始状态，他们就这样抵抗着世界，感动了我们。2015 年 9 月 11 日，好几座意大利大城市的公民们参加了"赤脚男女行走"活动，以支持移民和难民。在奢华的威尼斯电影节的红毯上，人们可以看到几个参加游行的人手举标语牌，突然闯入电影节的会场，标语牌上写着：

> 我们就像穿越地中海来到这里的人一样赤着脚。我们在赤脚的人一边，在那些不得不置身险境以获得生的希望和生存希望的人一边。

这些回归原始行走的人会告诉我们什么呢？他们向我们呼唤，召唤我们：除去任何人工装备的身躯，除去所有舒适条件和所有让我们走得更快的机械装置，他们让我们听到了原始行走的巨大力量。这是贫穷带来的抵抗力量，被不可或缺拯救的力量，原始生命的力量。行走重新成为帮助人们理解当代的形式——迁移、考验、耐力、生活方式、思想、承诺与政治。行走是人类从远古带来的，也是推动人类认识昨天与今天世界的手段。

终章

死于行走

有专门描写行走的作家，这些作家各有各的行走体验。有些作家为之倾注毕生心血，从中获得灵感源泉，但有时也会为之而死。他们会用写作来偿还所有从行走中获得的体验，直到耗尽生命的最后一刻。现在我们用三个故事来总结为行走而死的情况。

医生维克多·谢阁兰（Victor Segalen）离开他的故乡菲尼斯泰尔省前往法属波利尼西亚，他乘坐法国海军军舰多次航行，在那里游历多年。回到法国本土以后，他把这些沉寂而忧郁的旅途中的经历提炼出来，完成了第一部游记《远古》（*Les Immémoriaux*，1907）。因为难以忍受法国的生活，不久之后他又离开了法国。这次他前往中国，住在北平，然后又一路向北，到达伪满洲，最后一路向西，去到西藏，在那里，他治病救人，还在 6 年的游历冒险中，完成了一些考古挖掘工作。

从他在中国的徒步经历中，他完成了《出征》一书，副标题为《从北平到西藏的徒步》。这是一本不寻常的游记，与惯常写法的相反，评论有意错位，充满讽刺，没有一点华而不实、哗众取宠的意思，却让他的经历富有一种普遍意义。对于谢阁兰来说，行走首先是他巨大痛苦的舒缓剂，减轻了这个不安定的人的焦虑与不安，他总是在出发去徒步前做相同的噩梦：

> 从现在起，我可以宣称，虚构的现实是多么可怕，如同令人生畏的最大的稻草人。我在出发的前夜做了一个最为惊悚的噩梦，没有梦境可以与它相比。所以，我必须立刻清醒过来：我在路上。

最终道路可以让他走出噩梦……谢阁兰不是游客，不是攀登喜马拉雅山的最早背包客，而是一个不做任何解释的、充满迷茫的徒步者、一无所知的迷失者，在途中各种各样的细节中迷失了方向。他看着自己的凉鞋，倚重自己的手杖，在辛苦行进几个小时后达到山口，马上又转身下山体验到异常特殊的视觉感受。这里所有的一切都是物质的，行走者的身躯如同第一座地震仪，可以感受风景变换或途中偶遇所产生的微妙而强烈的震颤。身体变成了一部行走机器，有血有肉的活生生的机器：

> 同时，我的心脏、胸口和晃动的脑袋已经明白了向上攀登的规则，配合得恰到好处。我几乎听不见心脏在太阳穴上的跳动。呼吸减少，我几乎不再思考。膝盖和大腿突然变得如此重要，重新成为活生生的滑轮与轮带。

徒步接近尾声，机器失灵，卡住不动，疼痛从身体深处发出，最后的下坡又变成可怕的跌落：

> 下坡简直就是改装后的落体运动，断断续续，甚至没有

丝毫晕眩的美感。向下就像山羊跳，挂在石头或荆藤上向下滑。下坡如同下坠。重复同一动作令人难以忍受。如果我每走一步不收紧腿避免摔跤，那么膝盖就会疼痛，脚踝会错位。

于他而言，每次行走结束意味着死亡，死亡用挖苦的神色注视着精疲力竭、被努力掏空了的谢阁兰：

> 我来到这里不是为了面对死神。然而，死神却在转角处和路尽头！这是一个教训。现在是死神要给我一个经验教训！他淡然且公正的神色似乎在告诉我，我来到这里是多么虚荣。假如我相信旅行中的守护天使——他没有离开过我，我会向他请教这令人咋舌的意识问题，即过去时空中的地形问题……可是，我已经知道它肯定什么都不做，只在自己的金色水晶球里大笑不止，它只有这点儿能力了。我不会再向它询问什么。我只想完成我的徒步。再看到死神的另一张面孔时，我的脸也转换了方向。我转向归途。

谢阁兰首先回到法国本土，之后经历了第一次世界大战的血腥。他作为军医，于1914年夏应征入伍。他在战争中精神受到了刺激，萎靡不振、神经衰弱、抑郁。1919年5月21日，在阿雷山（Arrée）修养的维克多·谢阁兰，在于尔戈特（Hulgoat）森林中散步时，死于行走。他孤独地死去，远离一切，他的死亡一直都是一桩疑案。有些人甚至认为他是自杀。但是作家似乎在行走时受了伤：一截被削成斜尖头的木头割破了他的足跟和脚踝。

大出血后，他很快就不行了，渐渐没有了气力。两天后，人们发现他脚上缠的止血带没有任何作用：他的血流干了，就像他为徒步奉献了自己。

另一位徒步文学的殉难者是作家罗伯特·瓦尔泽（Robert Walser），他17岁离家，离开他出生的瑞士德语区去各地游历。他四处游历，先后做过佣人、银行职员、秘书，然后于20世纪前夕在柏林定居。1907至1909年间，他的小说《唐娜兄妹》与《本杰明学院》让他小有名气，他靠为柏林文学刊物写稿谋生。1913年，他逃离柏林，离群索居，在讷夏泰勒（Neufchâtel）附近的比恩（Bienne）安顿下来；那里距离圣皮埃尔岛非常近，卢梭曾经在那里生活，采集植物标本，度过了几星期的欢愉时光。在那里，瓦尔泽于1917年完成了作品《散步》，这是他在绿色山谷和瑞士湖泊间日常徒步的记录，收录在1920年出版的文集《漫步人间》中。

行走对他而言至关重要，他无法凭借另外的方式生活，行走是产生思想的条件，为他的写作带来素材，为他提供获得大量的生活场景，在他的短篇散文中比比皆是：

> 散步是我重新充满活力、与世界保持联系的必不可少之活动，没有这些感性的经历，我无法写作，也无法作诗。没有行走，我可能早已死去，早已经被迫放弃我深爱的职业了。没有散步与途中的采风，我无法写出一篇像样的报告、文章，更不用说写一篇小说了。没有散步，我不可能记录我的观察和研究。
>
> ......

长时间散步时，我会有万千精妙的思绪，而当我闭门不出时，我会悲惨地形销骨立，变得冷漠无情。对我而言散步不仅是健康的，也是有益的，不仅是宜人的，也是有用的。散步有益于我的工作，同时也让我愉悦；散步可以宽慰我，给我活力，让我再次高兴起来。散步可以给我带来欢乐，也可以激励我、引导我继续工作，为我提供大量多少有些意义的物件，让我回家后，可以怀着虔诚的激情用笔记录下来。

自 1920 年至 1930 年瓦尔泽在伯尔尼生活，在那里，他继续狂热地写着"微雕"字，小纸片上密密麻麻满是黑铅笔在冲动下写就的极小字迹，这"铅笔字王国"刚好反映出他心中与他行走加写作的双重活动中的行走天地。只有带着细致描述散步的激情去感受散步时的岁月静好，才能将这两种活动融合起来。在珍贵的自然中散步，他行走着，有语言做他的向导：

这条路和树林的土壤如同一条地毯。在这森林内景中，万籁俱静，如同在寺庙、幸福的灵魂、闹鬼的城堡、梦幻般的奢华宫殿或睡美人的城堡里一样，一切都入眠了，已经沉寂了几百年之久。我继续往纵深走，如果我说自己是国王的儿子，满头金发，身穿战士的盔甲，可能话语会更加优美。在树林中，气氛如此庄严，敏感的散步者被美妙的幻景慑服。这温柔森林的寂静让我感觉如此幸福！偶尔，有些微弱的声音从外界传入这让我钟爱与陶醉的混沌和遗世独立中，比如敲击、吹哨或一点其他声音，远远传来的回音让这里的寂静更显突出，我沉醉地呼吸这里的寂静，痛饮着、舐食着寂静的效果。

1929 年，罗伯特·瓦尔泽被送进伯尔尼瓦勒道（Waldau）精神病院，然后又被送往内阿彭策尔州（Appenzell）的黑里绍（Herisau）精神卫生中心。自 1933 年起，他渐渐停止写作，行走完全代替了写作，他开始走向疯狂。

他也死于行走：1956 年的圣诞节那天，在被关入精神病医院27 年后，他在冬日出发去散步，再也没有回来，又累又冷而死。这是他最后书写在雪地上的印迹，最后的脚印，没有任何方向。这是他最后的姿态——用自己与自然融合的身体"书写"出他最后的死亡散步。很久之前，瓦尔泽就渴望这样死去，在他写于 40年前的《散步》中就已经出现过这个场景了：

> 我停下聆听。突然，我被一种不可言传的普遍感情侵入，同时有一种感恩之情从我欢乐的灵魂中强劲地喷发出来。冷杉树矗立在那里，如同柱子一般，没有丝毫异动，在这宽广壮美的树林里，仿佛到处都回响着几千种难以听见的声音，仿佛闪耀着肉眼看得到和看不到的几千种形态。远古的声音，不知从何而来，震动着我的耳膜。好吧，如果必要的话，我同意死去。回忆在死亡里还会赋予我生机，欢乐还会在坟墓里让我快乐，我能在行走的愉悦中享受感恩与对感恩的陶醉。在高处，一种沙沙声轻盈地透过杉树顶端传来。我自言自语道："在这里相爱拥吻一定会有种神授的美好。"脚踩在土地上的简单动作也是一种享受。在感性的灵魂中，宁静点燃了祈祷的愿望。"悄悄埋葬在这树林的清新泥土中，

应该是甜美的享受。如果我在死亡后还能感受到死亡并享受它该多好！在树林里有一处坟墓，应该是件美好的事情。可能我会听到头顶上鸟儿在歌唱，树叶在沙沙作响。"这就是我的愿望。森林中，一束阳光从橡树树干中照进来，这个场景美妙极了，在我看来树林就像一座柔软的绿色坟墓。

最后要提到的行走到死的人，也许是行走者中的先驱。他就是日内瓦的饱学之士奥拉斯-贝内迪克特·德·索绪尔，他还是勃朗峰的征服者，在18世纪的最后40年间，他穿越了高山地带与阿尔卑斯山脉。但是自1794年起，他就患了麻痹症。索绪尔生命中的最后几年被疾病的阴影笼罩。他走路越来越吃力，经常半路中断，缩短行程。对一个曾几次翻越阿尔卑斯山并耐力无穷的人来说，这着实让人难以接受。他回到日内瓦附近的孔什，住在他幼年时曾生活过的房子里。1799年他在出生地过世，享年59岁。

在入葬国王公墓前，他的私人医生路易·奥迪耶（Louis Odier）解剖了索绪尔的尸体。这是历史学家仅有的几次了解一位病逝床榻的伟大行走者尸检情况的机会之一。他们可能会从中找到至今无法解开的迷之答案：一个行走者身体内部是怎样的？医生在解剖过程中观察到"自己从未见过的现象，完全是闻所未闻，"……是阿尔卑斯登山者魔法石[1]吗？或是徒步攀登者隐藏的性格？总之，是一个山地徒步者的症状，"有可能是索绪尔教授经常在山地中穿行导致的好胃口所造成的"。让我们揭开徒步先

1　一种存在于神话和传说中的物质。——译注

驱者中最著名的人物之一的身体秘密吧："下腹腔的构造特别不一般。我们既看不到胃和肝，也看不到结肠。我们只看到小肠和盲肠。盲肠出奇得肥大，能够产生并装下山间行走过程中在肠子里积聚变硬的大量的粪便……"原来这就是这个伟大行走者的秘密：在便秘时可以忍耐好几天。

参考书目

引言

Amato Joseph A. , *On Foot. A History of Walking*, New York University Press, 2004.

Aubry Jean-Marc, *La Randonnée de A à Z*, Chamonix, Guérin, 2003.

Baecque Antoine de, *La Traversée des Alpes. Essai d'histoire marchée*, Paris, Gallimard, 2014.

—— (dir.), *Ecrivains randonneurs. Le livre de la marche*, Paris, Omnibus, 2013.

Barozzi Jacques (dir.), *Le Goût de la marche*, Paris, Mercure de France, 2008.

Bouvier Nicolas, *L'Usage du monde*, Genève, Librairie Droz, 1963.

Charbonnel Nanine, 《Homo Viator ou les dix métaphores de la marche》, *Cahiers de médiologie*, n° 2, spécial 《Qu'est-ce qu'une route?》, Paris, Gallimard, 1996.

Ellenberger Pierre-Laurent, *Le Marcheur illimité*, Vevey (Suisse), Editions du Lac, 1998.

Fisset Emeric, *L'Ivresse de la marche. Petit manifeste en faveur du voyage à pied*, Paris, Editions Transboréal, 2008.

Gautier Théophile, *Emaux et Camées*, Paris, 1869.

——, *Les Vacances du lundi. Tableaux de montagnes*, Paris, 1869.

Gros Frédéric, *Marcher, une philosophie*, Paris, Carnets Nord, 2009.

—— (dir.), *Petite Bibliothèque du marcheur*, Paris, Flammarion, 2011.

Herzog Werner, *Sur le chemin des glaces*, Paris, Hachette, 1979.

Hue Jean-Louis, *L'Appren tissage de la marche*, Paris, Grasset, 2010.

Jourdan Michel, Vigne Jacques, *Marcher, méditer*, Paris, Albin Michel, 1994.

Lamoure Christophe, *Dictionnaire philosophique et vagabond de la marche (et du marcheur)*, Toulouse, Milan, 2013.

Le Breton Didier, *Eloge de la marche*, Paris, Métailié, 2000.

—, *Marcher. Eloge des chemins de la lenteur*, Paris, Métailié, 2012.

Minshull Duncan, *The Vintage Book of Walking. Anthology*, Londres, Vintage, 2000.

Nietzsche Friedrich, *Ecce Homo* (1908), traduit de l'allemand par Henri Albert, Paris, Mercure de France, 1909.

Rauch André (dir.), *La Marche, la vie. Solitaire ou solidaire, ce geste fondateur*, Paris, Autrement, coll. 《Mutation》, n° 171, 1997.

Rousseau Jean-Jacques, *Les Confessions*, livre quatrième, Paris, 1782.

Solnit Rebecca, *L'Art de marcher*, Arles, Actes Sud, 2002.

Thoreau Henry David, *De la marche. Eloge de la vie sauvage* (1862), traduit de l'américain par Simone David et Régis Michaud, Paris, 1930.

Viaux Henri, *Sur les traces des grands marcheurs de tous les temps*, Rennes, Ed. Ouest-France, 2001.

第一章　剖析行走：什么是行走

Aboukrat Patrick, Hérisson Christian, Rodineau Jacques, *Le Pied du marcheur, de la randonnée à la marche athlétique. Risques, pathologies, prévention, prise en charge*, Paris, Sauramps médical, 2008.

Augustin Jean-Marie, *Georges Vacher de Lapouge (1854 – 1936), juriste, raciologue et eugéniste*, Presses de l'université de Toulouse, 2011.

Blanc Yves, Plas François, Viel Eric, *La Marche humaine. Kinésiologie dynamique, biomécanique et patho-mécanique*, Paris, Masson, 1983.

Brun Vincent, Pélissier Jacques, *La Marche humaine et sa pathologie*, Paris, Masson, 1994.

Carlet Gaston, *Essai expérimental sur la locomotion humaine. Etude de la marche*, Faculté des sciences de Paris, 1872.

Coppens Yves, Senut Brigitte (éd.), *Origines de la bipédie chez les hominidés*, Paris, Ed. du CNRS, 1991.

Delaplace Jean-Michel, *Georges Hébert, sculpteur de corps*, Paris, Vuibert, 2005.

Demenÿ Georges, *Education et harmonie des mouvements de la marche rapide*, Paris, 1911.

Diméglio Alain, Hérisson Christian, Simon Louis, *La Marche de l'enfant*, Paris, Sauramps médical, 2002.

Fay Temple, *L'Origine du mouvement chez l'homme*, Paris, 1955.

Forestier Michèle, *En marche pour la vie. La belle histoire de l'apprentissage de la marche*, Paris, Ed. Thot, 2006.

Frizot Michel, *Etienne-Jules Marey. La Photographie du mouvement*, catalogue de l'exposition du Centre Georges-Pompidou, Paris, 1977.

—, *La Chronophotographie. Temps, photographie et mouvement autour d'Etienne-Jules Marey*, catalogue de l'exposition du musée de Beaune, ministère de la Culture, 1984.

—, *Etienne-Jules Marey. Chronophotographe*, Paris, Nathan/Delpire, 2001.

—, 《 Comment ça marche? Algorithme cinématographique 》, *Cinémathèque*, n° 15, 1999.

Jabès Edmond, *Le Parcours*, Paris, Gallimard, 1985.

Le Breton David, *Eloge de la marche*, Paris, Métailié, 2000.

Leroi-Gourhan André, *Les Racines du monde*, Paris, Fayard, 1982.

Leroy Alice, *Le Corps utopique au cinéma. Transparence, réversibilité, hybridité*, thèse de doctorat, université de Paris Est/Marne-la-Vallée, 2015.

Marey Etienne-Jules, *La Machine animale*, Paris, 1873.

Etienne-Jules Marey, Actes du colloque du centenaire (sous la direction de Dominique de Font-Réaulx, Thierry Lefebvre, Laurent Mannoni), Paris, Arcadia, 2004.

Picq Pascal, *La Marche. Sauver le nomade qui est en nous*, Paris, Autrement, 2015.

Raoul Albert, Regnault Félix, *Comment on marche?*, Paris, 1898.

Reichler Claude, 《 Le marcheur romantique et la phénoméno logie du chemin》, *Marche et paysage. Les chemins de la géopoétique* (sous la direction de Bertrand Lévy, Alexandre Gillet), Paris, Métropolis, 2007.

Senut Brigitte, *Et le singe se mit debout ⋯ Aventures africaines d'une paléontologue*, Paris, Albin Michel, 2008.

Thomas Jean-Paul, *Les Fondements de l'eugénisme*, Paris, PUF, 1995.

Viel Eric, *La Marche humaine*, Paris, Masson, 2000.

第二章　行走的民族和行走的职业

Alix Christian, Robert-Muller Louis（dir.），*Les Colporteurs de l'Oisans*, Grenoble, PUG, 1979.

—,《Un type d'émigration alpine: le colportage en Oisans》, *Revue de géographie alpine*, vol. 11, printemps 1923.

Barret Pierre, Gurgand Jean-Noël, *Ils voyageaient la France: vie et traditions des compagnons du tour de France*, Paris, Hachette, 1980.

Benamou Guy, *La Victoire en marchant*, Paris, Berger-Levrault, 1982.

Bent George, *Mon Peuple, les Cheyennes*, Paris, O. D. Editions, 2011.

Besson André, *Contrebandiers et gabelous*, Paris, France-Empire, 1989.

Besson Elisabeth, *Les Colporteurs de l'Oisans au xixe siècle, témoignages et documents*, Grenoble, Centre alpin et rhodanien d'ethnologie/ Musée dauphinois, 1975.

Bienvenue Stéphane, Pelligra Daniel, *Les Alpes, terre de passages, de rencontres, de métissages*, Lyon, Ed. La Passe du vent, 2005.

Boucabeille Vincent, *Jours de marche. Journal de guerre d'un soldat de 1870*, Paris, Epigones, 1992.

Bourgeois René, *Giono et les Alpes. Paysages et caractères*, Grenoble, Ed. Le Dauphiné, 2010

Boyé Michel（dir.），*Coups de tabac et temps de chiens: fraudes, contre bandes, douaniers*, Bordeaux, musée des Douanes, 1991.

—（dir.），*Gabelle, gabelous*, Bordeaux, musée des Douanes, 1990.

Briais Bernard, *Les Contrebandiers du sel: la vie des faux sauniers au temps de la gabelle*, Paris, Aubier, 1984.

Brisebarre Anne-Marie, Fabre Patrick, Lebaudy Guillaume（dir.），*Regards des sciences sociales sur le pastoralisme contemporain en France*, Association française de pastoralisme/Maison de la Transhumance, Montpellier, Ed. Cardère, 2009.

Clausewitz Carl von, *Principes fondamentaux de stratégie militaire* (1812), traduit de l'allemand par Grégoire Chamayou, Paris, Mille et Une Nuits, 2006.

Douane et contrebande, catalogue du musée de Pontarlier, Paris, Réunion des musées nationaux, 1992.

Duclos Jean-Claude, Pitte André（dir.），*L'Homme et le Mouton dans l'espace de la transhumance*, Grenoble, Glénat, 1994.

Dumoulin Henri, *Sur la piste des contrebandiers des Alpes*, Rennes, Ed. Ouest-France, 1989.

Dupontel Paul, *De l'hygiène du soldat en marche*, Paris, 1880.

Duvignaud Jean, « Esquisse pour le nomade », *Nomades et Vagabonds*, Paris, UGE, 1975.

Etchandy Benjamin, « Variations sociales du pas humain », *Comment on marche?*, Paris, 1898.

Fabre Patrick, Lebaudy Guillaume, *Le Mérinos d'Arles. Passion de bergers*, Marseille, Images en Manœuvres Editions/Maison de la Transhumance, 2010.

Fontaine Laurence, *Le Voyage et la Mémoire. Colporteurs de l'Oisans au xixe siècle*, Presses universitaires de Lyon, 1984.

—, *Histoire du colportage en Europe, xve-xixe siècle*, Paris, Albin Michel, 1993.

Gallot Yves, *L'Art de marcher* (1898), édition établie et préfacée par Antoine de Baecque, Paris, Payot, 2012.

Giono Jean, *Le Serpent d'étoile*, Paris, Gallimard, 1933.

Guédez Annie, *Compagnonnage et apprentissage*, Paris, PUF, 1994.

Guerrand Roger-Henri, *Indiens et coureurs des bois*, Paris, Hachette, 1960.

Guibourdenche Pierrette, Roucaute Nuria, *Les Colporteurs de l'Oisans au xixe siècle*, Paris, ICEM, 1975.

Hassoun Jacques, « Au commencement était l'Exode », *La Marche, la vie. Solitaire ou solidaire, ce geste fondateur*, Paris, Autrement, coll. « Mutation », n° 171, 1997.

Hassrick Royal B. , *Les Sioux. Vie et coutumes d'une société guerrière*, Paris, Albin Michel, 1993.

Icher François, *La France des compagnons*, Paris, La Martinière, 1994.

Jourdain-Annequin Colette (dir.), *Aux origines de la transhumance. Les Alpes et la vie pastorale d'hier à aujourd'hui*, Paris, Ed. Picard, 2006.

Lacarrière Jacques, *Chemin faisant. Mille kilomètres à travers la France d'aujourd'hui*, Paris, Fayard, 1977.

Le Bris Michel, *L'Homme aux semelles de vent*, Paris, Grasset, 1977.

Lebedynsky Iaroslav, *Les Nomades. Les peuples nomades de la steppe des origines aux invasions mongoles*, Paris, Ed. Errance, 2003.

Linné Carl von, *Voyage en Laponie* (1732), traduit du latin par Thomas Fries, Paris, 1913.

Maistre Chantal, *Colporteurs et marchands savoyards dans l'Europe, du xviie au xixe siècle*, Chambéry, éd. de l'Académie salésienne, Chambéry, 1992.

Manouvrier Léonce, *La Marche dans l'infanterie. Une application anthropologique à l'art militaire*, Paris, 1905.

Mauron Marie, *Le Royaume errant*, Paris, Hachette, 1953.

Mériot Christian, *Les Lapons et leur société. Etude d'ethnologie historique*, Toulouse, Privat, 1980.

Pessoa Fernando, *Le Gardeur de troupeau*, Paris, Gallimard, 1960.

Perdiguier Agricol, *Mémoires d'un compagnon*, Paris, 1857.

Robert-Muller Charles, *Les Colporteurs de l'Oisans*, Presses univer sitaires de Grenoble, 1979.

Roger Dominique, *Sur les chemins de contrebande*, Paris, Ed. Rustica, 2002.

—, *Sur les traces des contrebandiers*, Rennes, Ed. Ouest-France, 2003.

Sand George, *Le Compagnon du tour de France* (1851), Bordeaux, Ed. Montaigne, rééd. 1928.

Sorre Max, *Les Migrations des peuples. Essai sur la mobilité géographique*, Paris, Flammarion, 1955.

Spencer Arthur, *Les Lapons, peuple du renne*, Paris, Armand Colin, 1985.

Stands in Timber John, *De mémoire cheyenne. Vie et histoire de mon peuple*, Paris, Albin Michel, 2006.

第三章　朝圣之旅

Baecque Antoine de (dir.), *Les Voix de Compostelle. Anthologie, de saint Augustin à Jean-Christophe Rufin*, Paris, Omnibus, 2015.

Barret Pierre, Gurgand Jean-Noël, *Priez pour nous à Compostelle! La vie des pèlerins sur les chemins de Saint-Jacques*, Paris, Hachette, 1978.

Bashô, *Règles du pèlerinage* (1760), publiées dans *Carnets de voyage*, traduit et présenté par René Sieffert, Paris, Publications orienta listes de

France, 1988.

Bobin Christian, *L'homme qui marche*, Paris, Le Temps qu'il fait, 1995.

Bourlès Jean-Claude, *Le Grand Chemin de Compostelle*, Paris, Payot, 1995.

Boutry Philippe, Fabre Pierre-Antoine, Julia Dominique (dir.), *Rendre ses vœux. Les identités pèlerines dans l'Europe moderne (xvie-xviiie siècle)*, Paris, Ed. de l'EHESS, 2000.

Branthomme Henry, Chélini Jean, *Les Pèlerinages dans le monde à travers le temps et l'espace*, Paris, Hachette, 2004.

Bunyan John, *Le Voyage du pèlerin de ce monde à celui qui doit venir (The Pilgrim's Progress)*, 1684, traduit de l'anglais par S. Maerky Richard, Paris, 1776.

Cabanne Pierre, *Les Longs Cheminements. Les Pèleri nages de tous les temps et de toutes les croyances*, Paris, Le Livre contemporain, 1958.

Chélini Jean, Marty François, *Les Chemins de Dieu. Histoire des pèleri nages chrétiens*, Paris, Hachette, 1982.

Chiffoleau Sylvia, *Le Voyage à La Mecque. Un pèlerinage mondial en terre d'Islam*, Paris, Belin, 2015.

Coelho Paulo, *Le Pèlerin de Compostelle*, Paris, Anne Carrière, 1996.

Dufour Auguste-Henri, *Géographie sacrée, faisant connaître l'état des voyages de Notre-Seigneur Jésus-Christ et des apôtres*, Paris, 1842.

Dupront Alphonse, *Du sacré: croisades et pèlerinages*, Paris, Gallimard, 1987.

—, *Saint-Jacques de Compostelle. La quête du sacré*, Bruxelles, Brépols, 1985.

Esin Emel, *La Mecque ville bénie, Médine ville radieuse*, Paris, Albin Michel, 1963.

Les Fioretti de saint François (anonyme, xive siècle), traduit de l'italien par Omer Englebert, Paris, 1925.

Girard Thierry, Hasegawa Yuko, *La Route du Tôkaidô*, Paris, Marval, 1999.

Govinda Lama Anagarika, *Le Chemin des nuages blancs*, Paris, Albin Michel, 1969.

Grün Anselm, *Pèlerins. Pour une théologie de la marche*, Paris, Médiaspaul, 2011.

Guellouz Ezzedine, *Pèlerinage à La Mecque*, Paris, Bibliothèque des Arts, 1977.

Hearn Lafcadio, *Pèlerinages japonais*, Paris, Mercure de France, 1932.

Hervieu-Léger Danièle, *Le Pèlerin et le Converti. La religion en mouvement*, Paris, Flammarion, 1999.

Ikkû Jippensha, *A pied sur le Tôkaidô*, traduit et préfacé par Jean-Armand Campignon, Arles, Ed. Philippe Picquier, 1992.

Jourdan Michel, Vigne Jacques, *Marcher, méditer*, Paris, Albin Michel, 1994.

La Héronnière Edith de, *La Ballade des pèlerins*, Paris, Mercure de France, 1993.

Lanza del Vasto Joseph, *Le Pèlerinage aux sources du Gange et de la Djamna*, Paris, Denoël, 1943.

Lanzi Fernando et Gioia, *Pèlerinages et sanctuaires du monde chrétien*, Rodez, Ed. du Rouergue, 2005.

Le Breton David, *Eloge de la marche*, Paris, Métailié, 2000.

Lévi-Strauss Claude, *Mythologiques*, t. 1 : *Le Cru et le Cuit*, Paris, Plon, 1964.

Mollaret Louis, Péricard-Méa Denise, *Chemins de Compostelle et patrimoine mondial*, Rodezo, La Louve Editions, 2009.

Mouton Jean-Pierre, *La Marche. Recueil de textes bibliques et non bibliques pour réfléchir, méditer, célébrer*, Paris, Ed. de l'Atelier, 1995.

Nieuviarts Jacques, *Nomades. Le petit livre du marcheur et du pèlerin*, Paris, Bayard, 2008.

Nooteboom Cees, *Le Labyrinthe du pèlerin. Mes chemins de Compostelle*, Arles, Actes Sud, 2004.

Oursel Raymond, *Pèlerins du Moyen Age. Les hommes, les chemins, les sanctuaires*, Paris, Fayard, 1978.

Picaud Aimery, *Guide du pèlerin de Saint-Jacques-de-Compostelle* (1140), traduit du latin par Jeanne Vielliard, Paris, 1938.

Rufin Jean-Christophe, *Immortelle randonnée. Compostelle malgré moi*, Chamonix, Guérin, 2013.

Sardar Ziauddin, *Histoire de La Mecque. De la naissance d'Abraham au xxie siècle*, Paris, Payot, 2015.

Sigal Pierre-André, *Les Marcheurs de Dieu. Pèlerinages et pèlerins au Moyen Age*, Paris, Armand Colin, 1974.

Smedt Marc de, *Itinéraires sur les pas du Bouddha. Lieux et paroles d'éveil*, Paris, Retz, 1981.

Vallet Odon, 《Trois marcheurs: Bouddha, Jésus, Mahomet》, *Cahiers de médiologie*, n° 2, spécial 《Qu'est-ce qu'une route?》, Paris, Gallimard, 1996.

第四章　徒步天堂——阿尔卑斯山脉

L'Alpe, n° 23, printemps 2004, numéro spécial《Via Alpina》.

L'Alpe, n° 26, automne 2005, 《Alpes et littérature》.

L'Alpe, n° 50, automne 2010, 《Le tourisme alpin》.

Baecque Antoine de, *La Traversée des Alpes. Essai d'histoire marchée*, Paris, Gallimard, 2014.

—, *Ecrivains randonneurs*, Paris, Omnibus, 2010.

Ballu Yves, 《Marc Théodore Bourrit, l'historiographe des Alpes》, *Alpinisme et randonnée*, n° 3, janvier 1979.

Bertho-Lavenir Catherine, 《Les bonheurs de la marche à pied》, *La Roue et le Stylo. Comment nous sommes devenus touristes*, Paris, Odile Jacob, 1999.

Bourdon Etienne, *Le Voyage et la Découverte des Alpes. Histoire de la construction d'un savoir (1492 - 1713)*, PUPS, 2011.

Bourrit Marc Théodore, 《Voyage autour du Mont-Blanc》, *Itinéraires de Genève, Lausanne, et des Glaciers de Chamonix*, 1776, Genève.

Devanthéry Jemelin Ariane, 《Carnets de route. Récits et guides de voyage dans les Alpes》, *L'Alpe*, n° 36, printemps 2007.

Dieterlen Jacques, *Le Chemineau de la montagne. Léon Zwingelstein*, Paris, Flammarion, 1938.

Dumas Alexandre, *Impressions d'un voyage en Suisse*, Paris, 1833.

Engel Claire-Eliane, *La Littérature alpestre en France et en Angleterre aux xviiie et xixe siècles*, Chambéry, Librairie Dardel, 1930.

Ferrand Henri, *L'Alpinisme populaire. Le rôle social de l'alpinisme*, Grenoble, 1904.

Gautier Théophile, *Les Vacances du lundi. Tableaux de montagnes*, Paris, 1869.

Gesner Conrad, *Sur l'admiration de la montagne* (1541), publiée dans Claude Reichler, Roland Ruffieux, *Le Voyage en suisse. Anthologie des voyageurs français et européens, de la Renaissance au xxe siècle*, Paris, Robert Laffont, coll. 《Bouquins》, 1998.

Giudici Nicolas, *La Philosophie du Mont-Blanc. De l'alpinisme à l'éco nomie immatérielle*, Paris, Grasset, 2000.

Goethe Johann Wolfgang von, *Voyages en Suisse et en Italie*, Paris, 1779.

Grand-Carteret John, *La Montagne à travers les âges*, Paris, 1904.

Gros Frédéric, 《Les rêves éveillés du marcheur (Rousseau)》, *Marcher, une philosophie*, Paris, Carnets Nord, 2009.

Guichonnet Paul, 《Le tourisme bourgeois (1850 - 1940)》, *Histoire et civilisations des Alpes*, Toulouse-Lausanne, Privat-Payot, 1980, vol. 2., p. 274 - 280.

Haller Albrecht von, *Premier voyage dans les Alpes et autres textes (1728 - 1732)*, édition établie, annotée et présentée par Aurélie Luther, sous la direction de Claire Jaquier, Genève, Slatkine, coll. 《Textes suisses du xviiie siècle》, n° 2, juillet 2008.

Hoibian Olivier, *Les Alpinistes en France. 1870 - 1950. Une histoire culturelle*, Paris, L'Harmattan, 2001.

Hue Jean-Louis, 《Rousseau au Val-de-Travers: la manie ambulante》; 《Les Alpes: le syndrome de l'ascension》, *L'Apprentissage de la marche*, Paris, Grasset, 2010.

Hugo Victor, *Le Rhin*, Paris, 1841.

—, *Alpes et Pyrénées*, Paris, 1877.

Joanne Adolphe, *Itinéraire descriptif et historique de la Suisse*, Paris, Hachette, 1841.

Jouty Sylvain, 《La première traversée des Alpes》, *Alpirando*, n° 110, mai 1988.

Lamour Philippe, *Le Cadran solaire*, Paris, Robert Laffont, 1980.

Lejeune Dominique, *Les Alpinistes en France à la fin du xixe siècle et au début du xxe siècle. Etude d'histoire sociale, étude de mentalité collective*, Paris, Ed. du CTHS, 1988.

Lyard Jean-Pierre, 《Via Alpina, la grande traversée》, *L'Alpe*, n° 23, printemps 2004.

Moullet Luc, *Notre alpin quotidien*, Paris, Ed. Capricci, 2008.

Pivert de Senancour Etienne, *Oberman*, Paris, 1804.

Raoul-Rochette Désiré, *Lettres sur la Suisse, écrites entre 1822 et 1825*, Paris, 1826.

Reclus Elisée, *Histoire d'une montagne* (1880), Ed. Infolio, Gollion, 2010.

Reichler Claude, *La Découverte des Alpes et la Question du paysage*, Lausanne, Georg, 2002.

—, *Le Voyage en suisse. Anthologie des voyageurs français et européens, de la Renaissance au xxe siècle*, Paris, Robert Laffont, coll. 《Bouquins》, 1998.

—, *Les Alpes et leurs imagiers. Voyage et histoire du regard*, Genève, PPUR, 2013.

Renaudie Marcel, *Pour une doctrine de l'éducation alpine*, édité par le CAF, 1907.

Rimbaud Arthur, 《La traversée du Gothard》, *Lettre aux amis*, Arthur Rimbaud, 1878.

Rousseau Jean-Jacques, *Julie ou la Nouvelle Héloïse*, première partie, lettre XXIII (Amsterdam, 1761), Paris, Gallimard, coll. 《Folio》, 1993.

—, *Les Confessions*, livre quatrième (1782), Paris, Gallimard, coll. 《Folio》, 1973.

—, *Lettres à M. Le Mareschal duc de Luxembourg*, édition établie par Frédéric S. Eigeldinger et François Mattey, Neuchâtel, Ed. Ides et Calendes, 1977.

Ruskin John, *Ecrits sur les Alpes*, traduction et édition française, Genève, PPUR, 2013.

Saussure Horace-Bénédict de, *Voyages dans les Alpes*, Paris, 4 vol., 1779 – 1796.

Seyssel Marc de, 《Les sentiers de grande randonnée en Savoie》, *Touring Plein air*, n° 87, novembre 1954.

Stephen Leslie, *Le Terrain de jeu de l'Europe* (1871), traduction française de Claire-Eliane Engel, Genève, Ed. Victor Attinger, 1935.

Tailland Michel, *Les Alpinistes victoriens*, Lille, Presses universitaires du Septentrion, 1997.

Toepffer Rodolphe, *Voyages en zigzag*, Paris, 1844. L'édition récente de référence, avec une préface de Maurice Baquet, est parue chez Hoebeke en 1996.

—, *Voyage autour du Mont-Blanc* (1847), Paris, rééd. Fayard, 1979.

Tornay Vincent, *Via Alpina. 2500 kilomètres d'une mer à l'autre*, Bussigny (Suisse), Ed. Rossolis, 2009.

Travers Alice, *Politique et représentations de la montagne sous Vichy. La montagne éducatrice (1940 -1944)*, Paris, L'Harmattan, 2001 (avec une préface de Pascal Ory).

Veyne Paul, 《L'alpinisme: une invention de la bourgeoisie》, *L'Histoire*, n° 11, avril 1979.

Viaux Henri, 《Jean-Jacques, pionnier de la randonnée》, *Informations Sentiers*, n° 41, avril 1978.

Whymper Edward, *Escalades dans les Alpes*, Paris, 1871.

Windham William, *Comment se rendre à Chamonix*, Paris, 1742.

第五章　徒步领域的发明与扩展

Amato Joseph A. , *On Foot. A History of Walking*, New York University Press, 2004.

Aubry Jean-Marc, *La Randonnée de A à Z*, Chamonix, Ed. Guérin, 2003.

Baecque Antoine de, *La Traversée des Alpes. Essai d'histoire marchée*, Paris, Gallimard, 2014.

Baubérot Arnaud, *L'Invention d'un scoutisme chrétien. Les éclaireurs unionistes de 1911 à 1921*, Paris, Ed. Les Bergers et les Mages, 1997.

—, 《La nature éducatrice. La pédagogie du camp dans les mouve ments de jeunesse protestants》, *Ethnologie française*, 《Habiter la nature? Le camping》, octobre-décembre 2001.

Beaumont Roger, *Guide du randonneur*, Paris, Ed. du CNSGR, 1972.

Beauvoir Simone de, *La Force de l'âge*, Paris, Gallimard, 1960.

Bertho Lavenir Catherine, *La Roue et le Stylo. Comment nous sommes devenus touristes*, Paris, Odile Jacob, 1999.

Bozonnet Jean-Paul, 《Sociologie imaginaire de la montagne》, *Des monts et des mythes*, Presses universitaires de Grenoble, 1992.

Camping Plein Air, numéro spécial 《Sentiers de grande randonnée》, avril 1947.

Cantaloube Jacqueline, *2000 ans d'histoire sur les chemins de randonnée*, Rennes, Ed. Ouest-France, 1999.

Cointet-Pinell Odile, Drosso Férial, *Enquête sur la randonnée en France*, Paris, La Documentation française, 1984.

Colette, *Belles saisons*, Paris, Flammarion, 1945.

Deffontaines Pierre, *Petit guide du voyageur actif*, Paris, Editions sociales de France, 1938.

Delaplace Jean-Michel, *Georges Hébert, sculpteur de corps*, Paris, Vuibert, 2005.

Ethnologie française, 《 Habiter la nature? Le camping 》, octobre décembre 2001, t. XXXI.

Les Français et la Marche, une enquête, Paris, FFRP, 1997.

Frémaud Olivier, *L'Art de la randonnée*, Paris, Vie ouvrière, 1989.

Guérin Christian, *L'Utopie Scouts de France 1920 – 1955*, Paris, Fayard, 1997.

Hamelin France, *Les Crayons de couleurs*, Paris, 1937.

Heath Graham, *Richard Schirrmann: The First Youth Hosteller*, IYHA, Copenhague, 1962.

Heller-Goldenberg Lucette, *Histoire des auberges de jeunesse en France de 1929 à 1945*, Presses de l'université de Nice, 2 vol. , 1985.

Henrionnet Guy, *Le Camping club de France de 1910 à nos jours*, s. l. , 1992 (archives de la FFRP).

Hommage à C.-F. Denecourt. Fontainebleau. Paysages-légendes-souvenirs-fantaisies, Paris, 1875.

Impressions et souvenirs sur Denecourt: la forêt de Fontainebleau, Paris, 1872.

Informations sentiers, numéro spécial: 《 Vingt ans de randonnée en France》, avril 1967.

Josué Pierre, 《Pied et randonnée pédestre》, *Le Pied du marcheur. De la randonnée à la marche athlétique*, Paris, Sauramps médical, 2008.

Lanzmann Jacques, *Marche et rêve: le livre de la randonnée*, Paris, Jean-Claude Lattès, 1988.

Laplane José, *Petit dictionnaire de la randonnée*, Chamonix, Ed. Mont-

Blanc, 2007.

Lauwick Hervé, *La Jeunesse en plein air*, Paris, 1937.

Lefèvre Denis, *Marc Sangnier, l'aventure du catholicisme social*, Paris, Mame, 2008.

Leroy Armelle, dans *Un siècle de scoutisme*, Paris, Presses de la Cité, 2007.

Loiseau Jean, *Camping et voyage à pied*, Paris, Susse, 1934.

—, *Les Routes du marcheur*, Paris, Susse, 1938.

—, 《Les routes du marcheur, une réalisation nationale》, *Camping Plein Air*, 14 octobre 1945.

Morand Paul, *Apprendre à se reposer*, Paris, Flammarion, 1937.

Morenas François, *L'Hôtel des renards*, Paris, Calmann-Lévy, 1980.

Cote-Colisson Marius, *La Randonnée pédestre*, Paris, FFRP, 1979.

—, *Le Pays des Aiguiers. Randonnées pédestres au départ de Regain*, édité par l'Auberge de jeunesse et les Relais des sentiers du pays d'Apt, 1956.

Ory Pascal, *La Belle Illusion. Le Front populaire et la culture*, Paris, Plon, 1994.

Pénet Martin, *Eté 36. Sur la route des vacances en images et en chansons*, Paris, Omnibus, 2006.

Randonnée magazine, numéro spécial 《1977. Année des sentiers》, janvier 1977.

Rauch André, 《Les Vacances ou la nature revisitée》, *L'Avènement des loisirs 1850 – 1960* (sous la direction d'Alain Corbin), Paris, Flammarion, 1995.

—, *Vacances en France, de 1830 à nos jours*, Paris, Hachette, 2001.

—, 《Les loisirs sous la tente》, *Ethnologie française*, 《Habiter la nature? Le camping》, octobre-décembre 2001.

Rousseau Jean-Jacques, *Les Confessions*, livre quatrième (1782), Paris, Gallimard, coll. 《Folio》, 1973.

Sangnier Marc, *Histoire des auberges de jeunesse*, Paris, Ed. Les Auberges, 1946.

Sentiers de randonnée. Réseaux, usages, gestions, Insep/ministère de la Jeunesse et des Sports, Paris, 2002.

Seyssel Marc de, *Le Conteur vagabond; récits du terroir alpestre*, Aix-les

Bains, Ed. de l'Avenir, 1981.

Malcor Jean, *Du chalet au Sarto. Récits de randonnée*, Montmélian, La Fontaine de Siloé, 1999.

Sirost Olivier (dir.), *La Vie au grand air*, Presses universitaires de Grenoble, 2009.

—, *Les Mondes du camping: formation et évasions vers la nature. Les expériences de l'air à travers la revue* Camping *(1926 – 1963)*, université d'Aix-en-Provence, 1999.

—, 《 Les débuts de camping en France》, *Ethnologie française*, 《 Habiter la nature? Le camping》, octobre-décembre 2001.

Stevenson Robert Louis, *Voyage avec un âne dans les Cévennes* (1879), traduit de l'anglais par Fanny W. Lapana, Paris, Stock, 1925.

Thoreau Henry David, *De la marche. Eloge de la vie sauvage* (1851), traduit de l'américain par Simone David et Régis Michaud, Paris, 1930.

Viaux Henri, *Sur les traces des grands marcheurs de tous les temps*, Rennes, Ed. Ouest-France, 2001.

—, *Aux sources du scoutisme français*, Paris, Ed. du Scorpion, 1961.

第六章　闲逛及其他形式的城市漫步

Abraham Emile, Grangé Eugène, *Les Flâneurs de Paris*, Paris, 1876.

Anonyme, 《 Le flâneur à Paris》, *Paris ou le livre des Cent-et-Un, tome sixième*, Paris, 1832.

Aragon Louis, *Paris la nuit*, Paris, Gallimard, 1924.

—, *Le Paysan de Paris*, Paris, Gallimard, 1926.

Bailly Jean-Christophe, *La Ville à l'œuvre*, Paris, Ed. Jacques Bertoin, 1992.

Baldwin Peter C. , *In the Watches of the Night: Life in the Nocturnal City 1820 –1930*, University of Chicago Press, 2012.

Balzac Honoré de, *Théorie de la démarche*, Paris, 1833.

Benjamin Walter, *Paris, capitale du xixe siècle*, Paris, Cerf, 1989.

Blondin Antoine, *L'Humeur vagabonde*, Paris, La Table ronde, 1955.

Breton André, *Nadja*, Paris, 1928.

Burckhardt Lucius, *Le Design au-delà du visible. Essai de promenado logie*, Paris, Centre Georges Pompidou, 1991.

Burton Richard E. , *The Flâneur and his City. Patterns of the Daily*

Life in Paris (1815 - 1851), University of Durham Press, 1994.

Cayrol Jean, *De l'espace urbain*, Paris, Gallimard, 1968.

Certeau Michel de, *L'Invention du quotidien*, t. I: *Art de faire*, Paris, UGE, 1980.

Contini Eliane, 《Un pas en avant, deux pas en arrière: la marche des sans-abri》, *La Marche, la vie. Solitaire ou solidaire, ce geste fondateur*, Paris, Autrement, coll. 《Mutation》, n° 171, 1997.

Crébillon Claude, *Les Egarements du cœur et de l'esprit*, Paris, 1738.

Debord Guy, 《Théorie de la dérive》, dans *Les Lèvres nues*, Paris, 1956.

Declerck Patrick, *Les Naufragés. Avec les clochards de Paris*, Paris, Plon, 2001.

Delattre Simone, *Les Douze Heures noires. La nuit à Paris au xixe siècle*, Paris, Albin Michel, 2000.

Duval Amaury, 《Une journée de flâneur sur les boulevards du Nord》, *Paris ou le livre des Cent-et-Un, tome douzième*, Paris, 1833.

Fargue Léon-Paul, *Le Piéton de Paris*, Paris, Gallimard, 1932.

Fournel Victor, 《L'Art de la flânerie》, *Ce qu'on voit dans les rues de Paris*, Paris, 1867.

Goulemot Jean-Marie, Oster Daniel (éd.), *Ecrire Paris*, Paris, Ed. Seesam, 1990.

Les Grands Boulevards. Un parcours d'innovation et de modernité xixe-xxe siècles (sous la direction de Béatrice de Andia, Bernard Landau, Evelyne Lohr, Claire Monod), Délégation à l'action artis tique de la Ville de Paris, 2000.

Hanoteau Gabriel, *La Seine et les Quais. Promenade d'un bibliophile*, Paris, 1899.

Hazan Eric, *L'Invention de Paris. Il n'y a pas de pas perdus*, Paris, Le Seuil, 2002.

Hessel Franz, *Flâneries parisiennes*, précédées par *L'Art de se promener*, traduction et préface de Maël Renouard, Paris, Rivages, 2013.

Huart Louis, *Physiologie du flâneur*, Paris, 1841.

Lacroix Auguste de, 《Le flâneur》, *Les Français peints par eux-mêmes, tome troisième*, Paris, 1841.

Lapeyre Roger, *Les Droits du piéton*, Paris, 1959. Lavadino Sonia,

Winkin Yves (dir.), *Vers une marche plaisir en ville. Boîte à outils pour augmenter le bonheur urbain de marcher*, Paris, Ed. du CERTU, 2012.

Le Breton David, 《 Marche urbaine 》, *Eloge de la marche*, Paris, Métailié, 2000.

—, 《 La ville par corps. Le flâneur urbain 》, *Revue des sciences sociales de la France de l'Est*, n° 25, Strasbourg, 1998. Lefèvre-Deumier Jules, *Promenade nocturne dans les rues d'une grande ville*, 1842.

Loir Christophe (dir.), *La Promenade au tournant des xviiie et xixe siècles (Belgique-France-Angleterre)*, Ed. de l'université de Bruxelles, 2011.

Margerit Olivier, 《 La promenade surréaliste (*Nadja* et *L'Amour fou*) 》, dans *La promenade au tournant des xviiie et xixe siècles,* Ed. de l'université de Bruxelles, 2011.

Montandon Alain (dir.), *Promenades nocturnes*, Paris, L'Harmattan, 2009.

—, *Sociopoétique de la promenade urbaine*, Clermont-Ferrand, Presses de l'université Blaise-Pascal, 2000.

— (dir.), *Promenades et écriture*, Clermont-Ferrand, Presses de l'université Blaise-Pascal, 1996.

Nerval Gérard de, *Flâneries parisiennes*, Paris, Ed. de Paris, 2008.

Nesci Catherine, *Le Flâneur et les Flâneuses. Les femmes et la ville à l'époque romantique*, Presses de l'université Stendhal de Grenoble, 2007.

Paquot Thierry, *Homo urbanus*, Paris, Le Félin, 1990.

—, *Les Situationnistes en ville*, Paris, Ed. Infolio, 2015.

Parcs et jardins de Paris à pied, Paris, Topo-guide FFRP, 1999.

Paris le jour, Paris la nuit. Louis-Sébastien Mercier. Restif de La Bretonne (préface de Michel Delon), Robert Laffont, coll. 《 Bouquins 》, Paris, 1990.

Pinçon Michel et Monique, *Paris mosaïque. Promenades urbaines*, Paris, Calmann-Lévy, 2001.

—, *Paris, quinze promenades sociologiques*, Paris, Payot, 2009.

Poe Edgar Allan, *L'Homme de la foule*, Paris, 1847.

Poète Marcel, *La Promenade à Paris au xviie siècle*, Paris, Armand

Colin, 1913.

Rabreau Daniel, 《 La promenade urbaine en France, xviie-xixe siècle: entre planification et imaginaire 》, *Histoire des jardins, de la Renaissance à nos jours* (sous la direction de Monique Mosser, Georges Teyssot), Paris, Flammarion, 1991.

Réda Jacques, *Recommandations aux promeneurs*, Paris, Gallimard, 1988.

Schelle Karl Gottlob, *L'Art de se promener*, Leipzig, 1800, traduction et préface de Pierre Deshusses, Paris, Rivages, 1996.

Soupault Philippe, *Les Dernières Nuits de Paris*, Paris, Seghers, 1975.

Stiénon Valérie, *La Littérature des Physiologies. Sociopoétique d'un genre panoramique (1830 - 1845)*, Paris, Garnier, 2012.

Stierle Karlheinz, *La Capitale des signes. Paris et son discours*, Paris, Ed. de la Maison des sciences de l'homme, 2001.

Studeny Christophe, *L'Invention de la vitesse. France xviie-xxe siècle*, Paris, Gallimard, 1995.

Tester Keith (dir.), *The Flâneur*, New York, Routledge, New York, 1994.

Thomas Rachel, *Marcher en ville. Faire corps, prendre corps, donner corps aux ambiances urbaines*, Paris, Ed. des archives contemporaines, 2010.

Turcot Laurent, *Le Promeneur à Paris au xviiie siècle*, Paris, Gallimard, 2007.

Vivre en ville. Pour une politique de la circulation urbaine, Paris, Les Droits du piéton, 1984.

Zweig Stefan, *Pays, villes, paysages. Ecrits de voyage*, Paris, Belfond, 1996.

第七章 行走者的承诺：生存和示威

50e Anniversaire de l'évacuation et de la libération des camps d'Auschwitz (discours de Strasbourg, 22 janvier 1995), Strasbourg, Ed. du Conseil de l'Europe, 1995.

Autran Frédéric, 《 A Selma, le combat pour les droits civiques n'est pas terminé》, *Libération*, 4 mars 2015.

Barrows Susanna, *Miroirs déformants. Réflexions sur la foule en France* à la fin du *xixe siècle*, Paris, Aubier, 1990.

Berler Willy, *Itinéraire dans les ténèbres. Moniwitz, Auschwitz, Gross Rosen, Buchenwald*, Paris, L'Harmattan, 1999.

Bernadac Christian, *La Libération des camps*, Paris, France Empire, 2005.

Bernheim Nicole, *Voyage en Amérique noire*, Paris, Stock, 2003.

Bessière André, *D'un enfer à l'autre. Ils étaient d'un convoi pour Auschwitz …*, Paris, Buchet-Chastel, 1997.

Bienvenue! 34 auteurs pour les réfugiés, Paris, Points-Seuil, 2015.

Blatman Daniel, *Les Marches de la mort. La dernière étape du génocide nazi (été 1944 -printemps 1945)*, Paris, Fayard, 2009.

Bouzid, *La Marche. Traversée de la France profonde*, Paris, Sindbad, 1984.

Chalamov Varlam, *Récits de la Kolyma*, Paris, Maspéro, 1980 (nouvelle édition, Paris, Verdier, 2003).

Clément Catherine, *Gandhi, athlète de la liberté*, Paris, Gallimard, 1989.

Combesque Marie-Agnès, *Martin Luther King. Un homme et son rêve*, Paris, Le Félin, 2004.

Delorme Christian, *La Marche. La véritable histoire*, Paris, Bayard, 2013.

Djaïdja Toumi, *La Marche pour l'Egalité*, La Tour-d'Aigues, Ed. de l'Aube 2013.

Dommanget Maurice, *Histoire du 1er mai*, Paris, 1953.

Duvignaud Jean, « Pour une guérilla nomade », *Nomades et vagabonds*, Paris, UGE, 1975.

Foix Alain, *Martin Luther King*, Paris, Gallimard, coll. « Folio », 2012.

Friang Brigitte, *Marche autant que tu pourras*, Paris, Ed. du Sextant, 2003.

Ghandi Mohandas Karamchand, *Autobiographie, ou mes expériences de vérité*, Paris, PUF, 1986.

Ghys Clément, « L'essence de la marche », *Libération*, 24 au 25 octobre 2015.

Hemingway Ernest, « La fuite des réfugiés », *En ligne*, Paris, Gallimard,

1970.

King Martin Luther, *Autobiographie*, textes réunis par Clayborne Carson, Paris, Bayard, 2000.

Levi Primo, *La Trêve*, Paris, Grasset, 1966.

Littell Robert, 《En Alabama, la croisade non violente de Martin Luther King》, *Libération*, 12 août 2014.

Michel Franck, *Voyage au bout de la route*, La Tour-d'Aigues, Ed. de l'Aube, 2004.

Migeo Marcel, *Henri Guillaumet, Pionner de l'Aéropostale*, Grenoble, Arthaud, 2002.

Mora Jean Sébastien, 《Nousra et Naim ont traversé les Alpes à pied》, *Mediapart*, 23 septembre 2015.

Moscovici Serge, *L'Age des foules*, Bruxelles, Complexe, 1991.

Noack Hans Georg, *L'Insurrection pacifique de Martin Luther King*, Paris, Alsatia, 1967.

Perrot Michelle, *Les Ouvriers en grève*, Paris-La Haye, Mouton, 1974.

—, 《Grévistes! Camarades!》, dans *La Marche, la vie. Solitaire ou solidaire, ce geste fondateur*, Paris, Autrement, coll. 《Mutation》, n° 171,1997.

—, 《Le premier 1er mai en France (1890). Naissance d'un rite ouvrier》, sous la direction de P. Thane, G. Crossick, *The Power of the Past. Essays for Eric Hobsbawm*, Cambridge University Press, 1984.

Pigenet Michel, Tartakowsky Danielle, 《Les marches en France aux xixe et xxe siècles: récurrence et métamorphose d'une démons tration collective》, *Le Mouvement social*, n° 202, janvier-mars 2003.

Platts Boynton Robinson Amelia, *Le Combat des Noirs aux Etats-Unis. Témoignage d'une amie de Rosa Parks et de Martin Luther King*, Paris, Ed. Duboiris, 2007.

Racine Jean-Luc, 《Gandhi et la marche du sel》, dans *La Marche, la vie. Solitaire ou solidaire, ce geste fondateur*, Paris, *Autrement*, coll. 《Mutation》, n° 171,1997.

Rauch André (dir.), *La Marche, la vie. Solitaire ou solidaire, ce geste fondateur*, Paris, *Autrement*, coll. 《Mutation》, n° 171,1997.

Rawicz Slavomir, *A marche forcée. A pied du Cercle polaire à l'Himalaya (1941 - 1942)*, Paris, Phébus, 2002.

Ribey Francis, 《Pas de piéton, pas de citoyen: marcher en ville, un manifeste de la citoyenneté》, *Revue des sciences sociales de la France de l'Est*, n° 28,1998.

Robert Vincent, *Les Chemins de la manifestation (1848 – 1914)*, Presses universitaires de Lyon, 1996.

Roux Alain, 《Mao: de l'épopée à l'histoire》, dans *La Marche, la vie. Solitaire ou solidaire, ce geste fondateur*, Paris, *Autrement*, coll. 《Mutation》, n° 171,1997.

Solnit Rebecca, *L'Art de marcher*, Arles, Actes-Sud, 2002 (2001, édition originale chez Verso, Londres).

Sorre Max, *Les Migrations des peuples. Essai sur la mobilité géographique*, Paris, Flammarion, 1955.

Rigoni Stern Mario, *Sentiers sous la neige*, Paris, La Fosse aux Ours, 2000.

Tarrius Alain, *Etrangers de passage*, La Tour-d'Aigues, Ed. de l'Aube, 2015.

Tartakowsky Danielle, *Les Manifestations de rue en France: 1918 – 1968*, Paris, Publications de la Sorbonne, 1997.

—, *Le pouvoir est dans la rue: crises politiques et manifestations en France*, Paris, Aubier, 1998.

—, *La Manif en éclats*, Paris, La Dispute, 2004.

— (dir.), *Paris Manif-Les manifestations de rue à Paris de 1880 à nos jours*, Presses universitaires de Rennes, 2011.

Thoreau Henry David, *De la désobéissance civile* (1849), Paris, Mille et Une Nuits, 1997.

—, *Walden ou La vie dans les bois* (1854), Paris, Gallimard, 1990.

终章

Audiberti Marie-Louise, *Le Vagabond immobile (Robert Walser)*, Paris, Gallimard, 1996.

Baecque Antoine de, 《 Horace-Bénédict de Saussure》, *100 alpinistes* (sous la direction de Charlie Buffet), Chamonix, Guérin, 2015.

Esponde Jean, *Une longue marche, Victor Segalen*, Paris, Ed. Confluences, 2007.

Pelletier Nicole, 《De Bienne à Berne: la promenade chez Robert Walser》,

Promenades et écriture (sous la direction d'Alain Montandon), Clermont-Ferrand, Presses de l'université BlaisePascal, 1996.

Saussure Horace-Bénédict de, *Voyages dans les Alpes, précédés d'un essai sur l'histoire naturelle des environs de Genève*, Neuchâtel, 1779 - 1786.

Seelig Carl, 《 La dernière promenade de Robert Walser》, *Promenades avec Robert Walser*, Paris, Rivages, 1989.

Segalen Victor, *Equipée. De Pékin aux marches tibétaines*, Paris, Gallimard, 1929.

Sigrist René (dir.), *H.-B. de Saussure (1740 - 1799): un regard sur la terre*, Genève, Georg, 2001.

Walser Robert, *La Promenade* (1917), Paris, Gallimard, 1987.

图书在版编目（CIP）数据

行走的历史/（法）安托万·德·巴埃克著；周营译. —
上海：上海文化出版社，2023.6
ISBN 978 - 7 - 5535 - 2743 - 7

Ⅰ. ①行…　Ⅱ. ①安…②周…　Ⅲ. ①世界史－研究
Ⅳ. ①K107

中国国家版本馆 CIP 数据核字（2023）第 082379 号

出 版 人：姜逸青
策　　划：小猫启蒙
责任编辑：王莹兮
封面设计：陈绿竞

书　　名：行走的历史
作　　者：安托万·德·巴埃克
译　　者：周营
出　　版：上海世纪出版集团　上海文化出版社
地　　址：上海市闵行区号景路 159 号 A 座 3 楼　201101
发　　行：上海文艺出版社发行中心发行
　　　　　上海市闵行区号景路 159 号 A 座 2 楼　201101　www.ewen.co
印　　刷：上海颛辉印刷厂有限公司
开　　本：890×1240　1/32
印　　张：10
版　　次：2023 年 8 月第一版　2023 年 8 月第一次印刷
书　　号：ISBN 978 - 7 - 5535 - 2743 - 7/K. 305
定　　价：78.00 元
告 读 者：如发现本书有质量问题请与印刷厂质量科联系 T：021 - 56152633